当代大学生人文素质必修课

中国民俗学通识

赵杏根
陆湘怀 著

东南大学出版社
·南京·

内容提要

本书对民俗的概念、特征、功能等作了简明扼要的介绍;对民间信仰、节日风俗、社会组织民俗、人生礼仪等的研究,具体详明;讲解各种对联、请柬等民俗应用文的写作方法,深入浅出。全书内容丰富,资料翔实,实用价值较高。本书是一门大学"通识课"教材,既适宜于文科生,也适宜于理科生。

图书在版编目(CIP)数据

中国民俗学通识/赵杏根,陆湘怀著.—南京:东南大学出版社,2010.12(2022.8重印)
 ISBN 978-7-5641-2578-3

Ⅰ.①中… Ⅱ.①赵… ②陆… Ⅲ.①民俗学-中国 Ⅳ.①K892

中国版本图书馆 CIP 数据核字(2010)第 262965 号

中国民俗学通识(当代大学生人文素质必修课)

著　者:赵杏根　陆湘怀
出版发行:东南大学出版社
出 版 人:江建中
社　　址:南京四牌楼 2 号　邮编 210096
电　　话:(025)83793330　(025)83362442(传真)
网　　址:http://www.seupress.com
电子邮件:press@seu.edu.cn
经　　销:全国各地新华书店
印　　刷:广东虎彩云印刷有限公司
开　　本:700 mm×1 000 mm　1/16
印　　张:18.50
字　　数:332 千字
版　　次:2011 年 1 月第 1 版　2022 年 8 月第 5 次印刷
书　　号:ISBN 978-7-5641-2578-3
印　　数:8 501~9 000 册
定　　价:45.00 元

本社图书若有印装质量问题,请直接向读者服务部联系。
电话(传真):025-83792328

关于"通识"和"中国民俗学通识"(代序)

所谓"通识",就是"通常的知识",也就是"常识"。不过,我们必须充分注意到,对不同的群体,"常识"的内容和层次是不同的。例如,对医务工作者来说是属于"常识"的内容和层次,对不具备医务背景的人来说,就未必是"常识"了。那么,作为大学生,应该具备什么样的"常识"呢?大体而言,大学为大学生开设的公共课,其基本任务,就是给大学生掌握应有的"常识"提供机会的,当然,同时也就为这些"常识"的范围和深度提供了一个基本的参照。

正因为我们指的是大学生群体的"常识",所以,为了避免和对普通群体而言的"常识"相混淆,所以,我们就把此类"常识"称为"通识"。"通"还有"通晓"、"通达"的意思,因此,"通识"也就有了"通晓或者通达这一门学问的相关知识"的意思。一个人,于其专业以外某些学问的相关知识,到达了"通晓"或者"通达"的程度,在这个基础上,再进一步努力,在这些学问方面达到专业的程度,那么,此人就是"通才"了。

除了所学专业而外,大学生有没有必要掌握这些"通识"呢?我认为,很有必要。学科分类和社会分工越来越细密,专业方向越来越狭窄,覆盖面越来越小。从这个角度看,其他专业的"通识",似乎没有非常直接或者直观的作用,因此,有些大学生对自己专业以外的知识不甚感兴趣。可是,客观事物之间广泛的、密切的联系,却不是学科分类或者社会分工能够切割的,专业的研究或者工作,仍然需要专业以外相关知识的支持。这样的支持,当然常常用具有相关知识背景的人员参与的方法来实现,可是,这无法完全弥补当事者缺乏这些知识所导致的不足。集体讨论无法代替个体思维。局部思维无法代替整体思维和发散性思维,而整体思维和发散性思维,如果仅仅具有局部的知识,恐怕是很难进行的。更何况,各种学问之间,其道理也多相通之处呢!例如,有了中国民俗学方面的足够知识,对从事文史哲等人文、社会科学的研究,确实有很大的帮助,有时甚至会让人有左右逢源的感觉,对此,我深有体会。当然,中国民俗学方面广博的知识,对社会、文化、管理等方面的工作,也肯定会有很大的帮助。总之,通识教育和通识学习,对提高大学生的专业能力,也应该是有帮助的。

一方面是专业分工越来越细,专业的适应面越来越小,另一方面是,随着商品经济的发展,劳动和人事制度的变革,人员的流动性越来越大,所学和所干之间的不确定性越来越大。因此,许多人从事的专业,未必就是大学期间所学专业。在更多的情况下,即使是同一个岗位,其工作内容对专业能力的要求,也会有变化。这就要求人们具备不止一种专业的能力,至少是比较宽泛的专业能力,以在竞争激烈的社会谋取生存和发展的空间。某个笑话中那个"只会看左眼毛病"的眼科医生,就难以找到自己生存和发展的广阔空间。如果一个人对某一专业的知识有较多的掌握,达到了我们所说的"通识"的程度,那么,他于这一专业,就能比较容易地成为专业人士。这是大学生必须学好通识课的一个比较切实的理由。

对专业人士来说,专业远远不是他们生活的全部。他们专业以外的生活质量,也和他们专业以外的知识深广与否有密切的关系。例如,他们也会旅游,也会欣赏各种艺术,也会参加其他的活动。如果他们相关专业的知识不足,怎么能让这些活动实现其应有的价值呢?这是大学生必须学好通识课的又一个理由。

我们这本教材,是作为大学选修课"中国民俗学"的教材,既适宜于文科生,也适宜于理科生,是一门大学"通识"课的教材,目的在于拓宽选修者的知识面,提高选修者的相关文化修养与文化技能。因此,该教材与作为民俗学专业核心课程的民俗学教材是不同的。

本书对"民俗"的理解,与通行的理解有所不同。我们认为,民俗,作为民间文化,应该包括民间的物质文化与精神文化,是民间的百科知识,范围非常广阔,内容非常丰富。但是,实际上,作为一门通识课,不可能讲得面面俱到,也没有必要讲得面面俱到,必须有所选择。

我们选择的原则是:重实用。

本书的"实用"主要体现在这样几个方面:

一是旨在切实地提高学生理解、分析、评论民间文化现象的能力。因此,本书所选择的民间文化内容,尽可能是当代社会中存在的,而且其影响还是比较大的某些部分。也有些部分,尽管它们本身已经不再流行于社会,但它们的影响深远,还以别的形式表现着。对它们的研究与介绍,有助于我们对今天某些文化现象和文化心理的理解与分析。例如,本书对民间信仰的研究,就是基于这样的认识。

二是旨在切实地提高学生在民间文化方面的有关技能。例如,婚丧喜庆之类典礼上的某些文字,还有春联等,大学生总应该能大体解释它们的意思吧,特别是文科生,最好还要有撰写这些应用文字的能力。本书第九章"民俗应用文",就是为此而作。

三是旨在为开发食品、工艺品、旅游业等提供大量的资料。本书引用的文献资料非常丰富,且有意地向这方面努力,尽可能地多提供些对开发食品、工艺品、旅游业等有用的资料或资料线索。学生毕业后从事与这些方面有关的工作时,可以随时翻书找到这些资料。

四是旨在移风易俗。民俗也要改革,传承良俗,抛弃陋俗。但民俗改革不能乱改,乱改不是改得更糟,就是难以成功。怎么改呢?那首先要了解某些民俗的来龙去脉,了解相关的文化生态和文化心理,因势利导,这样才容易成功。本书也为此作了努力,某些部分也有比较明确的导向。

五是旨在为对外交流服务。对外文化交流,我们用什么去和人家交流?莎士比亚?巴尔扎克?康德?席勒?那都是人家的,我们虽然也知道,也有研究,但恐怕都远不如原汁原味的中国文化更能让我们显示交流的雄厚资本,而民俗文化正是中国文化中的重要部分,且往往是大多数外国友人最感兴趣的部分。交流还有个语言问题。在与国际友人交流时,中国民俗中的许多名词,一时很难翻译成英语。因此,本书对这一类词语,以附录的形式("常用中国民俗术语英译参考表")加上英语翻译,有的不一定非常贴切,只是给读者作参考。文化比较有助于文化交流,因此,本书也在合适的部分,以注释的形式,适当加进一些西方和美国等地民俗的内容,以资比较,同时也是为了扩大学生的视野和思维领域。本书所引用西方和美国等地民俗资料,国内一般不大容易找到。这些资料,是赵杏根先后在英国爱丁堡大学当博士后和在美国阿帕拉契亚州立大学当客座教授时所收集的或是在那两个时期亲身经历的。

一个合格的大学毕业生,他的知识结构,应该是完整的。学校教务部门设计的课程安排,就体现出这样的完整性。一门通识课,最好能尽可能地避免与专业课重复的内容,尽可能地弥补专业课所未及而对学生来说比较重要的部分。就本课程言之,例如,中文专业的写作课教师,不大可能讲民俗应用文的写作。哲学课的老师、文化思想史课的老师,不大可能讲宗教神灵信仰和俗神信仰的来龙去脉。社会学课的老师,一般也不会在姓氏、名字、称谓、亲族、宗族等内容上花很多的时间。艺术课的老师,也不会系统地讲象征物。讲公共关系学的老师，大约也不会讲很多人生礼仪的内容。那些重要的节日风俗，好像没有哪门课会系统地讲。至于国外的一些风俗，外国文化课的老师会感到课时很少、内容很多而来不及讲……这些，作为一个大学毕业生应该具有的文化修养和文化技能，凡是在"民俗"这个框架中的，本书就选择作为重要内容阐述，当然也是作为该课程的重要内容讲授。

作为一门通识课，"中国民俗学"课程的课时是不多的，远不足以讲完本书。因此，教师可以选择某些部分作详细的讲授，其余的部分作简略的讲授或让学生自学。

欢迎各位专家、读者来信指导。

作　者
2010 年 11 月

目 录

第一章 绪论 (1)
  第一节 民俗、民俗学的概念 (1)
    一、民俗 (1)
    二、民俗学 (2)
  第二节 民俗学的研究对象和研究方法 (4)
    一、民俗学的研究对象 (4)
    二、民俗学的研究方法 (7)
  第三节 民俗的特征 (10)
    一、传播性与区域性 (10)
    二、传承性与变异性 (12)
    三、民间性和共通性 (13)
  第四节 民俗的形成、流变与消亡 (14)
    一、经济原因 (14)
    二、政治原因 (14)
    三、宗教原因 (16)
  第五节 民俗的社会功能 (18)
    一、凝聚功能 (18)
    二、历史功能 (19)
    三、教育功能 (19)
    四、实用功能 (19)
    五、娱乐功能 (20)

第二章 佛教神灵 (22)
  第一节 诸佛 (22)
    一、竖三世诸佛 (22)

二、横三世诸佛 …………………………………………………… (26)
　第二节　诸菩萨 ………………………………………………………… (27)
　第三节　天王与阎王 …………………………………………………… (36)
　　一、天王 ……………………………………………………………… (36)
　　二、阎王 ……………………………………………………………… (38)
　第四节　罗汉与和合 …………………………………………………… (40)
　　一、罗汉 ……………………………………………………………… (40)
　　二、和合 ……………………………………………………………… (43)

第三章　本土宗教神灵（上） ………………………………………………… (45)
　第一节　天帝、雷神与文昌 …………………………………………… (45)
　　一、天帝 ……………………………………………………………… (45)
　　二、雷神 ……………………………………………………………… (46)
　　三、文昌 ……………………………………………………………… (47)
　第二节　土地之神 ……………………………………………………… (49)
　　一、社神 ……………………………………………………………… (49)
　　二、后土 ……………………………………………………………… (52)
　第三节　山岳之神 ……………………………………………………… (55)
　第四节　水神 …………………………………………………………… (60)
　　一、四海之神 ………………………………………………………… (60)
　　二、天后 ……………………………………………………………… (62)
　　三、四渎之神 ………………………………………………………… (64)
　第五节　历史人物之神 ………………………………………………… (71)

第四章　本土宗教神灵（下） ………………………………………………… (79)
　第一节　城市之神：城隍 ……………………………………………… (79)
　第二节　家庭之神：门神、灶神与财神 ……………………………… (82)
　　一、门神 ……………………………………………………………… (82)
　　二、钟馗 ……………………………………………………………… (84)
　　三、灶神 ……………………………………………………………… (86)
　　四、财神 ……………………………………………………………… (89)
　第三节　神仙：以八仙为例 …………………………………………… (92)

第五章　民间信仰的方式 …………………………………… (103)
第一节　民间象征物 ………………………………… (103)
　　一、龙 ……………………………………………… (103)
　　二、虎 ……………………………………………… (105)
　　三、狮子 …………………………………………… (105)
　　四、象 ……………………………………………… (106)
　　五、麒麟 …………………………………………… (106)
　　六、鹿 ……………………………………………… (107)
　　七、猴子 …………………………………………… (107)
　　八、羊 ……………………………………………… (109)
　　九、蝙蝠 …………………………………………… (109)
　　十、乌龟 …………………………………………… (109)
　　十一、鲤鱼 ………………………………………… (109)
　　十二、凤凰 ………………………………………… (110)
　　十三、鹤 …………………………………………… (110)
　　十四、喜鹊 ………………………………………… (110)
　　十五、鸳鸯 ………………………………………… (111)
　　十六、燕 …………………………………………… (111)
　　十七、鸿雁 ………………………………………… (111)
　　十八、比翼鸟 ……………………………………… (111)
　　十九、鹭鸶 ………………………………………… (112)
　　二十、白头翁 ……………………………………… (112)
　　二十一、公鸡 ……………………………………… (112)
　　二十二、岁寒三友、四君子、五清 ……………… (113)
　　二十三、桂 ………………………………………… (113)
　　二十四、红豆 ……………………………………… (113)
　　二十五、梧桐 ……………………………………… (113)
　　二十六、枣 ………………………………………… (113)
　　二十七、栗 ………………………………………… (114)
　　二十八、桃 ………………………………………… (114)
　　二十九、石榴 ……………………………………… (114)
　　三十、莲花 ………………………………………… (114)

三十一、牡丹 …………………………………………………… (114)
　　　三十二、水仙 …………………………………………………… (115)
　　　三十三、万年青 ………………………………………………… (115)
　　　三十四、葫芦 …………………………………………………… (115)
　　　三十五、面条 …………………………………………………… (115)
　　　三十六、糕 ……………………………………………………… (115)
　　　三十七、玉或玉制品 …………………………………………… (115)
　　　三十八、指环 …………………………………………………… (116)
　第二节　巫术 ………………………………………………………… (116)
　　　一、音介巫术 …………………………………………………… (117)
　　　二、形介巫术 …………………………………………………… (117)
　　　三、触介巫术 …………………………………………………… (118)
　　　四、属介巫术 …………………………………………………… (118)
　　　五、意介巫术 …………………………………………………… (118)
　第三节　符咒 ………………………………………………………… (119)
　　　一、符 …………………………………………………………… (119)
　　　二、咒 …………………………………………………………… (119)
　第四节　命相 ………………………………………………………… (121)
　第五节　占卜 ………………………………………………………… (126)
　　　一、自来之兆 …………………………………………………… (126)
　　　二、求来之兆 …………………………………………………… (132)
　第六节　谶语、口采与语讳 ………………………………………… (132)
　　　一、谶语 ………………………………………………………… (132)
　　　二、口采与语讳 ………………………………………………… (134)
　第七节　祭祀与驱除 ………………………………………………… (134)
　　　一、祭祀 ………………………………………………………… (134)
　　　二、驱除 ………………………………………………………… (136)

第六章　民间节日风俗 …………………………………………………… (139)
　第一节　春季节日风俗 ……………………………………………… (139)
　　　一、春季节日风俗概览 ………………………………………… (139)
　　　二、重要的节日风俗 …………………………………………… (141)

第二节　夏季节日风俗 …………………………………………（154）
　　一、夏季节日风俗概览 ……………………………………（154）
　　二、重要的节日风俗 ………………………………………（155）
第三节　秋季节日风俗 …………………………………………（161）
　　一、秋季节日风俗概览 ……………………………………（161）
　　二、重要的节日风俗 ………………………………………（163）
第四节　冬季节日风俗 …………………………………………（169）
　　一、冬季节日风俗概览 ……………………………………（169）
　　二、重要的节日风俗 ………………………………………（171）

第七章　社会组织民俗 ………………………………………………（174）
　第一节　婚姻 ……………………………………………………（174）
　　一、婚姻释义 ………………………………………………（174）
　　二、婚姻的形式 ……………………………………………（174）
　第二节　离婚与改嫁 ……………………………………………（181）
　第三节　家庭 ……………………………………………………（185）
　　一、家庭的概念和职能 ……………………………………（185）
　　二、家庭成员间的基本关系 ………………………………（186）
　　三、避讳 ……………………………………………………（190）
　第四节　亲族 ……………………………………………………（191）
　　一、亲族的范围 ……………………………………………（191）
　　二、亲族的称谓 ……………………………………………（192）
　第五节　宗族 ……………………………………………………（193）
　　一、宗族姓氏 ………………………………………………（194）
　　二、姓氏的变更 ……………………………………………（201）
　　三、祖宗 ……………………………………………………（203）
　　四、族产 ……………………………………………………（204）
　　五、家谱 ……………………………………………………（204）
　第六节　余论：村落和其他 ……………………………………（206）
　　一、村落的类型 ……………………………………………（206）
　　二、结义 ……………………………………………………（206）
　　三、帮会 ……………………………………………………（207）

四、职业集团 ·· (207)
　　五、互助团体 ·· (207)

第八章　人生礼仪 ·· (209)
　第一节　诞生礼 ·· (209)
　第二节　成年礼 ·· (220)
　第三节　结婚礼 ·· (222)
　第四节　祝寿礼 ·· (231)
　第五节　丧葬礼 ·· (233)

第九章　民俗应用文 ·· (242)
　第一节　对联写法概要 ·· (242)
　　一、平仄知识 ·· (242)
　　二、五字联和七字联的平仄句式 ································· (243)
　　三、音步知识 ·· (246)
　　四、结构知识 ·· (247)
　　五、嵌字格对联诸形式 ··· (248)
　　六、对联与诗歌 ··· (248)
　第二节　几种常用对联的写法 ······································ (249)
　　一、春联的写法 ··· (249)
　　二、婚礼对联的写法 ·· (250)
　　三、寿联的写法 ··· (252)
　　四、挽联的写法 ··· (254)
　第三节　请柬的写法 ·· (259)
　　一、诞生礼请柬 ··· (259)
　　二、婚礼请柬 ·· (260)
　　三、祝寿礼请柬 ··· (262)
　　四、其他 ··· (263)
　第四节　其他民俗应用文 ··· (264)
　　一、送礼帖 ·· (264)
　　二、寿幛 ··· (265)
　　三、挽幛 ··· (266)

四、讣告 …………………………………………………… (267)

第五节　赘语：书信写作 ……………………………………… (272)

　　一、信封的格式 …………………………………………… (272)

　　二、抬头 …………………………………………………… (272)

　　三、提称语 ………………………………………………… (273)

　　四、祝词 …………………………………………………… (274)

　　五、写信人署名 …………………………………………… (274)

　　六、启禀词 ………………………………………………… (275)

　　七、日期 …………………………………………………… (275)

　　八、书面语言中常用的自称己方的称谓与对对方的称谓

　　　 …………………………………………………………… (275)

附录　常用中国民俗术语英译参考表 ………………………… (276)

第一章 绪 论

第一节 民俗、民俗学的概念

一、民俗

民俗一词,在我国古已有之,如:

故君民者,章好以示民俗。(《礼记·缁衣》)

古之欲正世调天下者,必先观国政,料事务,察民俗。(《管子·正世》)

入境,观其民俗。(《荀子·强国》)

国贫而民俗淫侈,民俗淫侈则衣食之业绝。(《韩非子·解老》)

楚民俗,好庳①车。(《史记·孙叔敖传》)

变民风,化民俗。(《汉书·董仲舒传》)

民俗既迁,风气亦随。(韩愈《朱文公校昌黎先生文集》卷九《送窦从事序》)

其上下政令之便否,土风民俗之所安,皆所习知。(欧阳修《欧阳文忠公文集》之《外制集》卷二《陇城县制》)

岁时游咏,顺民俗之乐。(欧阳修《欧阳文忠公文集》之《内制集》卷二)

方今士人名节不立,民俗礼义不修。(欧阳修《欧阳文忠公文集》之《奏议》卷十四《荐张立之状》)

---

① 庳:读音"卑",低矮。

这些所谓"民俗"者,或指民间的一种精神状态或价值取向,相当于"民风",民间生活(包括民间文化生活)中体现的一种风气,属于"形而上"的范畴,也就是一种抽象的概念或感觉;或指民间节日、礼仪、祭祀等民间活动本身,那就是"形而下"的了,是实实在在的活动;或二者兼而有之。当然,民俗这"形而上"和"形而下"这两个意思,事实上是常交融在一起的。

　　"风俗"一词,也常指"形而上"的民间风气,如"风俗善顺"、"风俗刚猛"、"风俗浇薄"、"风俗轻勇"、"风俗暴急"、"风俗淳质"等,但指"形而下"的民间生活(包括文化生活)时,则比"民俗"一词,来得明确。后汉应劭《风俗通义序》所说"风俗"是指各地不同的生活状态。该书所写,基本上都是与俗文化有关的内容,且都是属于"形而下"的具体的文化现象。郦道元《水经注》常引用《地理风俗记》和《陈留①风俗传》二书,此二书都以"风俗"名,而所记载的,除了山川地理外,还有生活状态等文化现象。唐玄奘《大唐西域记·序》云:"同类风俗,略举条贯,异政殊制,随地别叙。印度风俗,语在后记。"并多次云某国"土宜风俗"同某国。此"风俗",也是指生活状态等现象。唐人陈鸿《长恨歌传》云:"秋七月,牵牛织女相见之夕,秦人风俗,是夜张锦绣,陈饮食,树瓜华,焚香于庭,号为乞巧。"白居易《白氏长庆集》卷十一《郡中春宴因赠诸客》云他"一旦奉优诏,万里牧远人",出为地方官,其地百姓"蕉草席铺座,藤枝酒注樽。中庭无平地,高下随所陈。蛮鼓声坎坎,巴女舞蹲蹲。使君居上头,掩口语众宾:勿笑风俗陋,勿欺官府贫"。这两条材料中的"风俗",就是指具体的文化活动了。

二、民俗学

　　"民俗学"一词,作为一学科门类概念,则于近代由国外传入。

　　1846年8月22日《雅典娜神庙》(The Athenaeum)杂志第982期,发表英国民俗学会创始人之一、考古学家汤姆斯(William John Thoms)以安布罗斯·默顿(Ambrose Merton)为笔名写的信,信中作者创为"Folk-lore"一词,提议用它代替"民间古俗"等词(见阿兰·邓迪思编,陈建宪、彭海斌译《世界民俗学》)。"Folk"作为形容词,它的意思是"民间的",作为名词,它的意思是"大众"、"老百姓"、"芸芸众生"、"老乡"、"乡下人"、"普通人"等。"Lore"是名词,词典上释为"学问"、"知识",似乎失之宽泛。例如,高深的学

---

① 陈留:地名,今属开封县。

问,我国古代关于经史子集的学问,现代数理化的学问,就不能称为"Lore"。"Lore"应该是"学问"、"知识"中的一类,是口耳相传的那一类学问或知识。老祖母给小孙女讲故事,小孙女自己成了老祖母,再给她的小孙女讲故事,这些故事,就属于"Lore"的范围。老婆婆教新媳妇怎样摆供桌上祭祀祖先的酒菜,新媳妇自己成了老婆婆,就教她的新媳妇怎样干这些事,这些事,也属于"Lore"的范围。"Lore"应该包括民间的生活习惯在内的所有物质文化和精神文化。于是,"Folk-lore"有"民众的知识"、"民间的智慧"、"民间传说"、"民间旧传"等译名,后来通行的翻译就是"民俗"。也许,此词翻译成"乡巴佬的学问"更容易让人理解。此词还有另一个概念,这就是"研究乡巴佬的学问的学问",也就是我们所说的"民俗学"。前一个"学问"是"乡巴佬"口耳相传的"学问",后一个"学问"是指以"乡巴佬"口耳相传的"学问"作为研究对象的学术门类。"Folk-lore"的这两个含义,在我们中文中分得很清楚,一是"民俗",一是"民俗学",不会混淆,但在英文中没有区别,容易引起混淆,因此,有人提出,用"Folkloristics"表示"民俗学",这样就不会混淆了。

在汤姆斯提出这个概念之前,英国学者对古老的民间风俗习惯的研究就已经很重视,但对它们的称呼却不尽相同,有"大众古俗(Popular Antiquities)"、"平民古俗(Antiquiates Vulgares)"、"民间传统(Tradition Populaire)"、"民间文学(Popular Literature)"等等。汤姆斯提出这新名词后,此名词很快得到英国学术界的承认和运用。1878年,英国伦敦成立"Folk-lore Society"(民俗学会)即用"Folk-lore"命名,是为世界上第一个民俗学学术机构。约至19世纪末,欧美学术界先后接受了"folklore"这一学术学科名称。

"民俗学"这一学科概念传入我国,与日本有关。书目文献出版社1986年6月出版的张紫晨编《民俗学演讲集》所载王汝澜《日本民俗学发展概述》、辽宁大学出版社1985年8月出版的乌丙安《中国民俗学》、巴蜀书社1995年出版的王文宝《中国民俗学史》各有记述,现根据这三书的记述,综合叙述如下:

1886年,东京大学理学部的坪井正五郎等成立"东京人类学会",并创办《人类学杂志》。这个学会的宗旨是研究土俗,其杂志上发表的资料和研究成果,内容也正是民间的文化,包括物质文化和精神文化。不久,坪井正五郎留学英国,研究人类学,当然肯定很快就知道了"Folk-lore"这个新名词。1890年,坪井在《伦敦通信》中提出,土俗学等于民俗学。19世纪末,英国民俗学家劳伦斯·高莫的《民俗学概论》传入日本,日本学者进一步看到了他们的"土俗研究"与"民俗学"的相同之处。1911年,日本学者上田敏在京都府立第一高等女子学校以"民俗传说"为题讲授民俗学概说,内容主要根据英国民俗学家劳伦斯·高莫的《民俗学概论》,但他把作为学科门类的"Folk-lore"翻译为"俗说学"。20世纪初,日本学者柳田国男在其著作中反复运用了"民俗学"这一Folk-lore的日译名。1912年到1915年之间,石桥卧波、坪井正五郎等创办《民俗》杂志,研究民俗学。此后,日本学术界遂通用这一译名。

"Folklore"一词传入我国,是在1874年,即英国民俗学会成立之前四年。英国学者德尼斯在《中国评论》上发表民俗学论文,同时传入了这一名词。1876年,他的《中国民俗学》一书也在香港出版(见乌丙安《中国民俗学》)。但由于当时我国的政治、文化现实,这些都没有引起中国学术界的注意。

周树人(鲁迅)、周作人兄弟等东渡日本留学回国后,也注目于民俗学研究。鲁迅在1913年12月教育部《编纂处月刊》上发表《拟播布美术意见书》中,提倡整理、研究民间文学,"以辅翼教育"。周作人在1913年12月写的发表于绍兴县教育会刊第四号上的《儿歌之研究》中,首先使用了"民俗学"这个名词。但当时没有产生什么影响。1922年12月17日在北京大学创办《歌谣周刊》,其创刊号的《发刊词》中,用了"民俗学"一词。该刊物1923年10月第33、34两期发表周作人《儿歌之研究》一文。于是,"民俗学"作为一个学科名称,就逐渐受到了关注。

此后,关于这一学术名称,又有一些争论,有称"谣俗学"、"民间学"、"民学"、"民间文学"等主张,然终仍统一于用"民俗学"。1927年11月,广东中山大学成立了我国第一个"民俗学会"。次年3月21日该学会出版《民俗周刊》,"民俗学"之称,遂得到我国学术界广泛认同并延用至今。

第二节 民俗学的研究对象和研究方法

一、民俗学的研究对象

民俗学研究的对象,当然是整个的民俗。那么,民俗又包括哪些内容呢？我们认为，应该是整个民间文化，包括物质文化和精神文化。英文中"乡下人的学问"，应该就是这个意思，中文中"民俗"与"风俗"也有这样的意思。民俗就是"民间百科"。

那么，科学、文学、艺术、宗教等学科门类，与民俗之间的关系怎样呢？

科学、文学、艺术、宗教等，早已远远超越了民俗。但是，它们都是从民间生发出来的，它们的原始形态或初级阶段，都属于民间文化，因此，它们与民俗之间的关系，应该是交叉关系。例如，数学当然是早已成熟的一门科学，它研究的问题，早已超越了民间文化的范围，在我们的印象中，它应该是离民俗非常遥远的。但是，"抢三十"（甲乙二人，从"1"开始，轮流顺着自然数的次序接着对方所报数目报数，每人每个报数机会只能报一个或两个自然数，如甲开始，他可以报"1"，也可以报"1、2"，如果他报的是"1、2"，乙接下去，可以报"3"，也可以报"3、4"。能报到"30"者为胜此法常被用于训练小儿数数能力和初步的算术技巧）、"三姐妹回娘家"（大姐三日回一次娘家，二姐五日回一次娘家，三妹七日回一次娘家，什么时候她们三个能在娘家相遇？这是最小公倍数问题）、"鹅五鸭三鸡半个，一百铜钿买一百个"（鹅蛋五钱买一个，鸭蛋三钱买一个，鸡蛋一钱买两个，百钱买百蛋，问鹅蛋、鸭蛋、鸡蛋各多少个？亦即"百鸡问题"不定方程）、"人猴过河"（三个人带三只猴子过河，人和猴子都会摇船。连摇船者在内，船上只能容二人，或二猴，或一人一猴，而在此岸或彼岸，猴子的数量超过了人的数量，猴子就要害人。如何安排他们安全过河）、"舅舅分牛"（一老翁去世，留下遗嘱：家中有牛十七头，长子继承其二分之一，次子继承其三分之一，季子继承其九分之一。此三兄弟的叔伯，无能执行此遗嘱者，舅舅略加思索，顺利执行此遗嘱，而三子皆满意。问：舅舅是如何按照遗嘱给这三兄弟分牛的？奥妙何在？）等数学故事或数学题目，则应该属于民间文化的范畴，因为它们在民间流行，或流行过相当长的时间，许多人最初的数学训练，就是从这些游戏或故事开始的，甚至不少人有过"乐此不倦"的经历。至于以"九宫"、"八卦"等原理设计的民间图案等，当然无疑属于民间文化，属于民俗学研究的

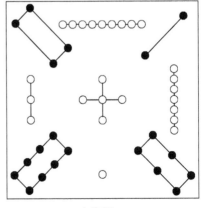

九宫图

对象,那么,民俗研究,自然也要包括对"九宫"、"八卦"等的研究和阐述了。再看机械学。现代机械当然不属于民俗研究的范围,民俗学无法承担这样的重任。但是,水车、罱头①、秧马②之类的农具,尽管其构造和工作原理,完全符合现代力学原理,而且非常巧妙,但无疑是属于民间文化的,属于民俗,现代机械学不会将它们列为研究对象。又如医学方面,民间的一些独特的疗法等,如刮痧,也应该是民俗。至于文学、艺术,那就更清楚了。文学中的民间文学,艺术中的民间艺术,当然属于民俗学研究的范围。

　　这里要特别注意的是宗教与民俗的关系。我们认为,宗教作为一门科学,一门学问,与民俗学之间,也是交叉关系。与其他学问一样,宗教也有许多层次。宗教作为一种哲学,当然远离民间,但作为一种引人向善、为善的教育,作为一种多少年来人们用以祈福禳灾的工具,则不能不属于民俗。以佛教为例。不要说"有宗"、"空宗"、"华严"、"禅宗"、"天台"③之类的理论,就是"四谛"、"十二因缘"之类佛教的基本理论,除了善恶报应之外,民间也没有流行,更不要说法相宗④那样的经院哲学了。因此,佛教的这些内容,当然绝不是民俗。但是,善恶报应观念在民间极为流行,甚至在今天仍是如此,以这一观念为主题的民间故事,更是不知凡几。我们能把这样的观念排除在民俗之外吗?佛经中有大量的民间文学作品,除了寓言故事之外,还有公案故事、历险故事、爱情故事等等,这些,也应该是民俗学研究的范围,更何况,我国和东南亚许多国家和地区的民间故事,甚至是欧洲有些故事,其中的情节或情节模式,来源于佛经。我们研究这些民间故事,就不能不研究佛经中的那些故事。佛教诸神,在我国民间文化中的地位,是人尽皆知的。观音、弥勒的像,往往见之于人家的客厅里,甚至店铺中也往往供奉着。如果把佛教及其诸神从我国民间文化中抽掉,我国民间文化就会很不完整,甚至所剩余部分中某些部分的研究,还会大受影响。道教的情况也是这样。正一道教、全真道教、符箓派、丹鼎派⑤等,它们的思想,它们之间的区别与联系等,那是道教研究者所研究的对象,不是民间文化,不属于民俗学研究的范围,因为这些内容,没有在民间流行,老百姓不了解,也没有对他们的生

---

① 罱头:江南用来于河中取河泥作肥料的一种工具。
② 插秧时用的一种农具,苏轼有诗咏之。
③ 这些都是佛教宗派,其理论很复杂。
④ 法相宗:我国佛教的一个宗派。
⑤ 这些都是道教流派。

暗八仙

活发生多少直接的影响。《道藏》①中所收录的神仙传记中的神仙,绝大多数在民间没有什么影响,民俗学也可以不研究他们。但是,像八仙这样的神仙,在民间有如此大的影响,民俗学就不能不将他们列入研究的范围。民间的八仙图案、暗八仙图案,为民俗学研究者们所注目,那么,八仙当然也不能被排除在民俗学的研究范围之外。对天地山川的信仰,对动物植物的信仰,对祖宗灵魂的信仰,这些都包括在民俗学的研究范围之内。宗教正是在这些信仰的基础上发展起来的。事实上,道教几乎将民间对天地山川的信仰、对动物植物的信仰、对历史人物的信仰全部搜罗了进去。因此,我们认为,民俗学的研究对象,应该包括宗教中与民间文化融合在一起的部分。

二、民俗学的研究方法

社会科学的研究方法,大同小异。最基本的研究方法,就是对某个现象作出合理的阐述,或找出现象间的联系,或从现象中找出某种或某些规律。如何研究,必须根据实际情况而定,必须在实践中不断摸索。不管如何研究,总是先要充分地把握研究对象,找相关的资料,在这个过程中,发现问题,找到解决问题的材料,运用分析、综合、推理、演绎等方法,得出结论,并

---

① 道藏:道教典籍丛书。

随着研究的深入，新材料的发现，研究者自身思想见识和分析问题能力的提高，不断地修正自己的观点，把研究一步步地引向深入。

找资料是研究的基础工作。这里主要介绍一下如何找相关的研究资料。

一是通过书籍获取资料。古人著作中，有大量的民俗学资料，但这些资料太分散了，不大好找。不过，只要熟悉古代文献，找这些资料的难度，就会大大降低。一般说来，笔记、时令、工艺、术数、游艺、农家、地理、类书等类古籍，所记载的民俗资料比较多。我们可以通过《中国丛书综录》、《贩书偶记》等最基本也最实用的工具书来查找这些书的名字，然后再设法找到它们。

现代人根据古籍编选的资料集，我们应该好好利用。例如，方志中，一般都有"风俗"之类的部分，集中记载当地的风俗，间有考证和评论。其所记载的部分，多为第一手资料，即使来源于旧志者，也会与当时的风俗相印证后才会记载，因此，应该是比较可靠的。种数实在太多，地方性极强，一般来说，某一种方志的发行量不会大，因此，一般图书馆所藏地方志，不会非常多，这就给我们查找造成了很大的困难。但是，这一问题现在已经得到了解决。北京图书馆出版社出版的丁世良、赵放主编的多卷本《中国地方志民俗资料汇编》，将我国地方志中的民俗资料网罗殆尽，堪称各地民俗资料的宝库。就古籍整理而论，此《汇编》的水平也足以称高。本书所引用的方志中的资料，全部来源于该书。

通常，我们可以通过图书馆的图书分类来查找书籍。古代、现代人的著作，古代著作的今人整理本，通过图书馆的检索系统，可以很容易地查到：可以查作者索引、书名索引或分类索引。如果不知道作者、书名，目的是找研究某个问题的书，还是用分类索引为好，这样既能找到你知道的书，你所知道的某个学者的书，还能发现你不知道的但对你研究有很大帮助的书。

二是通过田野作业获取民俗学研究资料。这又包括几个方面：

获取实物资料，包括非纸质资料。帛书、竹简之类，那当然是不多的，但实物资料的发掘，对我们每一个想研究民俗学的人来说，还是可为的。某些民俗活动早已成为历史，但与这些民俗活动有关的实物还存在，对我们今天研究那些民俗活动，有着重要的意义。例如，过去农村民俗的实物，在今天的农村，还可以找到，升、斗、弓、尺、农具、纺织工具等等即是。旧时订婚时女方送给男方的写有女子年庚八字的"庚帖"，婚丧喜庆时记载亲友所送钱物的礼簿，孤坟野庙的碑记等，都是宝贵的资料。

获取口述资料。请人(一般是富有民俗知识的当地老人)口述种种民俗内容,如生产、生活、信仰、礼仪、故事、民歌、谚语等等,随时记录下来。调查的对象,应该是有代表性的,有选择的,并且不能只是一个,以此尽量减少因为调查对象个体的原因造成的失误。

获取民俗取向资料。向许多人作问卷式的调查,了解他们参加民俗活动或履行民俗礼仪的情况,以及他们对民俗活动或民俗礼仪等的意见。

获取民俗活动的直接资料。现代科技为我们获取这些资料提供了极大的方便。例如,我们可以通过录音、录像、照相等,将民俗活动活生生地、完整地记录下来。

如果有可能,我们还可以参加到民俗活动中去,亲身体验这些活动,也许能获得更多的领悟。

清代乾嘉学派的学者大量运用古籍资料,取得了辉煌的成就。后来,王国维将考古发掘资料与古籍资料结合起来研究,称为"二重证据法",获得了成功。近年不少学者提倡"三重证据法",在"二重证据"上,再加至今仍然保留在民间的文化现象,或者现代文化现象中的某些相关文化因子一类证据,将他们结合起来进行研究。这无疑是正确的,对民俗学研究来说,"三重证据法"的重要性,尤为突出。

顺便提一下,重视田野作业法,将这第三重证据与其他证据结合起来研究文史,或者说就是民俗,孔子就有意识地这样做了。《论语·八佾》中,孔子说:"夏礼吾能言之,杞不足徵也;殷礼吾能言之,宋不足徵也。文献不足故也,足则吾能徵之矣。"又云:"禘自既灌而往者,吾不欲观之矣。"又云:"子入太庙,每事问。或曰:'孰谓鄹人之子知礼?入太庙,每事问。'子闻之,曰:'是礼也。'"《礼记·杂记下》云:"子贡观于蜡,孔子曰:'赐也乐乎?'对曰:'一国之人皆若狂,赐未知其乐也。'"孔子告诉他:"张而不弛,文武弗能也;弛而不张,文武弗为也。一张一弛,文武之道也。""蜡"是古代腊月里祭祀农事神灵的活动,古代的狂欢节。

什么叫"文献"?"文献"就是文化资料的负载者。书籍是文献,有关实物资料是文献,有丰富文化知识的人,也是文献!"献"在古代汉语中,就有这样的意思。因此,我们做研究时找"文献",就要尽可能地找到这一类文献的所有负载者,进而尽可能地找到所有的有关文献。找书籍也好,找实物也好,找电子资料也好,找有关的人也好,都是找文献。这些,都是找资料的有效方法。

第三节　民俗的特征

一、传播性与区域性

民俗的传播性与区域性，是从空间广度而言的。传播，表现为互相联系的两种形式：

第一，个人的爱好、习惯、趣味等，传播开去，流变为民俗。必要条件是这些个人的行为，必须反映人们共同的心理趋向，融化在人们生活中，为人们所传习。《后汉书·梁冀传》："冀妻孙寿，……色美而善为妖态，作愁眉、啼妆、堕马髻、折腰步、龋齿笑。"这些"妖态"中，只有"堕马髻"成了民俗，妇女们争相仿效，且流传到后代。李贤注《后汉书》引《风俗通》云："堕马髻者，侧在一边，……始自冀家所为，京师翕然皆仿效之。"汉乐府民歌《陌上桑》写少女秦罗敷"头上倭堕髻，耳中明月珠"。倭堕髻，即堕马髻之余形，见崔豹《古今注》。所谓堕马髻，即髻歪在一边，呈似堕非堕之状。现在还保留在农村八十岁以上老年妇女足上的缠足陋俗，最初也是发端于个人的。传说起于商纣王的妃子妲己，这当然不符合事实。明徐复祚《花当阁丛谈》卷七云："客有征及缠足事者，余不能知其所自始。姑应之曰：缠足，上古无闻，俗传自妲己始。谓妲己乃雉精，足犹未变，故裂帛缠之。然无所证据，不足信。齐末东昏侯为潘妃凿金为莲花以贴地，令妃行其上，曰'步步生莲花'。又南唐李后主宫嫔窅娘纤丽善舞，后主作金莲高六尺，饰以宝物、钿带、璎珞，莲中作五色瑞莲，令窅娘以帛绕脚，令纤小屈上，作新月状。此即今之弓足也。则弓足始窅娘矣。然赵飞燕能作掌上舞，子建赋《洛神》曰'凌波微步'，绿珠'香尘无

缠足妇女

迹'，曰'微步'，曰'掌上'、'无迹'，则纤细可想。……故愚以为纤足即非始于妲己，亦决不始于窅娘。及读新都杨用修跋《杂事秘辛》中'约缣迫袜，收束微如禁中'语，则缠足后汉已有之矣。"但"约缣迫袜，收束微如禁中"明显还不足以证明这就是缠足，因此，缠足之俗，还是以起于窅娘之说为妥。此类发端于个人的民俗，还有中山装等。东坡肉也是一例。宋代周紫芝《竹坡诗话》云："东坡性喜嗜猪，在黄冈时，尝戏作《食猪肉》诗。"诗云："黄州好猪肉，价钱等粪土。富者不肯吃，贫者不解煮。慢著火，少著水，火候足时它自美。每日起来打一碗，饱得自家君莫管。"梁元帝妃子徐妃徐昭佩，就是"徐娘半老"的那位"徐娘"，化"半面妆"，这没有反映人们共同的心理趋向，没有融化在人们生活中，也没有为人们所传习，因此，这不是民俗。

第二，甲地风俗，传至乙地，或其他许多地方。家族迁徙，各地交往，都能成为民俗传播的原因。如秋千本为北方山戎之戏，后传遍我国。见梁朝宗懔《荆楚岁时记》。"秋千"古写法二字都从"革"，"鞦韆"是也。很明显，它最先是在游牧部落中流行。欧洲许多风俗，在我国已经流行，如圣诞节、情人节、愚人节等。这些都是不难理解的。

民俗的地域性，指不同的地区，以其地理、经济、历史、传说等文化背景的不同，有其独特的风俗。如古越人文身，认为以其入水可避蛟龙之患（唐段成式《酉阳杂俎》卷八）。北方无此俗。如太湖周围，乃河网交叉的水乡泽国，交通多用船只，篙撑橹摇。举行婚礼，迎娶之日，新郎乘船至女家接新娘和嫁妆。新娘和嫁妆都上了船，然后开船。开船时，篙工必须运劲蓄势，只用一篙，便把船撑行。若一篙撑不行，则不吉利。船到男家港湾停泊处，不能马上停泊，必须掉头往外撑出一段水路，再摇回。如此反

秋千

复数次,才能停泊,叫做"摇出势"。再如旧时太湖中的渔民,陆地上没有住宅,饮食起居作业,都在船上,婚礼也在船上。结婚那天,男家船和女家船停在一起,中间相距丈余,女方船上放下一浴盆,新娘坐在其中,用手划行到男家船旁,由男方家人扶入船中①。这些地方,因地理环境不同,婚礼也与别的地方用车轿不同。还有一些民俗,是由地方特有的山水名胜而产生的。如杭州中秋前后有观潮之俗,并以八月十八日为潮神生日。这正是由于当地有钱塘江潮水之胜而产生的。又如吴地八月十八日石湖串月之俗,九月三十日夜半登阳山浴日亭看日月同升之俗,都是如此。有的民俗以经济而异。如宋朝范镇《东斋纪事》卷五:"萧庆尝言,契丹牛马有熟时,有不熟时,一如南朝养蚕也。予问其故,曰:有雪而才露出草一寸许时,如此则牛马大熟,若无雪,或有雪而覆盖草,则不熟。盖契丹视以为丰凶。"若不是牧区,便无此俗。吴地有八月二十四日为稻生日之说,不种水稻之处便无。有些民俗,与其地的历史传说有关。宋人范镇《东斋纪事》卷五:"归州民家,自汉王昭君嫁异域,生女者无妍丑,必灸其面,至今其俗犹然。"又云,《宋史》载,洪咨夔知蜀龙州,毁邓艾祠而更祠孔明。邓艾为司马氏手下大将,曾率领军队大举伐蜀,蜀因此而亡。同一种民俗,各地也可能有种种差异,或大或小。如龙舟竞渡,各地的龙舟之制就不一样,这还是小的方面;就大的方面而言,湖湘间的龙舟竞渡是纪念屈原,而吴地则有纪念伍子胥之说。即使是邻近的村庄,民俗也可能有差别②。

二、传承性与变异性

民俗的传承性与变异性,是从时间的角度而言的。

民俗代代相传,世世相承,具有稳定性。风行一时的俗尚,不能算民俗。如《后汉书·郭泰传》云,泰名重一时,人又很俊美。尝遇雨,头巾一角沾湿而折叠,时人慕而仿之,号为"折角巾"。陆游《老学庵笔记》卷十:"蔡太师(京)作相时,衣青道衣,谓之太师青。出入乘棕顶轿子,谓之太师轿子。秦太师(桧)作相时,裹头巾当面偶折一角,谓之太师错。"这些,都不能算是民俗,因为缺乏稳定性。稳定需要时间。时间纵向流逝,一去不返,因而民俗就有了传承性。传承的方式,当然是代代相传,世世相承。祖宗灵魂信仰之

---

① 见清人所写《太湖竹枝词》等。
② 美国得克萨斯州盛产马匹,故其地关于马的民俗和传说很多,见 J. Frank Pobie 等编《野马与母马》,Southern Methodist University Press,1955 年版。

类的民俗，也许从人类诞生起，就已经有了，今天在许多地方，仍然存在。放眼社会民俗，传承千年以上的民俗事象，比比皆是。有些民俗之传承，带有周期性，如节令民俗、人生礼仪等即是。

与传承性相对的，是民俗的变异性。民俗的变异性，是指民俗在传承过程中，基于政治、经济以及其他种种原因，发生某些变化。如女子化妆，率以粉黛，粉以傅面，黛以填额画眉。六朝后，兼尚黄色，梁以黄色妆额，北周用黄色妆眉，辽人面涂黄色，谓之佛妆。但后代又用粉黛，一直到现在还是如此。如古之祭祀鬼神，用圭璧币帛实物，事毕则埋之，后世则改用纸钱和摹拟物烧之。唐朝封演《封氏闻见记》卷六："纸钱，今代送葬，为凿纸钱。积钱为山，盛加雕节，舁以引柩。按古者享祀鬼神，有圭璧币帛，事毕则埋之。①后代既宝钱货，遂以钱送死。《汉书》称盗发孝文园瘗钱是也。率易从简，更用纸钱。纸乃后汉蔡伦所造。其纸钱，后汉以来始有其事。今自王公，迨于匹庶，通行之矣。凡鬼神之物，其像似亦犹涂车刍灵之类。古埋帛、金钱，今纸钱皆烧之，所以示不知神之所为也。"又近代柴萼《梵天庐杂录》卷十三："南齐东昏侯剪纸为钱，以代束帛。……今世又翻新样，锡箔、宝锭、白纸、黄阡，谓焚化成灰，俱可资死者应用。谬妄无稽。"现代丧礼，给死者焚化纸扎电视机、电冰箱等冥器的，在许多农村地区，几乎已是惯例。②

三、民间性和共通性

民俗的民间性和共通性，是从民俗与传习者关系这一角度来探讨的。

民俗必须是民间的风俗习惯。民间所没有的，如官方典礼仪制，官员车马服饰，官场通例等，不算是民俗。

民俗的共通性，是指某特定时空概念上民间的民俗，与其他社会阶层和其他时空的民间有着联系。这就是说：第一，各级官员、大小贵族、甚至皇帝的生活中，也有着民俗内容。如他们也要守岁、观灯（见清卜陈彝《握兰轩随笔》卷下）。皇帝娶妇，亦须彩礼（见宋王勉夫《野客丛书》卷三十）。有的时

---

① 按：西方有埋牺牲之俗，将人等埋在沙中的游戏就是模仿埋牺牲。见《民俗》第二卷，1891年（Folk-lore, Vol. 2. London, 1891）

② 外国的民俗，同样也具有变异性。例如，在苏格兰，吃猪肉本是个禁忌，人们对猪和猪肉有偏见。1760年左右，在某个教区，只有二十头猪，因为他们很少吃猪肉。仅仅十年后，那里的猪就非常多了，几乎每个农民家庭都要养一到两头，因为人们普遍地吃猪肉了。在民俗中，饮食民俗是最不容易变化的，但以前苏格兰有关吃猪肉的风俗，竟然变化得很快。参见 Scottish Folk-lore and Folk Life, by Donald A. Mackenzie, Blackie and Son Limited, London and Glasgow, 1935, P54.

候，官方还会与百姓一起进行祭祀等活动。范成大《离堆行》诗自注云："沿江有两崖中断，相传秦李太守[①]凿此以分江水，又传李锁孽龙于潭中。今有伏龙观，在潭上。蜀旱，支江水涸，即遣官致祭，壅都江水以自足，谓之摄水，无不应。民祭赛者率以羊，岁杀四五万计。"第二，不同地区、不同民族、不同国家的民俗，也都有相通之处，如人生礼仪、鬼神信仰、民间故事的命意和模式等，相通之处尤多。如灰姑娘一类的故事，中外许多地方有之。相似的风物传说，往往在不同的地方存在。例如，"望夫石"、"相思树"的故事，在我国多个地方流传，诠释当地的相关风物。美国、墨西哥等国家好几个地方都有叫"情人跳"的岩石，都有相关的爱情故事，都是说相爱的一方为情而从这块岩石投身水中而死。欧洲许多河流，都有"河神拿人"的传说。

第四节　民俗的形成、流变与消亡

一、经济原因

属于上层建筑的民俗，它的形成、流变与消亡，总是受到经济基础制约的。物质民俗，更是与社会经济发展紧密联系的。

经济发展对民俗的作用，在鬼神信仰等精神民俗中表现得尤为明显。生产力的发展，特别是科学的发达和普及，是鬼神信仰民俗的克星。

如求雨求晴诸俗[②]，便是建立在当时低下的抗旱排涝能力与科学知识水平基础之上的。随着农田抗旱排涝能力的增强，科学知识的普及与提高，求雨求晴诸俗，便自然消失了。

二、政治原因

政治是上层建筑的重要部分，它对上层建筑中的其他部分起有重要作

---

① 李太守：此指李冰。

② 国外也有求雨风俗。墨西哥一传说云，某年大旱，人畜皆危。一少女上山求雨，甚久而雨方下。该少女以求雨久，失去知觉，而至于死亡。其饰发髻之网巾落地，化为花朵，是为蓝网巾花。见 Mrs. Bruce Keid《蓝网巾花，一个印第安传说》，载 Stith Thompson 编《圆码头》，得克萨斯民俗学会 1935 年版，P197.

用,对经济基础亦起反作用。民俗的形成、流变与消亡,许多情况下是政治在起作用。

政治对民俗的作用,主要表现为两种情况:

第一,某些民俗的形成、发展、流变与消亡,发端于官方。自古以来,民俗事象中历来存在着"上以风化下"的内容,官方利用政治优势来推行、强化、改变或禁止某些风俗,根本目的是为巩固其统治。但其客观效果,则要作具体分析。究其手段,有硬有软。清初以屠刀推行剃发,是以极端手段作用于民俗之典型。又有以法律形式禁止某些民俗者,如元刑法禁指腹为婚即是。又明朝陆容《椒园杂记》卷十:

清代男子的发型

幼尝入神祠,见所塑部从,有袒露者,臂股皆以墨画花鸟云龙之状。初不喻其故,近于温台等处,见国初有为雕青事发充军者,因询问雕青之所以名。一耆老云,元时,豪侠子弟皆务两臂股皆刺龙凤花草,以繁细者为胜。洪武中,禁例严重,自此无敢犯者。因悟少年所见,即文身像也。闻古之文身,始于岛夷。盖其人常入水为生,文其身以避水怪耳。

清未入关之前,于崇德三年禁止妇女缠足,成功了,此后,有清一代满族妇女,都无此俗。入关后,顺治二年、康熙三年,两次禁止缠足,没有成功。地方政府,所下有关风俗的行政法令就更多了。赵翼在当广西镇安府知府的时候,曾下令变当地的婚俗。其《檐曝杂记》卷三云:

其俗成婚虽早,然初嫁时夫妇异宿。婚夕,其女即拜一邻姬为干娘,与之同寝。三日内,为翁姑挑水数担,即归母家。其后虽亦时至夫家,但不同寝,恐生子则不能做后生(按:指交男友)也。大抵廿四五岁之前,皆系做后生之时。女既出拜男同年,男亦出拜女同年。到廿四五岁后,则嬉游之性已退,愿成家室,于是夫妇始同

官方祭祀潮神

处。以故恩意多不笃。偶因反目,辄至离异。皆由于年少不即成婚之故也。余在镇安,欲革此俗,下令凡婚者不许异寝。镇民闻之皆笑,以为此事非太守所当与闻也。近城之民,颇有遵者,远乡仍复如故云。

清朝王渔洋《池北偶谈》卷四载江宁巡抚汤斌禁吴地上方山祭祀五通神之俗。软的一手,如祭祀、加封某些神灵,利用百姓的神灵信仰来巩固其统治。此法历代封建统治者皆行之。

第二,因政治原因,民间自发形成、改变或取消某些民俗。这又有两种情况:(1)纪念某些政治人物或政治事件。如清人以三月十九日为太阳生日,实以此纪念崇祯帝之死,盖始自清初明遗民(清朝王嘉桢《在野迩言》卷七)。又有以清明戴柳纪念黄巢起义的传说。许多政治人物死后,后人立祠祭之,如关羽、岳飞等就是。(2)某些政治制度下形成的相应民俗,随该政治制度的改变而改变,消亡而消亡。如民间许多祝科第之俗,如"五子登科"的图案等,已随科举制度之消亡而消亡,或仅存普通的祝吉意义。"科"都取消了,还如何"登"?又沈云《盛湖竹枝词》云:"入民国后,旧婚礼既废,民间无所适从,于是迎娶有用军乐队杂以鼓吹一部,仍鸣锣喝道者。男子幅巾便衣,间或着礼服,女子红衫绯裙,梳东洋髻,或扎小头面。戴蓝色眼镜。结婚仪式极简略,草草数分钟,事毕矣。"

三、宗教原因

宗教与民俗,有着双向作用。有些民俗事象是由宗教发生出来的,宗教又利用这些民俗事象广泛传播。另一方面,民俗作为传统文化的一部分,如果某一种宗教与传统文化不合,民俗也会抵制这种宗教的传播与发展。

在我国传统文化中,佛道并尊。传统民俗事象中,与佛道有关者,占极大比例。佛道对民俗的作用主要是:(1)民间以立祠、祭祀或其他形式,信仰佛道神灵。明朝吕及园《滇南竹枝词》有《三教堂》云:"释道风行儒不如;至人强拉住僧庐。"自注云:"堂中释居中,道居左,儒居右。"张光藻《龙江纪事七绝》云:"祖师庙舍创何人?孔圣肩随佛老身。边地不知儒教重,惜无人与说彝伦。"自注云:"城西南关帝庙殿东有室,塑三教像,如来居中,左老聃,右孔子,而以匠作医卜杂技之祖配,榜曰'三教祖师',不知始于何时。"云南与黑龙江,相隔万里,但都有这样的风俗。(2)立节,即许多节日风俗,与佛道有关。如四月初八佛生日,见梁朝宗懔《荆

三教图

楚岁时记》、宋朝金盈之《醉翁谈录》卷四等。正月十九日燕九节纪念丘处机,见明朝沈榜《宛署杂记》卷十六、清朝俞樾《茶香室三钞》卷一等。二月十九观音生日,旧时天津有盛大的庆祝活动,见清朝张焘《津门杂记》卷中。四月十四为神仙(吕洞宾)生日,见清朝蔡云《吴歈百绝》等。(3)许多民间礼仪中,充满了浓重的宗教气氛,丧礼尤甚。清朝兰陵忧患生《京华百二竹枝词》云:"竟宵钟鼓闹喧阗,花费许多佛事钱。定是法高能忏悔,酬他慷慨子孙贤。"自注云:"北京风俗,遇有丧事,接三做七出殡,无不延僧诵经放焰口,以超度亡灵。从前花费无多,现在行市大涨,直同买卖。凡饭食、镇坛交汤、红绿布、墩烛、钱粮、饽饽、香斗、老米、解结、散花、点心、台面、挑儿,以及双分衬钱,一切增加数倍。夜间施放瑜珈焰口,金铙法鼓,直到天明始止。不知亡者得此,果否超升?而丧主之钱,耗去已不资矣。感时者遂呼之曰:和尚戏。"(4)民间大量的故事传说,有宗教内容,宣扬宗教思想。八仙传说及佛教宣卷等,都是如此。

我国传统民俗,视基督教为异端。信基督教者,亦不信传统民俗中的一

基督教家庭不祭祀灶神

切神灵,不祭自己的祖先。民间行祭祀鬼神之礼,忌信基督教者参与,甚至观看。这是民俗对与它不合的宗教的排斥。

第五节　民俗的社会功能

一、凝聚功能

文化具有凝聚力,这种凝聚力,存在于同一种文化的人之中,民俗作为文化的一部分,也具有凝聚力。

社会民俗的凝聚力,最为明显。社会民俗,能增强社会组织的凝聚力。自然组织(自然形成的组织,如家庭、亲族、宗族等和村落等)和超自然组织(不是自然形成的组织,如结义、帮会等)都有其礼仪、法规等民俗内容,这些民俗内容，都有利于增强其凝聚力。

信仰或崇拜同一个神灵的人们之间，具有凝聚力。如社神之祭祀，将祭同一社神的若干家庭凝聚起来。祭祀祖灵，加强了该祖各支子孙之间的凝聚力，扩而言之，对炎黄二帝的崇拜，也能增强炎黄子孙们的凝聚力。

二、历史功能

民俗的历史功能，首先表现为纪念功能。如供奉历史人物的祠宇，有纪念该历史人物的意义。元朝王逢《梧溪集》有《黄道婆祠》诗，自注云："黄道婆，松（江）之乌泾人。少沦落崖州。元贞间，始遇海舶以归。躬纺木棉花，织崖州被以自给，教他姓妇不少倦。未几，被更'乌泾'名。天下仰食者千余家。及卒，乡长赵如圭为立祠香火庵，后兵毁。至正壬寅，张君守中，迁祠于其祖都水公神道南隙地，俾复祀享。"然神灵观念的作用，这种纪念意义，往往被迷信、庸俗的实用性所代替。许多节日民俗，相传是为纪念历史人物、历史事件而设，因而也具有纪念意义。

民俗的历史功能，其次表现为文献功能。民俗有"活化石"之称。如由现代婚礼中仍存在的"彩礼"，可以看到古代买卖婚姻的遗迹。从云南的阿注婚，可以看到母系社会向父系社会过渡的过程。祠宇塑像、碑刻、家谱等，无不具有文献功能。

三、教育功能

在民俗的作用下，人会潜移默化，其思想、品格以至于气质等，朝着一定的方向发展变化。这就是民俗的教育功能。

体现着道德准则的民俗，教育功能尤为明显。民间信奉的若干鬼神，是某种道德观念的化身，如忠臣、孝子、节妇、烈女等。人们信奉他们，就必然受他们所代表的道德观念的教育。统治者常利用民俗的教育功能巩固其统治。人民也往往树立代表自己道德观念的偶像，教育世人，如梁山好汉有庙祠者。

四、实用功能

民俗的实用功能，指它在日常生活中对社会生产、生活所能起到的较直接的作用。

社会民俗中的礼仪惯制等，常被称为习惯法，它具有类似法律的作用，或可补法律之不足,封建时代尤其如此。行过冠礼,即算成人;行过聘礼,婚约告成;行过婚礼,婚姻告成。财产继承,也按习惯法。

法律也尊重民俗中的习惯法。如《大清律例》中规定,开棺问罪,但明确规定:"依礼迁葬者除外。"古代法律,保护婚约。婚约以什么为依据?以女方是否接受男方的彩礼为依据。女方接受男方的彩礼,这是民俗,但法律承认它标志婚约成立的作用。古代法律,也与现代法律一样,保护婚姻。古时候没有结婚登记这一说,一对男女是不是合法夫妻,就看他们有没有行婚礼。哪怕是最简单的婚礼,仅仅是拜过天地,一对未婚男女这样做了,就是合法的夫妻了,否则,他们就不是合法的夫妻。婚礼是民俗,拜天地是民俗,但在那时实际上就起了法律的作用。封建时代,即使一些民俗与法律相抵触,但在民间,它还是不失为习惯法,得到社会的承认。随着法律的完善,民俗习惯法的作用渐趋减弱,乃至消失。

民俗中带有科学性的部分,也具有实用功能。如许多预测气象或农作物收成的民俗,有的虽然披着神秘的外衣,但往往灵验。

民俗的实用功能,还表现为某些民俗的广告功能。如商标、商店的名称,商店的装饰等,都有广告功能。如清朝诗人吴锡麒《壶卢学士歌》自注云:"酒家造酒标子,用大壶卢为身,上塑头面,饰以冠巾,号曰壶卢学士。"有关某些土特产的传说,其实也是广告。

五、娱乐功能

民俗的娱乐功能,最集中地体现在节日、婚礼等带有喜庆色彩的民俗中。宋人张鉴《赏心乐事》,就是将一年中节日风俗罗列出来。又闹新房之俗,汉代就有之。《群书治要》引仲长统《昌言》云:"今嫁娶之会,棰杖以督之戏谑,酒醴以趣之情欲。宣淫佚于广众之中,显阴私于族亲之间,污风诡俗,生淫长奸,莫此之甚,不可不断者也。"沈云《盛泽竹枝词》云民国初年吴江闹新房:"有曰闹房者,无论行辈之长幼,与亲朋之远近,蜂拥入房,牵帏披帐,翻衾搜枕,一唱百和,欢声雷动,设新人畏避不见客,便闹之不已。"

祭祀之俗,也常体现出娱乐功能。一是祭祀本身,在许多情况下便是娱乐。如古蜡祭,苏东坡即以为是戏剧表演。《东坡志林》卷二载:"八蜡[①],三

---

① 八蜡:古代于腊月祭祀八种跟农事有关的神灵。例如对付野猪的老虎、对付田鼠的猫、管理昆虫的虫王等。

代(夏商周)之戏礼也。岁终聚戏,此人情之所不免也。因附礼义,亦曰不徒戏而已矣。祭必有尸①,无尸曰奠,始死之奠与释奠是也。今蜡谓之祭,盖有尸也。猫、虎之尸,谁当为之,非倡优而谁?葛带榛杖,以表老物,黄冠草笠,以尊野服,皆戏之道也。子贡观蜡而不悦,孔子譬之曰:一张一弛,文武之道,盖为是也。"二是祭祀享神娱神,实乃祭祀者自享自娱。汉朝刘安《淮南子·精神训》:"今夫穷鄙之社也,叩盆拊瓴,相和而歌,自以为乐矣。"《汉书·郊社志》:"今者民间祠尚鼓乐舞。"三是

角觝图

祭祀有时为娱乐创造了条件。如祭赛某大神,游人毕集,纵情游乐。甚至祭祀祖先,如扫墓等,也可成为娱乐的机会,古已如此。

至于游艺、竞技、博戏(赌博一类的竞技)等民俗,则本身就是娱乐活动。

---

① 尸,此指打扮成受祭之神受祭的人。

第二章 佛教神灵

第一节 诸　佛

佛的意思是"觉悟了的人"。觉有三意：自觉、觉他、觉行圆满。佛是佛教修行的最高果位。小乘佛教中，佛仅仅是释迦牟尼一人。大乘佛教中，佛有很多。佛一作"佛陀"，是梵文"Buddha"的音译全称，又作"浮屠"。英文中俱译为"Buddha"。通常所说的"如来"，是佛的十号之一，"如实道来，故云如来"。"大雄"亦为佛之别称。佛寺中常有的"大雄宝殿"，就是佛殿。

佛经中所说的佛，较有名的，是竖三世诸佛和横三世诸佛。

一、竖三世诸佛

竖三世诸佛是从时间上说的。过去佛，指燃灯佛（梵文名为 Dipamkara），又名锭光佛。"锭"是灯的脚。现在佛，当然是释迦牟尼。未来佛，是弥勒佛。

过去佛燃灯佛，据说他出生时身上光亮如灯，故名。释迦牟尼在过去不知多少世时，名为儒童，顾名思义，是一个读书少年。某日，儒童见一女子名瞿夷者，手持七枝青莲，遂以五百金钱买其五，欲以供佛（燃灯佛），瞿夷知之，遂将其余两枝，托儒童一并供佛。儒童遂将此七枝青莲，献给当时的教主燃灯佛，又对燃灯佛百般恭敬，故该佛预言他 91 劫以后成佛。那个瞿夷就是悉达多（释迦牟尼没有出家时的名字）

燃灯佛

未出家时娶的妻子。也就是说,燃灯佛是释迦牟尼前91劫时的佛,所以说是过去佛。当然,这些都是佛经中佛家编出来的故事,有谁能知道91劫以前的事呢?什么叫劫?世界从产生到灭亡为一劫。

现在佛释迦牟尼(梵文 Sakyamuni,前565～前485,南传佛教认为是:前623～前543),本来的姓名为"乔答摩·悉达多"。姓"乔答摩"(Gautama),意为"最好的人";名"悉达多"(Siddhartha)意为"目的达到了的人"。"释迦"(Sakya)为种族名,意为"能";"牟尼"(Muni)意为文、仁、儒、忍、寂、寂默、明珠等。释迦牟尼是悉达多得道后人们对他的尊称,意为释迦族的圣人或贤人。有的书上,也叫他释迦文佛。

相传释迦牟尼是古印度北部迦毗罗卫国(在今尼泊尔南部提罗拉科特附近,一说为在印度与尼泊尔的边境地区)释迦部落净饭王(梵文名为 Suddhodana,其皮肤白净,故称"净饭王")的太子,属于刹帝利种姓。他的母亲叫摩耶(Mahamaya)夫人。摩耶夫人怀了释迦牟尼后,将要生产,按照当时的习俗,她必须回到她的娘家去生产。她的父亲也是个国王。摩耶夫人回到她父亲的国家,在往娘家的途中,她到她父亲的别墅蓝毗尼园休息,在那里生下了悉达多。很不幸,七天后,她就去世了。她的妹妹波阇波提,也是净饭王的妻子,将悉达多抚养成人。悉达多受到良好的教育,文武全才。因深感人生的苦难,他29岁(一说19岁)出家修道,先学禅定,后学苦行,后又放弃苦行,在一棵菩提树(Bodhidruma,Bodhivrksa,又称毕波罗树、觉树、道树等,Pippala)下静坐思维,经过七天七夜的苦思,终于觉悟得"四谛"、"十二因缘"之理。时年35岁(一说30岁),遂创立佛教。

先是悉达多出家之后,其父亲派五位大臣出去寻找,命他们劝说悉达多回家,他们也是悉达多亲族成员中的长辈。他们找到了悉达多,但没有能劝说他回家,他们便不敢回朝,于是就跟悉达多苦行。其中有几人吃不消,就走了。剩下的跟悉达多继续苦行。后悉达多放弃苦行,跟他继续苦行的人,便认为他意志不坚定,也离开了他。悉达多觉悟后,就把这五个人找到,在波罗奈城的鹿野苑给他们说法,这就是著名的"初转法轮",即第一次传播佛法。"法轮"是比喻的说法,云佛法如轮,无坚不摧,能摧毁一切恶业,或云佛法流传,并不滞留一地,像车轮一般,故云"法轮"。释迦牟尼这次"初转法轮"的内容,就是"四谛"、"十二因缘"之理。"四谛"为"苦"、"集"、"灭"、"道",这是佛家所谓的四条真理。苦,指世俗世界的一切,本质上都是苦的。例如,有生老病死之苦,有所求不得之苦等等。集,堆积的意思,指造成世间人生及其苦难的原因,即佛教通常所谓的"业"与"惑"。灭,指断灭世俗诸苦得以产生的一切根源,是佛教修行要达到的目的,也就是得到解脱,不再进入生死轮回,而是进入涅槃。道,指超脱苦、集的世间因果关系而达到解脱生死轮回、进入涅槃寂静境界的一切理论和方法。"十二因缘"主要是讲因果轮回,所谓的"三世二重因缘"。当然,这些理论,不是科学的世界观,我们必须注意鉴别。这五人就是悉达多最早的弟子,最早的佛教徒,佛教史上所谓的"五比丘"。此后,悉达多广传佛法几十年。舍卫国波斯匿王之太子祇陀和给孤独长者共同布施的祇园精舍,在舍卫城南。王舍城有一竹林精舍。这是佛长期居住的两大精舍①。释迦牟尼在80岁时去世。相传他的舍利(遗骸)被分为八份,分别起塔供奉。记载悉达多事迹的汉译佛经主要有《佛本行经》、《佛所行赞》等。

未来佛为弥勒佛。"弥勒"是梵语 Maitreya 的音译简称,意译为"慈悲"。他常怀慈悲之心,故名。他出身于古代印度波罗奈国的一个婆罗门家庭,后来成为释迦牟尼的弟子,却早于释迦牟尼去世。释迦牟尼曾经预言,弥勒去世后,将生于兜率天②,为诸天神说佛法。释迦牟尼去世后五十六亿万年后,他才会从兜率天下生人间,并且成佛。因此,他是在未来成佛,是未来的佛。有些书上说他是菩萨,就是这个道理。《佛说观弥勒菩萨上生兜率天经》中,佛云十二年后,弥勒去世,上生兜率天。弥勒为天人说法,使大量天人精修佛道。阎浮提(按:指世俗世界)岁数五十六亿万岁,尔乃下生于阎浮提,如《弥勒下生经》所说。"《碛砂藏》本《大藏经》第157册西晋月氏三藏竺法护翻译

弥勒佛

---

① 精舍:佛教徒居住、修炼之所。
② 兜率天:在佛教宇宙观中,有许多天界,兜率天即其中之一。

《佛说弥勒下生经》写弥勒下生云：大臣修梵摩"是王少小同好，王甚敬爱。又且颜貌端正，不长不短，不肥不瘦，不白不黑，不老不少。是时修梵摩有妻，名梵摩越，王女中最极殊妙，如天帝妃。口作优钵罗花香，身作栴檀香。诸妇人八十四态①，永无复有，亦无疾病乱想之念。尔时弥勒菩萨于兜率天观察，父母不老不少，便降神下，右胁生，如我今日右胁生无异，弥勒菩萨亦复如是。兜率诸天各各唱令：弥勒菩萨已降神生。是时修梵摩即与子立字，名曰弥勒。弥勒菩萨有三十二相，八十种好，庄严其身，身黄金色。……尔时弥勒在家，未经几时，便当出家学道。尔时去鸡头城不远，有道树名曰龙华，高一由旬，广五百步。时弥勒菩萨坐彼树下，成无上道果。当其夜半，弥勒出家，即其夜分，成无上道。"此后，弥勒又将广为人说法，以弘扬佛法。"尔时弥勒佛为诸弟子说法：'汝等比丘，当思维无常之想，乐有苦想，计我无我想，实有空想，色变之想，青淤之想，膨胀之想，食不消想，脓血想，一切世间不可乐想。所以然者，比丘当知此十想者，皆是过去释迦文佛为汝等说'"。

我国佛教中弥勒佛的形象，与佛经中的弥勒佛形象，全然不同：身胖、面乐，手持一布袋。文学作品中的弥勒佛，从宋代以下，时时有之。

中国佛教中弥勒佛形象，来于我国五代时一位名叫契此的和尚，他自称是弥勒佛的化身。宋朝庄绰《鸡肋编》卷中云，唐末奉化地区，有一被称为"布袋和尚"的和尚，"身矮皤腹，负一布囊"，临终说偈云："弥勒真弥勒，分身百千亿。时时示世人，世人自不识。"后人遂画其像为弥勒佛。《宋高僧传》卷二十一《唐明州奉化县契此传》云："释契此者，不详氏族，或云四明人。形裁猥琐，蹙頞皤腹，言语无恒，寝卧随处。常以杖荷布囊，"号为长汀子、布袋师。行为异常，能示人吉凶。"有偈云：'弥勒真弥勒，时人皆不识'等句。人言慈氏垂迹也。"元朝袁伯长《延祐四明志》卷十六所载，与《宋高僧传》所载相似，又云："梁贞明二年于奉化岳林东廊坐逝，偈曰：'弥勒真弥勒，化身百千亿。时时示时人，时人自不识。'葬寺西南二里，曰弥勒庵。宋元符元年，赐号定应大师。三年，祥光现于葬所，得锡杖净瓶。邑人建阁藏之。"

我国的弥勒佛形象，体现了一种宽容和宽厚的人生智慧，一种乐观随和的处世态度，这是佛经中的弥勒佛形象所没有的。

我国有关弥勒佛的对联很多，颇有佳作。如福州弥勒殿对联："手上一

---

① 八十四态：此指种种媚态等不善之态。

只金元,你也求,他也求,未知给谁是好;心中无半点事,朝来拜,夕来拜,究竟为何理由?"云南宾川县弥勒殿对联:"天王人王平等观,安用五体投地?出世入世随宜过,本可一笑付之。"

二、横三世诸佛

三个佛世界之佛。许多寺院的大雄宝殿上,释迦牟尼居中,为娑婆世界之佛;其左为东方净琉璃世界之药师琉璃光佛(Bhaisajyaguruvaiduryaprabhasa Buddha);其右为西方极乐世界之阿弥陀佛(Amitabha Buddha)。

药师琉璃光佛简称药师佛,相传他曾发下十二大愿,愿一切众生无病痛之灾,身心安乐。阿弥陀佛,又作"无量寿佛"、"无量光佛"。相传他本是位国王,后放弃王位,出家为僧,法名法藏。他成佛前,发下四十八大愿,其中有云:他成佛后,凡是信奉他并持颂他名号的人,临终之际,他就会来接引此人,让此人往生到他的国度即西方极乐世界中去。

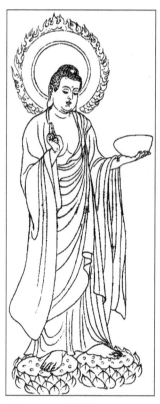

药师佛

无量寿佛

第二节 诸菩萨

什么叫菩萨？菩萨是佛教中的修行品位，梵文"菩提萨埵"(Bodhisattva)的简称。意译为"觉悟众生"、"道众生"。宋僧法云《翻译名义集》卷一引僧肇云："菩提，佛道名；萨埵，秦言大心众生。有大心入佛道，名菩提萨埵。"或云，菩提的意思是"正"，"萨埵"的意思是"众生"。已经自觉本性，悟得佛道，又能以佛道普度众生者，为菩萨。或云，修持大乘六度（布施、持戒、禅定等六种修行方法），求无上菩提（无上道，也就是佛道），利益众生，于未来成就佛果的修行者，名菩萨。旧译有"大士"等。菩萨成佛于未来，很明显，还不是佛。成佛的三个条件，自觉、觉他和觉行圆满，菩萨缺的是最后一项。什么时候他们才觉行圆满？这是个无限长的修行过程。下文的观音部分，将进一步阐明这一点。

佛教中，有"四大菩萨"之说，下面逐一介绍。

1. 文殊师利

也叫曼殊室利（梵文 Manjusri），意为妙德、吉祥。他出生时，家中出现许多吉兆。其形象为顶结五髻，骑青狮子，常为释迦牟尼的侍从。他手中所持宝剑，象征智慧和锐利。他是大智慧的代表。显灵说法的道场为山西五台山。文殊生于古印度舍卫国一婆罗门家庭，后成释迦牟尼弟子。释迦牟尼去世后，他到云杉，为人说十二部佛家经典。后来，他回到家乡去世。相传佛曾经说，东北方"大振那"国，有大山，山有五峰，名五顶山。他辞世后，文殊将以童子之形象于此居住并为众生说法。我国佛教认为，山西五台山就是佛说的"五顶山"，故以

文殊

五台山为文殊显灵说法的道场。

2. 普贤

梵文音译为"三曼多跋陀罗"（Samantabhadra）意为普遍贤善，故称普贤。他骑白象，与文殊菩萨同为释迦牟尼的侍从。显灵说法的道场为四川峨眉山。《法华经》上说，若有人读《法华经》，普贤就与其他大菩萨一起保护此人。普贤曾为善才童子讲"礼敬诸佛"、"忏悔业障"等十大行愿，因此又被称为"十大愿主"或"十大愿王"，成为"大行"的象征，"行"是实践其所发之愿的意思。一说他是真理的象征。

文殊和普贤都是男子身，但在我国佛教中，却往往变成女子身。佛寺中的造像和通常的画像是如此，佛教传说和民间故事中也是如此。《莲社高贤传·昙翼传》云："普贤大士化女子身，披彩服，携筼笼一白豕，大蒜两根。至（昙翼）师前曰：'妾入山采薇，日已斜，豺狼纵横，归无生理，敢托一宿。'师力却之。女复哀鸣不已。遂令居草床上。夜半号呼腹痛，告师按摩。师辞以持戒，不应手触女。号呼愈甚。师用布裹锡杖，遥为按之。翌日，女以彩服化祥云，豕变白象，蒜化双莲，凌空而上。"《三教源流搜神大全》等所载观音故事，也将文殊和普贤都说成是女身，且与观音是亲姐妹。

3. 地藏

梵名乞叉底蘖婆（Ksitigarbha）。《地藏十轮经》言其"安忍不动犹如大地，静虑深密犹如秘藏"，故名。显灵说

普贤

地藏

法的道场在安徽九华山。《地藏菩萨本愿经》云,释迦牟尼嘱咐地藏,要他在释迦牟尼灭度之后、弥勒佛诞生于人间这一段无佛之际,努力弘扬佛法,超度众生。他发愿:"地狱未空,誓不成佛","渡尽众生,始愿成佛",表现了宏大的意愿,故成为"大愿"的代表。据说,若有人念其名号,拜其形象,就会得到他的帮助。

《法华经》中,言四大菩萨,以弥勒换地藏。弥勒显灵说法的道场在浙江雪窦山。显灵说法道场云云,乃是中国佛教中的说法。

4. 观世音

她在四大菩萨中,最为有名,也最为重要。故作重点介绍。

佛经中有关观世音的记载,最有名的有三处。一是《观音菩萨得大势菩萨受记经》。此经中,佛对华德藏菩萨等说观世音、得大势的故事:不知道多少年之前,"其国有佛,号金光狮子游戏如来。""尔时金光狮子游戏如来法中,有王名曰威德,王千世界,正法治化,号为法王。其威德王多诸子息,具二十八大人之相。是诸王子,皆悉住于无上之道。王有七万六千园观,其王诸子,游戏其中。""彼威德王于其园观,入于三昧。其王左右,有二莲花,从地踊出,杂色庄严,其香芬馥,如天旃檀。有二童子,化生其中,加跌而坐,一名宝意,二名宝上。时威德王从禅定起,见二童子坐莲花藏",就与他们论道,而竟然处于下风。于是,威德王带他们到佛处。二童子与佛以偈对答,讨论佛理。他们向佛发愿普度众生,大地天空,出现了种种灵异。佛讲完这故事,说:"尔时威德王者,岂异人乎?我身是也。时二童子,今观世音及得大势菩萨摩诃萨是也!"二是《悲华经》卷三,云宝藏佛世界时,转轮圣王之第一太子因布施、供养比丘僧等等功德,修佛精进。他向佛发一宏愿:"世尊,今我以大声音告诸众生,我之所有一切善根,尽回向阿耨多罗三藐三菩提,愿我行菩萨道时,若有众生受诸苦恼、恐怖等事,退失正法,堕大暗处,忧愁孤穷,无有救护,无依无舍,若能念我,称我名字,若其为我天耳所闻,天眼所见,是众生等若不得免斯苦恼者,我终不成阿耨多罗三藐三菩提。"于是,宝藏如来为其授记:"善男子,汝劝天神及三恶道一切众生,生大悲心,欲断众生诸苦恼故,欲断众生诸烦恼故,欲令众生住安乐故,善男子,今当字汝为观世音。"三是《妙法莲华经》卷七第二十五品《观世音菩萨普门品》。此品中,或问观世音之义,佛说:"若有无量百千万亿众生受诸苦恼,闻是观世音菩萨,一心称名,观世音菩萨即时观其音声,皆得解脱。"并举了他的种种神威,如"若有持是观世音菩萨名者,设入大火,火不能烧"之类,大到水火刀兵不

念观音脱难

能害,小到没有子女,观音也能保佑生漂亮聪明有福有德的子女,甚至有什么小烦恼,也都可以解脱。总之,人有麻烦,只要称观音之名,观音就马上来救护。她总是在看着世界上有没有人在称她的名号,有没有人在呼唤她救护,因此,佛就给她起个名号,就叫"观世音"。可是,有关观世音弘扬佛法的具体事实,人们信仰观世音获果报的灵验故事,佛经中连一个也没有。

观世音一传到我国,竟然就大红大紫起来。她救苦救难的故事,简直是连篇累牍,终于使她成为了我国知名度最高的神灵。在民间,念"大慈大悲救苦救难观世音菩萨"而希望得到她的帮助,家里供养她的像以求保佑,是很普遍的现象。

观音又被称为"大悲"菩萨,这又是为什么呢?任何众生有悲伤烦恼之事,只要呼观音的名号,她就会来救助,就像这些悲伤和烦恼是自己的一样。这样,世界上所有众生的悲伤和烦恼都是她的悲伤和烦恼,那么,她所承受的悲伤和烦恼,是何等的巨大! 还有谁的悲伤和烦恼能超过她?

我国的观音,有这样两点,值得注意。一是她在我国完成了女性化。佛经中的观音故事中,观音都是男子。但是,在我国,观音是位女子。这是众所周知的。其间原因主要有:第一,观音大慈大悲,救苦救难,最集中地体现了女子富有同情心的美德,因此,观音为女子身,内在外在,就更为和谐统一。第二,有利于弘扬佛法。"男女授受不亲",礼教之大防,在我国根深蒂固。观音为女身,能消除女性信仰佛教神灵的心理障碍。对男性而言,有时也有利于弘扬佛法。我国鱼篮观音故事中,观音就以女色设缘度男子。《古今图书集成·神异典》卷七十九

马郎妇观音

录《法华持验》云,唐陕右某地俗好骑射,不知佛法。元和十二年,忽来一美艳女子,提篮卖鱼。此地青年男子之未婚者,竞欲娶之。女云:"能一夕背诵《普门品》者,则吾归之。"诸人遂念《普门品》[①],黎明诵彻者二十余人。复授以《金刚经》令诵,一日能通者犹有十余人。女更授《法华经》全部,期以三日通彻。至期,惟有马氏子能。于是此女嫁之。成婚当夜,女以身体不适为辞,求别宿,许之。次日,马家发现,此女已死,遂埋之。数日后,有紫衣僧至,命人开此女坟,有黄金锁子骨存焉。此僧谓众曰:"此观音大士,悯汝辈障重,故垂方便化汝耳。"言迄,飞空而去。观音以其色其身为诱,使人诵读佛经、知道佛法,进而除其孽障。以此故事为题材之文学作品不少。

二是中国观音的成道故事。唐宋时,有妙善救父而成观音大士的故事。宋人朱弁《曲洧旧闻》卷六云:"蒋颖叔守汝(州)日,用香山僧怀昼之请,取唐律师弟子义常所书天神言大悲事,润色为传。载过去国庄王,不知是何国,

---

① 《普门品》:佛经《法华经》中的一个部分,内容就是观音故事。

男女观音

王有三女,最幼者名妙善,施手眼救父疾。其论甚伟,然与《楞严》及《大悲》、《观音》等经颇相失。"阮元《两浙金石志》卷七《宋重立大悲成道传》云:

　　(前缺)臣既至,妙善听命,即谓尼众:"汝等速避,吾当受诛。"妙善乃出就死。将饮刃次,龙山山神知妙善大悲菩萨将证道果,救度众生,无道父王,误将斩首,以神通力(缺)冥风暴雨雷电,摄取妙善置于山下。使臣既失妙善所在,驰奔奏王。王复惊怒,驱五百军,尽斩尼众,悉焚舍宇。夫人王族,莫不恸哭,谓女已死,欲救无及。王谓夫人曰:"□(当为'汝'字)勿哀哭,此少女者,非我眷属,当是魔怪,来生我家。朕得除去妖魔,甚可为喜。"妙善既以神力,摄至龙山之下,环视无人,即徐步登山,忽闻腥秽,又念山林幽寂,安有□气?山神化为老人,见妙善曰:"仁者欲往何所?"妙善曰:"我欲入此山修道。"老人曰:"此山之中,乃鳞介羽毛所居,非仁者修行之地。"妙善曰:"此山名何山?"曰:"龙山也。龙居此山,故以名之。""此去西岭若何?"曰:"亦龙所居,是故谓之小龙山。惟二山之中,有一小岭,号曰香山,此处清净,乃仁者修行之地。"妙善曰:

"汝是何人？指吾居处？"老人曰："弟子□(当为'非'字)人也,乃此山神。仁者将证道果,弟子誓当守护。"言讫不见。妙善乃入香山。登顶四望,阒无人踪,即自念言:此处是吾化缘之地。故于山顶葺宇修行。草衣木食,人莫□(当为"之"字)知。已三年矣,尔时,父王以是罪业故,感迦摩罗疾,遍于肤体,寝息无安。竭国妙医,不能救疗。夫人王族,夙夜忧念。一日,有异僧立于内,前曰:"吾有神方,可疗王病。"左□(当是"右"字)闻语,急以奏王。王闻,召僧入内。僧奏："贫道有药,救王疾病。"王曰："汝有何药,可治吾病？"僧曰："贫道有方,应用两种大药。"王曰："何如？"僧曰："用无嗔人手眼,可成此药。"王曰："□(当是'汝'字)毋戏论,取人手眼,宁不嗔乎？"僧曰："王国有之。"王曰："今在何处？"僧曰："王国西南有山,号曰香山。山顶有仙人,修行功著,人无知者。此人无嗔。"王曰："如何可得其手眼？"僧□(当是"曰"字)："它人莫求,惟王可得。此仙人者,过去与王有大因缘。得其手眼,王之此疾,立愈无疑。"王闻之,乃焚香祷告曰："朕之大病,果获痊平,愿此仙人,施我手眼,无所吝惜。"祷□(当是"毕"字)即令使臣,持香入山,使臣至已,见茅庵中有一仙人,身相端严,跌坐而坐,即焚妙香,宣王来命曰："国王为患迦摩罗疾,及今三年,竭国神医妙药,莫能治者。有僧进方,用无嗔人手眼,乃可成药。今者窃闻仙人,修行功著,谅必无嗔,敢告仙人,求乞手眼,救王之病。"使臣再拜。妙善思念,我之父王,不敬三宝,毁灭佛法,焚烧刹宇,诛斩尼众,招此疾报。吾将手眼,以救父厄。既发念已,谓使臣曰："汝之国王,膺此恶疾,当是不信三宝所致,吾将手眼以充王药,惟愿药病相应,除王恶疾,王当发心,归向三宝,乃得痊愈。"言讫,以刀自抉两眼,复令使臣断其两手。尔时遍山震动,虚空有声。赞曰："希有希有,能救众生,行此世间难行之事。"使臣大怖,仙人曰："勿怖勿怖,持我手眼,还报于王,记吾所言。"使臣受之,还以奏王。王得手眼,深生惭愧,令僧合药,王乃服之。未及旬日,王病悉愈。王及夫人,戚里臣庶,下逮国人,皆生欢喜。王乃召僧供养,谢曰："朕之大病,非师莫救。"僧曰："非贫道之力,王无仙人手眼,安得愈乎？王当入山供谢仙人。"言讫不见。王大惊,合掌曰："朕之薄缘,乃感圣僧来救！"遂敕左右："朕以翌日往诣香山,供谢仙人。"明日,王与夫人,二女宫族,严驾出城,来入香山。至仙人庵所，广陈妙供，王焚香致谢曰："朕婴此恶疾，非仙人手眼，难以痊愈，故朕今日，亲携骨肉，来诣山中，供谢仙人。"王与夫人官嫔皆前，瞻睹仙人，无有手眼，悉生哀念，以仙人身不完具，由王所致。夫人审问瞻相，谓王曰："观仙人形相，颇类我女。"言讫，不觉悲泣。仙人忽言曰："阿母夫人，勿忆妙善，我身是也，父王恶疾，儿奉手眼，上报王恩。"王与夫人，闻是语已，抱持大哭，哀动天地，曰："朕之无道，乃令我女，手眼不全，受兹痛楚。朕将以舌，舐儿两眼，续儿两手，愿天地神灵，令儿枯眼重生，断臂复完。"王发愿已，口未至眼，忽失妙善所在。尔时，天地震动，光明晃耀，祥云周覆，天乐发响，乃见千手千眼大悲观音，身相端严，光明晃耀，巍巍堂堂，如星中月。王与夫人官嫔，睹菩萨形相，举身自扑，抚膺号恸，扬声忏悔："弟子肉眼，不识圣人，恶业障心，愿垂救护，以免前愆。弟子从今以往，回向三宝，重兴佛刹，愿菩萨慈悲，还复本体，令我供养。"须臾，仙人还复本身，手眼完具，跌坐合掌，俨然而化，如入禅定。王与夫人，焚香发愿："弟子供办香薪，阇维圣体，还宫造塔，永永供养。"王发愿已，乃以种种净香，围绕灵躯，投火燃之。香薪已尽，灵躯屹然，举之不动。王又发愿："必是菩萨不肯离于此地，欲令一切众生，见闻供养。"如是言已，与夫人舁之，即时轻举。王乃恭置宝龛，内菩萨真身，外营宝塔，庄严葬于山顶庵基之下，与官眷在山守护，昼夜不寝，久乃归国。重建梵宇，增度僧尼，敬奉三宝，出内库财，于香山建塔十三层，以覆菩萨真身。

以这个故事为题材的文学作品很多，包括流行于南方和北方的多个民间故事，只是人物的名字和故事中次要的情节有所不同罢了。主要情节总是如此：国王要三个已经成年了的女儿结婚，大女儿和二女儿听命，而小女儿心向佛道，不愿意结婚，国王大怒，让小女儿出家，并一次次地迫害她。小女儿修道心坚，在神灵的帮助下逃脱了父亲的迫害，甚至屠杀，成为神人。国王患病，需要至亲的手眼为药，才能治愈。这小女儿献出手眼，为父亲治愈恶疾，自己也成了观音菩萨，甚至是千手观音。此类故事，都是旨在调和佛教与中国固有传统文化特别是儒家思想的矛盾，以利于弘扬佛法。我国文化，特别是儒家文化，特别注重孝道，重视子女对父母长辈的责任，当然也重视个人对社会的责任。佛教提倡出家修行，这在儒家看来，是逃避对父母长辈的责任,不孝顺父母长辈,所以,儒家给佛教带的帽子是"无父无君"。这对佛教,无疑是很大的打击。中国观音故事,想告诉人们,佛教同样提倡孝顺父母:出家修行,可以消除父母的恶业,可以拯救父母,这就是对父母的大孝。妙善修行成道而救父亲,就是这种观念的形象说明。妙善如果像普通人那样不修佛道,她就无法消除父亲的恶业,也就救不了父亲。因此,出家修行,也是孝,甚至是更高层次的孝!当然,这是佛家的思想。其错误是很明显的:儒家所提倡的孝顺父母,世俗的孝顺父母,都是可以验证的,但是,出家修佛道消除父母恶业、拯救父母之类的孝顺,则是超验的!

此类故事,凡是以女主人公为观音者,结局有两种:一是以观音在河南香山为结局,一是以观音归浙江普陀山为结局。香山寺就在河南宝丰县城东大约15公里的大小龙山之间的香山上,与以上所引故事中所说的地理位置一模一样,是有名的佛教圣地。

相比之下,普陀山的观音远比香山的观音有名。中国观音的故事,出在香山,以观音在香山为结局,很容易理解,但是,为什么有的故事选择了普陀山,而且,普陀山的观音比香山的观音远为有名呢?普陀山原来是一座道教名山,东汉时,著名方士梅福隐居于此山,因而就叫做梅岑山。后来,晋朝的葛洪也隐居于此山。唐代大中年间,有个印度和尚在山上焚烧十指,说是他看到了观音菩萨。于是,此山就与观音联系了起来,开始成为观音显灵的地方了。五代后梁时,日本僧人慧锷从山西五台山带了观音像回国时,乘海船经过此山附近,大概是因为海潮的原因,船辗转不前,于是,他们就认为,观音菩萨不肯离开这里,她要住下来。他们也就不带观音像回国了,上了此山。山上居民张氏,舍宅作佛寺于双峰山下,安置这个观音像,号"不肯去观音院",后来叫做宝陀寺,还是供养观音菩萨。此后,这里就逐渐发展为佛教圣地,而且形成了自己的特色,那就是以供养观音为主。旧时最兴盛时,有大大小小的寺院两百多个,僧尼四千多人。那么,此山为什么叫普陀山呢?印度佛教传说中,云观音所住的宫殿,在Potalaka,或作Potala,也作Potaraka,翻译成补陀洛,或者补陀洛迦、补陀洛伽等,意译为小花树、小白花、海岛等。梅岑山本来就是海岛,这与印度佛教传说中观音宫殿的所在地是一致的。梅岑山成了观音的居住地后,好事者就根据Potalaka的音译,把山名改成了普陀,不远处的一山,就叫"洛迦",合起来,就是"普陀洛迦"了。普陀山处于海中,海中的危险,比陆地要多得多。于是,处于普陀山的观音,

"救助"人的机会,要比香山的观音多得多,这类故事也就多得多,因此,普陀山的观音,也要比香山的观音有名得多,甚至"赢者全拿",绝大多数人只知道普陀山是观音的修行道场,而不知道香山的观音,其资格比普陀山的观音老,那里才是中国观音故事的发源地!

佛教中的观音,那救尽苦难、渡尽众生的宏愿,确实体现了一种博大的胸怀、不懈的追求,令人肃然起敬。但是,民间却把她的宏愿,当成了使自己摆脱苦难的希望所在,将她奉为达到自己实用目的的神灵。于是,人们不是设法通过自身的力量来摆脱苦难,而是想通过取媚于神,来达到自己的目的。结果是,希望归于无望,实用归于无用。苦难没有摆脱,反而更加深重:观音信仰加深了他们的苦难。这是观音发那著名的宏愿时始料不及的。

第三节 天王与阎王

一、天王

中国佛寺中,大多有所谓的"山门",也就是第一重殿堂,其门是佛寺的第一重门。这殿堂,往往叫做"天王殿",左右两边,各有两个面目狰狞、威武雄壮的神像,手里各有所执。这就是"四大天王",也就是四大护世天王,俗称"四大金刚"。"金刚"是"金中之最刚者"的意思,比喻牢固、锐利、尤坚不摧的力量。他们是佛教中的护法神。

印度佛教传说,须弥山腰有一山,名犍陀罗山,山有四峰,各有一王居之,各护一天下,故名。四天王所居之天云四天王天。中国内地寺院他们的塑像一般为:东方持国天王(梵文 Dbrtarastra),白色,手持琵琶;南方增长天王(梵文 Virudhaka),青色,手持宝剑;西方的广目天王(梵文 Virupaksa),红色,手绕一龙;北方多闻天王(梵文 Dhanada,或 Vaisramana),绿色,右手持伞,左手持一银色的鼠。他们手里拿的东西,象征"风(宝剑有剑锋,谐音"风")调(琵琶弹曲调)雨(雨伞)顺(龙被驯顺)。"开封市相国寺天王殿的对联云:"辅正摧邪,教承大觉;振威显德,以副群心。"正是护法神的风范。

持国天王

毗沙门天王

二、阎王

阎王(梵文 Yamaraja)是佛教中的地狱之主。① 佛经及中国典籍中别译甚多,常见的有阎罗、阎罗王、阎摩罗、琰魔等。此神在古印度神话中,即是冥王,《犁俱吠陀》中即有之。佛教承之,奉为地狱之主。佛教典籍中,对阎王的出身、职能等,有不同的说法。道世《法苑珠林》卷七《地狱部》云:"阎罗王者,昔为毗沙国王,经与维陀共生王共战,兵力不敌,因立誓,愿为地狱之主。臣左(佐)十八人,领百万之众,头有角耳,皆悉忿怼,同立誓曰:后当奉助,治此罪人。毗沙王者,今阎罗王是;十八大臣者,今诸小王是;百万之众,诸阿傍是。""阿傍",即鬼卒,亦即"牛头马面"。"牛头马面"正是由"头有角耳"而来。慧琳《一切经音义》云,阎王"义翻为'平等王',此司典罪福生死之业,主守地狱八热八寒以及眷属诸小狱等,役使鬼卒于五趣之中,追摄罪人,捶拷治罚,决断善恶,更无休息。"玄应《一切经音义》卷二十一《大菩萨藏经》云阎王乃兄妹二人,兄治男事,妹治女事,故曰"双王"。

我国文化中的阎王,被彻底地中国化了。这具体体现在三个方面:

第一,阎王被纳入中国神系。唐人张读《宣室志》之《辑佚》云,漳南县尉郄惠连,梦中奉天帝之命为"司命主者",前去册封海悟禅师为阎王,其属员仪卫甚众,其中有"五岳卫兵诸将",列为五行,"衣如五方之色"。其秘书云阎王乃"地府之尊者也,标冠岳渎,总幽明之务,非有奇特之行者,不在是选"。天帝、司命和五岳、四渎之神,都是我国本土信仰中的神灵。此云阎罗须待天帝派司命主者册封,其衔又列于岳渎神之上。唐临《冥报记》卷中更借鬼官之语云:"天帝总统六道,是谓天曹。阎罗王者如人间天子,太山府君如尚书令录,五道神如诸尚书,若我辈国如大州郡。每人间事,道士上章请福,天曹受之,下阎罗王云,某月日得某甲诉云云,宜尽理,勿令枉滥。阎罗敬受而奉行之,如人之奉诏也。"可见最晚在唐代,阎罗已被纳入中国神系,成为中国化的神灵了。

第二,以人鬼为阎罗。上所引《宣室志》中,海悟禅师即是其例。其实,此类事隋即有之。死后被奉为阎罗的人,有隋韩擒虎(《隋书》本传、敦煌写

---

① 有美国故事云,一人自言入狱,至第一狱,见魔鬼以叉叉取被惩罚之人入火湖,众多地狱猎犬追赶此人。人逃至第二狱,见被惩罚者被滚烫的沥青所浇,痛苦大叫。地狱猎犬不断追赶此人,此人不断逃,逃至第六狱,猎犬才没有追来。第一狱至第六狱,一狱比一狱可怕。见 W. S. Hendrix《地狱猎犬》,Stith Thompson 编《圆码头》,德克萨斯民俗学会 1935 年版,P73。

本《韩擒虎话本》)、唐朝大官杜黄裳(《古今图书集成·神异典》卷二百十九)、宋范仲淹(宋朝龚明之《中吴记闻》)、宋名相寇准(清朝丁传靖《宋人轶事汇编》卷五)、宋大臣蔡襄(清朝褚人获《坚瓠余集》卷四)、宋人林衡(宋朝洪迈《夷坚丙志》卷一)、明大臣赵用贤(清朝俞樾《茶香室丛抄》卷二十)、清大臣王士禄(清朝王渔洋《池北偶谈》卷二十三)等。此外,又有生人兼为阎王或冥官之说。如唐代官员崔珏任冥判,见敦煌写本《唐太宗入冥记》和小说《西游记》等等。包拯"日理阳"为阳世官员,"夜理阴"为冥间阎王,见明人《龙图公案》等包公题材的小说,已为人们所熟知。此类情节,志怪小说中极多,不胜枚举。

这一现象,如何解释?唐段成式《酉阳杂俎》前集卷三云:"至忠至孝之人,命终为地下主者。"此所谓"地下主者",即是阎罗。又五代孙光宪《北梦琐言》卷七云:"世传云,人之正直,死为冥官。"封建社会里,阳世多不平事,然人人不免一死。人们认为,管理死亡的官员正直无私,俱按天道行事,因而对人人都一律平等,毫无姑息假借的余地。阎王意译"平等王",亦当是此意。然则阎王等冥官由哪些人充任?当然是正直无私之人充任,于是遂有"人之正直,死为冥官"之说。小说中那些被奉为阎罗或冥官之人,皆是正直无私、德行高尚之人。

第三,阎王成为宣传思想的工具,其思想不限于佛教思想。佛经中写地狱和阎王等冥官,都是宣扬"善有善报,恶有恶报"的观念,其善恶标准,当然是佛教思想。我国的阎王等冥官,当然主要是用来宣扬善恶果报,然而,善恶的标准,却未必是佛教思想。唐以前故事中的此类情节,宣扬佛教思想者较多。《法苑珠林》、《太平广记》中,此类例证俯拾即是。但是,即使是唐以前,此类情节,也有与佛教思想不合者,而且,越到后来,与佛教思想不合者就越多,直到地狱和阎王等冥官,成了作者宣扬自己思想观点的权威工具,被用以加强作者自己思想观点的影响力。[①]

阎罗信仰的社会功用,主要在于劝人为善的道德导向,以及消释怨愤之气的心理效能。

[①] 西方也有类似的故事,但当然是宣扬基督教的思想。有个故事说,一女子不好施舍,梦中死而入冥,历磨难而醒,以后改辙。佛教和基督教都提倡施舍。见《爱尔兰民俗学会杂志》1932 年版(The Journal of The Folklore of Ireland Society, Edited by Seamus O Duilearga, Published by The Society at 33 Upper Merrion Street, Dublin, 1932)。

第四节　罗汉与和合

一、罗汉

梵文和英文都作 Arhat。修佛法不同的阶段,有不同的果位。果位有四:初果,即预流果,修到这个地步,下辈子肯定是个好人、是个富贵的人;二果,即一来果,修到这地步,只要回到这世界一次就可以了,因为在佛教看来,这个世界是苦的;三果,不还果,修到这地步,就不会回到这世界上来了,而是生在天界;四果,罗汉果。罗汉是小乘佛法的高级果位。修到此果,一切完美,超凡入圣,远离尘世。有三义:杀贼,杀尽一切烦恼之贼;应供,应受天人①供养;不生(或无生),永入涅槃,不入轮回。

这种修行法,只求自我解脱。人人争永入涅槃,谁来弘扬佛法,谁来普度众生? 于是,大乘佛法作了发展,认为罗汉应不入涅槃,住世护法、弘法。

1. 四大罗汉

释迦牟尼去世时,命四大弟子住世护法弘法。这就是"四大声闻",也是四大罗汉:罗云(释迦牟尼的亲生儿子)、大迦叶、君屠钵叹(军徒钵叹)和宾头卢(宾度卢)。所谓声闻,意思是听释迦牟尼亲自说法后得道的,是释迦牟尼的嫡传弟子,他们所得到的佛法,绝对正宗。

2. 十六罗汉

十六罗汉的名字和居住地,庆友尊者临终时所说《法住记》载之,当然,这些人物、名字和所谓的居住地,都是虚构的。四大声闻中,有罗云和宾头卢二位进入十六罗汉。此书由唐代玄奘翻译成汉语。唐以后我国艺术家所创作十六罗汉造型不少。如清朝章藻功《思绮堂文集》卷七《藏李龙眠十六阿罗汉记》描绘这十六罗汉的造型云:

一长眉大耳,盘膝侧坐石上。两手轮数珠,面设香炉经卷,侍者合掌立。下有小虎仰视。

二须眉苍郁,挂数珠,摊鞯坐石,渲染作夜景。有光上射闪闪。下龙女

---

① 天人:佛教学说中,有许多天界,那里常被描绘成非常美妙的地方。

长眉罗汉

捧盘跪献者,盖夜珠也。

三赤脚盘膝坐,右手捻眉左执塔,异光四射。一蛮奴跪而碾药。

四侧坐看经,右拄龙头杖,左手按膝。有鹿衔花以献。蛮奴捧盂而立,盂贮宝无数。

五挂竹杖侧坐,摊经石上。旁设狮盖小炉,香烟拂拂。下童子散发,枕石释卷而睡。

六摊经在膝而坐,左手执经尾,右一指着经上,作句解状。龙王席地听讲,而供葛蒲一盆。

七著蒲团石上,盘右膝欹左足而坐,左手按膝,右执拂,下视白象献莲一枝。有蛮奴持锡逐象后。

八侧坐,十指交错,侍者执经而立。经作篆书,一狮踞地上坐。

九侧坐,脱双屦在地。左手执方柄长炉,右手拨香。蛮奴持盒,猿捧香以献。

十盘一足,坐松下,一手支颐,鼍龙立持状请。松挂小瓶数珠。

十一侧坐,一手植龙头杖,努目视虎。虎驯服。侍者旁立,摩乳虎顶。

十二抱膝而坐,面设天然小几,供琉璃瓶,贮舍利十数。侍者合掌赤足立于后。

十三叠手正坐,面置琉璃瓶,插莲花叶数枝。一童子注水喷涌之势。水花隐隐瓶外。

十四庄正坐，左手执如意，龙王执笏以朝。

十五临水侧坐濯足，有云气护龙，盘舞于上。蛮奴挂杖，合掌而立。

十六坦腹坐视，蝙蝠背飞下。有蛮奴治炉火，疑煮茶者，筒吹箸拨。右置一碗、一盒。

苏轼《东坡后集》卷二十《十八大阿罗汉颂》中所描绘的十八罗汉的造型，又完全不同。可见，这些罗汉的造型，完全是我国艺术家们的创造。

3. 十八罗汉

唐五代间，我国艺术家又有十八罗汉图，在十六罗汉的基础上，增添了二位。或增添庆友和玄奘，或增添四大罗汉中没有加入到十六罗汉中去的大迦叶和君屠钵叹，或云增添降龙和伏虎。清乾隆帝《唐贯休十八罗汉赞》诗，云所增添者为降龙、伏虎，故此说流传最广。

4. 五百罗汉

五百罗汉之说，见之于佛经。佛经中提起五百罗汉，总是作为集体名词。五百罗汉的出身：或云婆罗门延如达的五百豪族弟子；或云佛之五百弟子；或云五百大雁；或云五百蝙蝠；或云五百强盗。我国有好几所寺院，有五百罗汉的造型，如北京碧云寺、上海龙华寺、汉阳归玄寺、昆明筇竹寺、成都宝光寺、苏州西园、广州南华寺、常州天宁寺等。

五百罗汉的名号，现存最早的资料是南宋绍兴四年（1134）十二月所立的《江阴军乾明院罗汉尊号石刻》，乃南宋高道素所录。列举第一罗汉阿若骄陈如到第五百罗汉愿事众，一个不缺少。这些罗汉的名字，有的来自于佛经，如第一罗汉阿若骄陈如，就是佛教史上著名的"五比丘"之首。但有的名字，则是仿照梵语区域的人名杜撰出来的。至于他们的形象，也多出于中国艺术家的想象。当然，有的也有些佛经上的依据。

佛经中，罗汉也没有多少了不起，所出现的罗汉不少，但并不都是严格意义上的罗汉，有道高僧，就可以称为罗汉，甚至修佛道修得好一些的，也可以被称为罗汉，当然，他们没有进入四大罗汉和十六罗汉。佛教传入我国后，我国志怪小说中，也有不少罗汉的故事。这些故事中罗汉的称号，也就是有道高僧的意思。江苏常熟虞山兴福寺东有四高僧墓，钱谦益撰对联云："异代并成罗汉果；空山时落曼陀花。"这"罗汉"就是用来赞扬高僧的。

还有一点必须注意，罗汉的形象，都是和尚的形象。这又是为什么呢？佛教文化重男轻女，比中国本土文化中严重得多，甚至有些地方严重地鄙视妇女。佛门广大,人人都可以修佛法,但是,佛教又认为,修佛法的进程,每个人又是不同的。就男女而言,男子修佛道的进程,比女子至少领先一辈子。女子先要把自己修成男身,再向罗汉的目标前进。佛教又认为,在家修佛法,也是完全可以的,但是,修不到罗汉的境界。因此,罗汉的形象,都是和尚的形象,都是高僧的形象。

二、和合

和合主要流行于南方,而以上海、苏州等地为甚。和合二仙的形象:蓬头赤脚,衣衫不整,憨态可掬,无忧无虑,一团和气。一持荷花,一持圆盒,是谐音"和合"。盒常有蝙蝠飞出,谐音"福"也。婚礼多用之,取"琴瑟和谐、百年好合"之意。

讲和合,有必要先从万回讲起。万回是唐武则天时至唐玄宗登帝位前夕的一名僧人,云曾一日万里探兄而回,故名。跟达官贵人有来往,时有重名。俗又尊之为菩萨。或云其本为一白痴,后成有名的僧人,有这样那样的本领。其事见唐朝段成式《酉阳杂俎》、唐朝韦述《两京新记》、唐朝郑綮《开天传信录》等。

后来,万回成了和合。宋代,万回被祀为和合之神。明朝田汝成《西湖游览志余》卷二十三云:"宋时,杭(州)城以腊日祀万回哥哥,其像蓬头笑面,身着绿衣,左手擎鼓,右手执棒。云和合之神。祀之,人在万里外,可使回家,故曰万回。"这风俗,明显起于万回万里探亲的故事。腊日离年底已近,年节是家人团聚的时候,人们祭祀万回,希望在万回的保佑下,远方的亲人能尽快回家,与家人共度佳节。人们把万回称为"和合之神",乃言其能使家人和合团聚也。又,腊日即十二月初八,正是古书所记载的万回去世的日子。至于"左手擎鼓,右手执棒"的形

和合

象，正是来于唐人韦述《两京新记》中之写万回："士庶贵贱，竞来礼拜。万回披锦袍，或笑骂。"因为那是万回最为风光的时候，最为风光的形象。不过，"蓬头笑面"，又是不脱早年白痴的痕迹。到了元代，万回的信仰，更加普遍。元无名氏《湖海新闻夷坚续志后集》卷三云："万回哥哥，蓬头，面带笑容，左手擎鼓，右手执棒。杭州市肆买卖及居民之家，无不奉祀，一饭必祭。云是和合之神，奉祀之，可以使人在万里之外，亦能回来。买卖经营祷之，无不应验，故名'万回'。龙兴铁柱观侧、武当山观内，亦奉祀之。"万回因能保佑远出之人回家团聚，而成和合之神。他既成和合之神，其职能神通，就并不以保佑远出之人回家团聚为限制，而是以保佑人家和合美满为务了。和合美满，家家向往，故家家奉祀之。和气生财，故市肆买卖经营之人，也要祷之以求发财。道观也求全观上下，和合美满，因此，他们并不嫌弃万回是和尚，跟他们道士不是一家，只当他是保佑人们和合美满的神灵，加以奉祀。

后人又将和合之神分为二，一名"和"，一名"合"，又以唐代初年两个诗僧寒山、拾得当之。他们两人齐名，交情又很好，正应"和合"之义。清雍正十一年，皇帝封天台寒山大士为"和圣"，拾得大士为"合圣"。有了皇帝的封号，寒山和拾得取代万回为和合之神，也就名正言顺，正统合法了。然其形象，乃仍承唐代万回故事中万回曾为白痴之说而来。他们两人，总是被画在一张纸上，这也表示"和合"。

宋朝陈耆卿《赤城志》卷三十五云寒山、拾得为文殊、普贤的后身。那么，和合二仙，来头就更加大了。

各地又以当地民间故事实之。无锡旧时有和合祠，其和合乃卢姓二兄弟。见清朝姚东升《释神》卷六。苏州民间故事中，和合也是一对兄弟。弟弟爱上了哥哥的未婚妻，哥哥知道后，就想成全他们，就出家了。弟弟觉得对不起哥哥，去找到哥哥，也出家，和哥哥一起修行。二人形影不离，关系亲密无间。后来，他们被封为和合之神。①

旧时婚姻中，常用和合之象，取"和美好合"之意。

---

① 这与爱尔兰一民间故事很相像。都柏林王子哥哥逃婚外出，打败希腊王子，希腊王子把妹妹许配给他。都柏林王子弟弟外出寻找哥哥，爱上了希腊公主，也就是他哥哥的未婚妻。哥哥知道后，自愿退出。希腊公主已经结婚过两次，每次结婚，新郎都会神秘失踪。弟弟结婚之夜，哥哥为弟弟守护，弟弟还是失踪了。哥哥寻找弟弟，途中，得人相助，制服了敌手，并获得了一个女子的爱情，放出了被人控制的弟弟和以前和公主结婚时失踪的那两个人，又帮助弟弟得到了公主合法丈夫的地位。见《爱尔兰民俗学会杂志》1928年版(The Journal of The Folklore of Ireland Society, Edited by Seamus O Duilearga, Published by The Society at Room 78, University College, Dublin, 1928)。

第三章 本土宗教神灵(上)

第一节 天帝、雷神与文昌

一、天帝

对人们生活起重要作用的天象和气象,无不来自"天上"。人们遂以为天由神灵主之,统治下界。灾祥恩威,俱从所出。《尚书·周书·泰誓》:"皇天震怒,命我文考,肃将天威。"这是周武王之语,假天命伐商纣王。①

主天之神,至高无上。古常称为"帝"、"上帝"、"天帝"等。我国传统文化中,玉是华贵高洁、超凡脱俗的象征,故称天帝为"玉帝"或"玉皇"。后被道家拉入其神系,奉为最高神。独尊宇宙,统辖所有神灵,支配一切。

在民间信仰中,天庭一如封建朝廷,天帝一如封建帝王,诸神一如文武百官。

天帝也会更代。南朝殷芸《小说》卷一云,周兴死,天帝召兴升殿。兴私问左右,此天帝是否即古之张天帝。答云,古之张天帝已仙去,此天帝乃曹明帝耳。又唐朝段成式《酉阳杂俎》前集卷十四云:"天翁姓张,名坚,字刺渴,渔阳人。少不羁,无所拘忌。尝张罗,得一白雀,爱而养之。梦天翁责怒,每欲杀之,白雀辄以报坚。坚设诸方待之,终莫能害。天翁遂下观之。坚盛设宾主,乃窃骑天翁车,乘白龙,振策登天。天翁乘余龙追之,不及。坚既到天宫,易百官,杜塞北门,封白雀为上卿侯,改白雀之胤不产于下土。刘翁失治,徘徊五岳作灾。坚患之,以刘翁为泰山太守,主生死之籍。"这个故事,尽管见之

---

① 在西方,上帝的意旨也就是"天命"。《十二世纪的日常生活》一书第 15 页说:"因为人民的罪过,国王变成了暴君。在人民悔悟以后,上帝会拯救他们于暴君的统治之下。当一个暴君严重违背上帝的意旨时,他必定被人民以某种方式推翻。"参见 Tigner Holmes, Jr. 著, Madison, the University of Wisconsin Press,1952。

于唐代人的记载,但也许早就产生了。根据故事中人物的姓氏推测,这故事当产生于东汉,黄巾造反前,用以制造舆论:姓张的要夺姓刘的帝位了。

民间祭祀之俗,起源很早。但历代封建王朝,天由帝王专祀,民间不得擅祀。民间祭天活动,实仍有之。或以正月初一为天诞,或以正月初九为天诞。民间或道教,有祭祀活动。如清朝施鸿保《闽杂记》卷一云:"延平人以九月初一为天诞日,初五为地诞日。皆设香案庭中,合家次拜。"河北《阳原县志》云:"本县各家皆供'天地三界十方万灵真宰'之位。盖以为宇宙一切事物,冥冥中必有主宰,故恒供奉,以求免祸降福。此与古代天子所祭之天,性质不同。平时位在北房中楹廊下,迄元旦日,则移于院中,前设香案,供三牲,每晚烧烛,至夜十时始止。上元后,乃移原位。"这"天地三界十方万灵真宰",实际上就是天帝。《金瓶梅》第十四回,有正月初九玉皇庙打醮的描写。清朝袁景澜《吴郡岁华纪丽》卷一,清朝潘荣陛《帝京岁时纪胜》,都有正月初九庆祝天诞的记载。可见这一风俗,南北都有之。

二、雷神

雷声隆隆,其威慑人,雷还会击树木、人畜等。人们遂将雷的自然属性人化,这就是雷神。雷神的形象,千奇百怪。赏善罚恶,催云助雨,是其主要

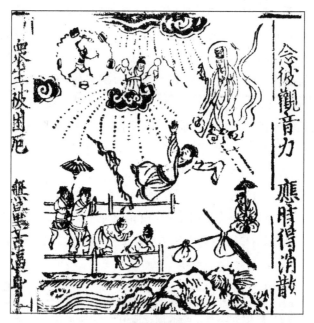

雷神和观音

职能。其形象、故事，见诸于文献记载者很多。如《楚辞》、《山海经·海内东经》、汉朝王充《论衡·雷虚篇》、晋朝干宝《搜神记》、唐朝房千里《投荒杂录》、唐朝段成式《酉阳杂俎》前集卷八、唐朝张读《宣室志》辑佚、五代杜光庭《录异记》、宋朝洪迈《夷坚志·丙志》、《元史·舆服志》、明朝徐应秋《玉芝堂谈荟》卷二十、清朝姚东升《释神》卷一、清朝黄斐默《集说诠真》等。雷神的形象很多，但比较特别的是，有的是半人半动物的形象，这说明它的产生是比较早的。凡是半人半神形象的神，产生都是比较早的，西方的神灵、中东的神灵，也是如此，例如人面狮身像之神，就是如此。

道教把雷神纳入其神系，并创造了雷部诸神，由一神统帅，如世间军队状。雷神的形象，已完全人化。雷神首脑为"九天应元雷声普化天尊"，部下有一大批"元帅""天君"之类。

道教以六月二十四为雷神生日，官方有祭赛活动。有的地方，民间也有祭赛活动。清朝顾禄《清嘉录》卷六云此日"城中玄妙观，阊门外四图观，各有神像。蜡炬山堆，香烟雾喷，殿前宇下，袂云而汗雨者，不可胜计。庙祝点烛之赀，何止万钱？有为首者，集众为醮会。伶人昇老郎神①像入观，监斋、卤簿、仪从，皆梨园子弟做充。羽流吟咏洞章②，拜表焚疏，严肃整齐，不敢触犯天神，谓报应速也。"六月初一至二十四日，当时吴人十有八九吃素，屠门为之罢市，叫做食"雷斋"。盖夏季天气炎热，素食有益于身体健康。

电神是雷神的辅助神，附祀于雷神。民间有"雷公电母"之说。钱大昕《十驾斋养新录》卷十七云："今人称电神曰电母，古人则称电父。"钱并引用《三国志·魏·管辂传》为证。清人黄斐默《集说诠真》云雷神庙中，"今俗又塑电神像，其容如女，貌端雅。两手各执镜，名天母秀天君。"或又加之以世俗的女性名字。清朝姚宗仪《常熟私志》云常熟致道观中，前殿列雷部诸神像，"电母秀使者"也在其中，她的名字叫"文英"。王世贞《艺苑卮言》引道书云，雷公姓江，名赫冲；电母姓秀，名文英。

广东雷州的雷神信仰最盛。雷神以感生的人鬼实之，为南朝陈朝雷州刺史陈文玉（见《三教源流搜神大全》卷七）。

三、文昌

在民间信仰中，文昌是专司科名、官位、禄籍之神。封建时代，知识分子

---

① 老郎神：戏剧业的行业神。
② 洞章：道教活动中所谓向上天送的文书。

祀之尤虔。各地稍具规模之镇，即有文昌阁。浙江奉化溪口镇文昌阁，至今犹存。

文昌本星宫之名，共六星，各有所司。一曰上将，二曰次将，三曰贵相，四曰司命，五曰司中，六曰司禄（见《史记·天官书》）。星作为天体而主人事，乃星命学之说，自属荒谬。汉人之祀文昌，重祀司命，乃司命掌人寿之长短也。汉朝应劭《风俗通义·祀典》云，时人以尺二寸木刻人像为文昌像，甚至行旅亦携之。

文昌

唐以后，封建王朝以诗文取士。"文昌"有"文运昌盛"之意，又有"司禄"之职，因此，尤为读书人注目，渐成为专司科名、官位、禄籍之神，其司命等职能，竟被淡忘。

宋代以后，文昌信仰日隆，俗以晋人张亚子实文昌之神。张亚子乃四川梓潼人，战死于其地，死后屡著灵异，是其地之保护神。宋代，其司科名官位禄籍的故事很多。人们遂以他为专司禄籍之神。朝廷予以封号，有"文昌"二字。俗遂以实文昌之星神，称"梓潼神"或"梓潼帝君"。其祠遍于全国。

元代即以二月初三为文昌帝君生日，有祭赛之俗，读书人竞相祭祀，此俗至清仍行之。清朝陆以湉《冷庐杂识》卷三云："台郡（台湾）士子祀文昌甚虔，城中除府县西庑外，又有祠十余处。二月初三之期，先一日，各醵钱会于祠中，笙歌彻夜，三日而后罢。城东北隅白云山麓正学书院，亦有是会。"清朝顾禄《清嘉录》卷二言苏州风俗，云俗"谓帝君掌文昌府事，主人间禄籍。士大夫酬答尤虔，虽贫者亦备份烧香，纷集殿庭，谓之文昌会。"许多行业有其特定的行业神。文昌主人间科名禄籍，可以说是读书人、做官业的行业神了。

赵之谦《醉魁星》

俗传魁星也能保佑人在科举考试中获中。

第二节 土地之神

一、社神

1. 社稷释义

社为土地神,此乃本义,其他诸义,皆从此生出。稷为一种谷类,被奉为五谷之长。稷神(Grain God)为五谷之神。社稷又为国家之象征,然则何以如此?

2. 各级社稷神

社神为某一区域之土地之神,起源于土地崇拜。社神或与五谷之神(稷神)并祀。人们崇拜他们赖以生活的土地,崇拜他们种植并赖以为食的五谷,故将土地和五谷神化,加以祭祀。其主旨在于求丰年,报告收成和表达敬意。土地广阔,如何祭祀?所以,先民们就"封土为社",堆一堆土,当作社稷神的依附之所,加以祭祀。每个部落有自己的社稷神。当部落联盟出现后,每个部落联盟有社稷神,而联盟中的每个部落仍然保留有自己的社稷神。当国家出现以后,全国性的社稷神就出现了,这就是天子社,也叫太社,象征着全国的土地和农业。诸侯、大夫都有自己的社,各象征着他们所有的那些土地。民间亦有社。分封废而郡县兴,诸侯、大夫之社亡而郡州县之社立,郡州县之社代表各自郡州县的土地。

历代封建帝王皆有社,称为太社,也叫社稷坛。一个朝代灭亡以后,新的王朝会把它的社稷坛清除掉,然后再建自己的社稷坛。汉开国后,就是如此,把秦朝的社稷坛给除了,建造了汉王朝自己的社稷坛。明从元朝那里得了天下,就在元朝的社稷坛上盖上了屋,意思是它不再具有生命力了,因为只有阳光下的土地才具有生命力。以后文言文中常用"某社既屋"来表示一个王朝的灭亡,尽管这个朝代的社稷坛不一定被盖上了屋。清朝得了明朝的天下,就沿用明朝的社稷坛作祭祀活动,没有新建。这于理也是说得通的。今北京中山公园内的社稷坛即是明清两代之社稷坛。全国性的社稷坛,是露天的,由五色土组成,颜色与方位是相互对应的,东青、南赤、西白、北黑、中黄,合于中国传统文化中颜色与方位的对应关系。

3. 民间社稷神的社会化

民间之社,自古以来,一直存在,有"田祖"、"社公"、"土地"等名称。在民间,社稷是连在一起的,社神、稷神和社稷神,完全是一回事。鲁迅《阿Q正传》中,阿Q所住的土谷祠,实际上就是土地庙,祭祀社稷神的庙。"土",即土地神,也就是社神;"谷",即五谷神,也就是稷神。

民间的社稷神依附在什么地方?那就不一定了。它可以依附在某一棵树上,这棵树就叫"社树"。一般是年久而又高大的树做社树。《庄子·人间世》中,庄子描写了一棵社树的形象,尽管明显是夸张的,但也说明社树有大而年久的特点。《论语·八佾》云,夏朝以松树为社树,商朝以柏树,周朝以栗树。一直到今天,在某些地区,民间的社神还是依附在社树上的。有的地方,社神依附在一块石头上,叫社石。明清时代广东地方,常以一块大石头为社稷神的依附之所,或者,这大石头又被放在一棵高大的树下,这棵树,也叫社树,一般以榕树为多。外地士大夫见了,叹为"宛然有古人风焉"。① 民间更多的情况是,社神依附在社庙里。社庙是文言的说法,俗语就是土地庙。土地庙有大有小。小的象鸡棚大,大的象普通的房子那样大,可以住人,上文说到的阿Q住的那个土谷祠,就是如此。民间,特别是江南民间,以这样的社庙为多。庙中有土地神的画像或塑像,甚至还有土地神的配偶"土地奶奶"的像,简单的,也许只是一个木主而已,甚至什么也没有。

---

① 明朝王临亨《粤剑编》卷二,清朝钮玉樵《觚剩》卷七。

民间的社稷神早就已经社会化了,成为冥间世界的地方基层首脑,所以翻译成英文可以为"Village God"或"Village Goddess"。其社会化主要体现在三个方面:一,职能扩大,超越土地之事而进入社会活动。《墨子》中的神判,就是让社神来决定谁是谁非。《汉书·王莽传》中,囚犯发誓为新王朝卖命,说:"有不为新室者,社鬼记之"。"社鬼",就是社神。社稷神成了全面管理某一基层区域的冥间世界的首脑。于是,社稷神信仰就远离了土地崇拜。二,世俗化。社稷神一般为一老翁的形象。盖乡党尊老,村中事务,常由老年人裁决故也。人们甚至给他配一个土地奶奶(Village Goddess)。民间对土地并无好感,或是当时里胥辈的化身。江南地区,"土地"是骂人语。文学作品中的土地神,往往为一白发乌帽之年老小官吏,职同里正之类。三,以人鬼实之。古或以共工氏子勾龙为社神,以其生前为土正(管理土地的官员)也。又以列山氏子柱,为稷神,以其为田正(管理种植的官员)。又以周弃为稷神,以其播殖百谷也。后世,人们多以人鬼实当地之土地神或谷神。在民间,一人鬼被奉为某地社稷神,此人鬼多与此地有关,当然也有被杜撰关系的,甚至连杜撰关系也没有的。被奉为土地神的人鬼,有好有不好,生前性情品行,成败恩怨,亦不消释,性格比一般的土地神丰富多了。此乃人鬼信仰与自然信仰结合的明证。如汉代宰相萧何、曹参为衙门的土地神。韩愈为翰林院和吏部的土地神,因为韩愈当过吏部侍郎,是文章大师。岳飞为临安太学的土地神,是因为那里本是他的故居。尧是浙江德清县乌山地方的土地神;禹是杭州清波门城西某一地方的土地神;西施为浙江萧山苎萝村的土地神;祢衡为杭州仁和北乡瓜山的土地神;沈约为浙江湖州乌镇普静寺的土地神;张旭为旧时常熟县学宫的土地神;薛稷为安徽黟县衙门所在地的土地神;杨文昌为四川嘉州眉山土地神;蒋子文为南京钟山一带的土地神;东汉云台二十八将分别为苏州元墓一带二十八处宋代所建土谷神庙的土谷神。黄斐默《集说诠真》云:"今之土地祠,几遍城乡市镇。其中塑像,或如鹤发鸡皮之老叟,或如苍髯赤面之武夫。问其所塑为谁,有答以不知为何许人者,有答以已故之正人某者。姓张姓李,或老或壮,言人人殊,但俱称土地公公。"可见以人鬼为土地神,是一种极为普遍的现象。土地神的称号也是五花八门,仅仅江苏常熟地方的土地神,就有"大王"、"仙王"、"圣王"、"明王"、"将军"、"判官"、"伯公"、"三郎"、"四郎"、"夫人"、"娘子"等等的名目(见姚宗仪《常熟私志》)。

4. 民间土地神之祭祀

民间土地神之祭祀，古称"社会"，因社事而会，是一种群体活动。

先讲祭祀的组织。周时民间二十五家立一社。汉以后亦有十家五家立一社者，云里社，又云私社。亦有百家立一社者。率领同人祭祀社神者为社正，元明有之。元制十家立一社，择一人为社长，位低于里正。《明会要》卷五十六《社仓》云，民二三十家为一社，择家殷实而有行义者一人为社首，处事公平者一人为社正。这些组织和名称，皆由社，亦即社稷神或土地神而来。又，明代每里百户立一社，云里社。社之组织意义，由此而来。祭祀同一个土地神的民间组织，就叫一个社。民间，大抵上一个村子或互相邻近的若干个村子共同祭祀一个社神，也就是说，他们是一个社的人。

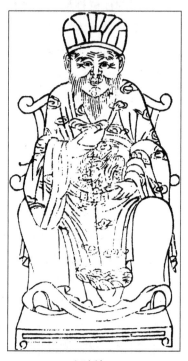

土地神

其次讲讲祭祀的日期。祭社之日，谓之社日。春社在立春后五戊。后世于二月初二行春社之俗，有祈求好年成的意思。

祭祀的物品，前都冠以一社字。祭品一般也就猪肉、鸡、酒等。祭祀完毕，或同食，或分食。《史记·陈丞相世家》有陈平分社肉的故事。小儿游戏，有"土地吃鸡、鸡吃虫、虫吃土地"者（木头的土地神像被虫所蛀）。唐人王驾《社日》诗云："鹅湖山下稻粱肥，豚栅鸡栖对掩扉。桑柘影斜春社散，家家扶得醉人归。"立秋后第五个戊日为秋社之期，也有祭祀之俗，有酬报的意思。秋社之俗，宋仍有之，后世不多见。

二、后土

后土是与皇天相对的大地之神，或云地神，或云土神。"皇"、"后"都有"大"的意思，常用于名称的前缀，以表示敬意或赞美。《左传·僖公十五年》云："君履后土而戴皇天也。"孔颖达云："以地神后土言之。后土者，地之大名也。"皇天也称"后天"，后土也称"皇地祇"，前缀交换了，意思仍然没有变。

上古有所谓"五行之官"，后流变为"五行之神"，"后土"就是其中之一。

《左传·昭公二十九年》云："故有五行之官,是谓五官,实列受氏姓,封为上公,祀为贵神。社稷五祀,是尊是奉。木正曰句芒,火正曰祝融,金正曰蓐收,水正曰玄冥,土正曰后土。……献子曰:社稷五祀,谁氏之五官也?对曰:少皞氏有四叔,曰重,曰该,曰修,曰熙,实能金木及水。使重为句芒,该为蓐收,修及熙为玄冥,世不失职,遂济穷桑。此其三祀也。颛顼氏有子曰黎,为祝融。共工氏有子曰句龙,为后土。此其二祀也。后土为社。稷,田正也。有列山氏之子柱,为稷。自夏以上祀之。周弃为稷,自商以来祀之。"

木正句芒,火正祝融,金正蓐收,水正玄冥,土正后土,这五大官员,分别支配着金木水火土的开发和使用。金木水火土各正,都分别是当时金木水火土方面的专家,他们利用它们的自然属性及其自然规律,来为人类服务。因此,他们也就被认为是金木水火土各神在人间的化身与代表,他们分别体现着金木水火土各神的意旨。他们死后,灵魂观念的作用,又使人们认为,他们在冥冥之中,仍然像生前一样,以他们所掌握之物的自然属性及其规律,为人类服务。因此,他们的灵魂,就被"祀为贵神",分别充当司金木水火土之神。人们又把他们分别同金木水火土的自然属性及其规律,亦即金木水火土本身之神混淆在一起,而将他们奉为金木水火土这些作为普遍和抽象意义上的物质之神:木正句芒为木神,火正祝融为火神,金正蓐收为金神,水正玄冥为水神,土正后土为土神。这"五行之神",就是这样来的。这也就是所谓的"五祀"。

共工氏之子句龙,曾经任土正,亦称后土。他出身高贵,且有高才大能,在历任后

后土

土中，他最能利用土的自然属性及其规律，为人类服务，最能体现大地之神（或云地神，土神）的意旨，因而功劳最大，大名最著。于是，他就作为历任后土的代表，被人们奉为五祀之一的贵神。

句龙被人们奉为社神，又被奉为司大地之神后土，后土又被与土的自然属性及其规律之神（土神）混淆在一起，成为大地之神，或云土神，或云地神（这与句龙被奉为社神的情形一样），那么，社神和大地之神后土，是不是一回事呢？不是的。这个问题，在《左传》中是很清楚的，"社稷五祀"，明明社稷归社稷，五祀归五祀。但在汉代，人们就搞不清楚了。蔡邕在他的《独断》里，回答了这个问题："又问曰：社既土神，而夏至祭皇地祇于方丘，又何神也？答曰：方丘之祭，祭大地之神；社之所祭，乃邦国乡原之土神也。"所谓"皇地祇"，就是后土。后土与社的区别在于：社是具体的土地神，它代表着某一集团所拥有的某一区域的土地，而后土，代表着大地的自然属性及其规律，是抽象的大地之神。它所代表的土地，是抽象概念上的土地，因此，它又无所不在，只要有土地的地方，就有它。

历代帝王，既祭社稷，也祭祀后土，或云皇地祇、地祇。《史记·封禅书》中说，冬至，祭祀天；夏至，祭祀地祇。汉武帝立后土祠于汾阴，亲自祭祀，如祭祀上帝礼。郦道元《水经注》云"汾阴城西北隅脽丘上，有后土祠"，就是指此。元好问《承天镇悬泉诗》注引杜氏《通典》云："汾阴后土祠，为夫人塑像。武太后时，移河西梁山神塑像就祠中配焉。开元十一年，有司迁梁山神像于祠外之别室。夫以山川之神，而人为之配合，而渎乱不经，尤甚矣。"后土神的形象是个女子。盖"后土"与"皇天"相对，皇天是男性，后土当然是女性了。宋朝真宗皇帝等，曾经到这里来祭祀过后土。这个后土祠至今犹存，且为名胜，在山西万荣县城西南40公里黄河东岸庙前村土垣上。山西介休县城内北隅，也还有个后土庙。北京东城区安定门外大街路东，有地坛，明朝嘉靖九年建造，供奉的神为"皇地祇"，正是后土神的别称。嘉靖以后，一直到清朝的历朝皇帝，都在这里祭祀大地之神皇地祇，现名地坛公园。

民间也信仰后土神，有的地方还立祠祭祀之，叫后土祠，又名后土夫人祠。例如，唐代扬州有后土祠，宋代徐铉《稽神录》卷一，有扬州后土夫人给人治病的故事。江西抚州后土祠，人们有到祠中求梦、请求后土夫人在梦中指点迷津的风俗。据说，后土能使求梦者梦见某些情景或诗句之类，求梦者就根据这些，牵强附会，推测他要想知道的结果或未来。宋朝洪迈《夷坚志》中，就有好几个这样的故事。

民间认为，人死入土，就是投入后土的怀抱。这样的观念，又导致了大地之神后土，又是幽明世界主宰之说。《楚辞·招魂》："君无下此幽都些。"王逸注："幽都，地下后土所治也。地下幽明，故称幽都。"

祭墓之时祭祀后土的风俗，从上古一直到近代，都存在。《礼记·檀弓》："舍奠于墓左。"注云："舍奠墓左，为父母形体在此，礼其神也。"钱大昕《十驾斋养新录》卷二云："今世营葬，必于其侧立石，题'后土之神'。临葬，设酒脯祀之。盖古礼也。"清朝钱泳《履园丛话》卷三云："今坟墓上有土地之神，每年祭扫，必设酒脯祀之。其来已久。"大地之神无处不在，埋葬死者之处，当然也有大地之神。死者子孙祭祀后土，乃是酬报而兼祈求。后土主幽明之说的产生与流行，又使这样的礼俗显得更加必要了。

第三节 山岳之神

古人认为，万物有灵，山也是如此。高峻雄奇的山，云生石上，雾漫林间，兴风作雨，深幻莫测，更使人相信，山确实有神灵主之。因此，对山神，特别是对名山之神的信仰，就这样产生了。

五岳是古代文化比较发达的地区人们视野中的五座名山，即西岳华山，东岳泰山，南岳衡山，北岳恒山和中岳嵩山。人们相信，它们各有一神灵主之，对人们的生活起有很大的作用。这五大名山，非别的山可比，故它们的山神，被确定为国家祭祀的大神。它们的地位，还在"四渎"神之上。《礼记·王制》云："天子祭天下名山大川，五岳视三公，四渎视诸侯。诸侯祭名山大川在其地者。"祭祀五岳的目的，洪适《隶释》卷二东汉光和二年《樊毅修华岳碑》说得很清楚："祭视三公者，以能兴云雨，产万物，通精气，有益于人。其德体明，则有祯祥；荒淫臊秽，笃灾必降。因渎祭地，岳以配天。""其德体明"以下几句，乃言其有监察国家政治的职能。

历代帝王，对五岳之神多所加封，一直加封到"帝"的一级。道教为了壮大其阵营，就把五岳之神纳入了它的神系。但推本溯源，五岳信仰究竟还是源于人们对自然的崇拜，因此，在民间有巨大的影响。

1. 中岳嵩山

嵩山地近洛阳，离长安也不远。其地文化发展比较早。中岳的神化，也当比其他四岳为早。《山海经·中山经》云："苦山、少室、太室，皆冢也。其神皆神面而三首，其余属皆冢身而人面也。"嵩山东为太室，西为少室。嵩山神之像，曾经是半人半兽，其他四岳之神的形象，古籍中没有半人半兽的记载。半人半兽，正是人类早期所造之神在形象方面的特点。

嵩山神的职能，《五岳名号》说是"主世界土地山川陵谷，兼牛羊食啖"。《三教源流搜神大全》卷二又云其"主于世界地泽川谷沟渠山林树木之属"。在"五方"与"五行"的对应关系中，与"中"相对应的是"土"，因此，在人们的信仰中，中岳嵩山所主，乃是"大地"之事。河南省嵩山黄盖峰下，有中岳庙，至今还是旅游名胜。

民间也以生前有德望的人为嵩山之神。宋人方勺《泊宅编》卷六云："许昌士人张孝基，娶同里富室女。富人只一子，不肖，斥逐之。富人病且死，尽以财付孝基。与治后事如礼。"后来，张孝基引导那不肖的妻弟改邪归正，并将丈人家的财产还给妻弟。张死后，人们说他成了中岳山的神灵。

2. 东岳泰山

泰山是五岳之中宗教色彩最为强烈的名山。古代帝王，特别是汉代和汉代以前的帝王，或在即位之后，或在大功告成之后，或天下太平之时，就要在泰山举行封禅的祭礼。古代宗教认为，帝王奉天命君临万姓，就必须对上天负责，即位之后，他得告诉上天，他已经开始奉天命为君。治理天下有了成就，就要向上天汇报，以表示未辱使命。当然，除了申敬和报功之外，还有感谢和祈求的意义。封禅之祭礼，最初也许具有民间宗教的性质，但后来，实际上就成了一种利用人们对天地的信仰，来巩固帝王之位的把戏。山东省泰安市内泰山南麓的岱庙，就是秦汉以下历代帝王行封禅大典的地方，直到今天，还是著名的旅游胜地，庙内庙外，胜迹极多。

封禅是帝王的行为。泰山神在民间信仰中影响最大的，是他"主生死，收人魂"的职能。这种信仰，起源于汉代。出土的东汉镇墓券中，常有"生人属西长安，死属泰山"之语。关于这种信仰，清朝顾炎武《日知录》卷三十，清朝赵翼《陔余丛考》卷三十五都有详细的考证，他们一致认为，这种信仰起源于东汉。志怪小说中，泰山神治鬼的情节不少。

泰山神既然具有"主生死，收人魂"的职能，那么，在民间信仰中，这样的职能就很自然地派生其他的职能。首先，某人应该活多少岁，泰山神应该是知道的，否则，他如何去"收人魂"？因此，泰山能占卜寿命长短之说，也就产生了。其次，泰山神能有条件地增加某人的寿命，例如，或是此人性善积德，或是此人祭祀神灵，泰山神就可以给他增加寿命。因此，古代就有到泰山去向泰山神求长寿的风俗。《后汉书·许曼传》云："曼少尝疾病，乃谒泰山请命。"又同书《方术传》云："许峻自云尝病笃，三年不愈，乃谒泰山请命。"再次，泰山神能有根据地减少某人的寿命。民间信仰中普遍地认为，折寿早死，是对恶人的一种惩罚，泰山神就是这种惩罚的执行者。泰山神的这一职能，体现出伸张正义，以昭天理，以劝世人。这一类情节，志怪小说和民间故事中，都是不少的。

泰山神主人生死的职能，何等重要。民间信仰中，于是就认为，泰山神有如此大的权力，他的来头一定非常大，于是，就以神话来解释这一信仰。或云，泰山神是天帝的孙子，或云，泰山神是天帝的外公，或云，泰山神是前任天帝（见本书"天帝"部分）等等，这些故事的依据，正是封建社会政治中家族政治、贵族政治和安抚政治之类的现象。

与许多自然神一样，泰山神也被以人鬼实之，见《夷坚志》等志怪小说集中。《封神演义》第九十九回，又云封黄飞虎为泰山山神。

生死大事，人人重之。因此，人们对泰山神敬畏有加，于是，东岳神就成为全国各地所尊奉的大神，这种待遇，是其他四岳之神所没有的。人们于当地建造东岳神庙，虔诚祭祀。东岳庙也被当作了泰山，或者是泰山的派出机关。北京朝阳区朝外大街的东岳庙，是道教张道陵正一派在华北的第一座大型道观。可见起源于民间信仰的东岳神，早就变成道教的大神了。山西晋城市东北18公里高都镇的东岳庙，俗称东大寺，名字具有佛教的色彩，当然祭祀的神，还是"齐天大帝"东岳神。该市西南13公里处的冶底村，有岱庙，其实也是东岳庙。河南省新乡市东关的东岳庙，建造于五代间。陕西省西安东门市内北边的东岳庙，建造于北宋年间。这些东岳庙，至今都是旅游名胜。其他知名度低一些的东岳庙，那就更多了。民间信仰认为，人死后，其灵魂先到当地土地祠，再到当地城隍庙，然后转到东岳庙。有的地方，如果有人不知道什么原因昏死过去，或是胡言乱语，人们就认为他的灵魂已失。灵魂已失何处寻？东岳庙里寻。这个风俗叫"关魂"，即请东岳神查一下，此人不当死，他的灵魂是否被误拘了，如果被误拘，敬请放还。当然，"关魂"时，总少不了祭祀一番。

东岳神实在太忙了。他要掌管每个人的福禄寿命，又要根据每个人的善恶增损其福禄寿命。某人的寿限到了，他要派员前去收魂。灵魂到了，他又要对他们进行管理，并处理他们在人世间的种种恩恩怨怨，这又会涉及世间的人,又会生出许多事来。此外,东岳神还有许多杂务要做,例如"关魂"之类。因此,民间给东岳神配备了七十二个职能机关,号称"七十二司",列于东岳神庙中,有的地方有"七十五司"、"七十六司",那就更有规模了。这些司,各司其事,名目有"福寿司"、"速报司"等。人们若有所求请,就只要找到有关的司办理。各司有神主之。例如,主速报的"速报司",主者乃包拯,当然善有善报,恶有恶报,并且其报迅速。后来又有岳飞主速报司之说。盖岳飞自己身遭奇冤,他主速报司,定不使世人象他那样,遭到冤屈而不获速报。又有所谓"阴德司",专门记录人的阴德,为施赏降吉提供依据。当然,这些,都体现了人们在黑暗的社会里的一种精神寄托。

又俗以三月二十八日为东岳神生日,祭赛之俗甚盛,宋元明清都是如此。此外,又有泰山娘娘碧霞元君的信仰,见清朝福格《听雨丛谈》卷七等多种古籍。

3. 南岳衡山

汉朝时的南岳衡山,是今天安徽的霍山,当时称为潜山、霍山或衡山。距离霍山县城3公里处的霍山之中,有南岳庙。根据《六安州志》记载,西汉元封五年,汉武帝南巡至此,建坛拜封此山为南岳,庙为此而建,至今犹存,为旅游名胜。现在所称的五岳中的南岳衡山,是湖南的衡山,大概是隋唐时所改祀。至于霍山,则又成了湖南衡山即新南岳的属神了。衡山南岳镇有南岳大庙,作为旅游名胜,比霍山的南岳庙更加有名。根据《南岳志》记载,此庙始建于唐朝。

道教书籍中说,南岳衡山神的服饰和所乘坐的龙,都是赤色。赤色正与方向中的南方相对。他的职能是主封疆分野,兼督鳞甲水族变化等事。其所兼的职能,或是衡山处江湖河流交叉之地,其地多鳞甲水族,故有这样的职能。但是,南岳衡山之神行此二职能的故事,很难找到。大概这些神通,出于道士们的虚构,并没有民俗依据。

在志怪小说和民间故事中,衡山神的故事,都是赏善罚恶。不过,这是民间许多神灵能做的事,没有衡山神的特色。民间又有"南岳注生,东岳注死"的说法,但没有具体的活动和传说能证明他负责"注生"。

《历代神仙通鉴》卷四云伯益乃南岳神的后身。伯益,相传是大禹时人,曾经辅佐大禹治水,有功。大禹死后,以天下授伯益,伯益辞而隐居。此说与南岳主世界分野和兼督鳞甲水族变化等事之职能有关。

4. 西岳华山

西岳华山之神，在道教文化中，他的服饰仪仗和所乘坐的龙，都是白色的。他的职能，是主世界金银铜铁这些金属，兼管羽翼飞禽。在我国传统文化中，"西"与颜色"白"相对，又与五行中的"金"相对，故华山神其色尚白，又管金属之事。在华山下5公里的岳镇东端，西距华阴县约一公里半处，有西岳庙，相传始建于汉武帝时。庙至今犹存，为旅游胜地。

在小说和民间故事、民间风俗活动的命意中，华山神既不能主金属和飞禽之事为人类造福，又不能辅佐帝王治理天下，连一般的正神几乎都有的赏善罚恶、主持公道、预知未来等灵异，都很难找到。从古籍所载来看，在古代民间信仰中，西岳华山之神，竟然是一位邪恶之神。他的邪恶，竟然还以桃色事件为多，经常强抢民间女子的灵魂。此外，他还有好赌博、受贿、胡乱降灾等劣迹。唐人小说中，多所记载。不过，他虽然邪恶，但毕竟是国家祭祀的正牌神灵，且是大神，因此，他还是有保护地方的职责的。《河东记》中记载，某恶鬼致一小儿昏迷，在华山神的干预下，小儿得以转醒，恶鬼不敢再加害于此小儿。正如封建时代的有些封疆大吏，虽然贪得无厌，为非作歹，残暴毒辣，但他毕竟还是有保护地方的职责的，危害百姓的歹徒，他还是要捉拿的。

《历代神仙通鉴》卷四云皋陶乃西岳华山后身。皋陶是上古主刑法的官员。西方为金，金主肃杀，故谓皋陶为西岳神所化。

5. 北岳恒山

道教书籍中记载，北岳恒山之神，其服饰和所乘坐的龙，都是黑色。这是因为，北方与黑色相对。他的职能是管理江河淮济和虎豹走兽、昆虫蛇虺之类。但民间故事、志怪小说和民俗活动的命意中，没有与北岳这些职能有关的内容。

历史上，先后被当作北岳祭祀的恒山，有两处。一处是河北曲阳的恒山，也就是大茂山。曲阳城内有北岳庙，始建于北魏宣武帝时，为历代中央政府或自命为中央政府的政权祭祀北岳山神的地方，一直到清顺治十七年奉山西浑源的恒山为北岳神，并在那里行祭祀之礼。另一处当然就是山西浑源的恒山了。据说，北岳恒山，原来是山西浑源的恒山。相传有一年，舜前去祭祀恒山，走到河北曲阳的恒山，天下起大雪，无法前进，又有石头飞堕而下。于是，舜就将大茂山祭祀一番，不再继续北行去祭祀恒山了。后来，政府就在那里立曲阳庙，将大茂山作为北岳恒山祭祀了。这当然是传说而已。从汉朝宣帝神爵元年一直到整个有明一代，河北曲阳的大茂山，一直是被当作北岳恒山祭祀的。这见之于历代正史。此外，大茂山的北岳神庙，有唐以下的石碑,记载着当时祭祀的情况和一些有关的资料,见钱大昕《十驾斋养新录》卷十五。

清朝顺治十七年,刑科给事中粘本盛,又提出了北岳当移祀山西浑源的恒山的建议,得到了皇帝的批准。此后,朝廷乃罢曲阳恒山庙之祭祀,而移祀山西浑源的恒山为北岳。清朝王渔洋《池北偶谈》卷一认为此举使"千年因循之论,至是始厘正焉"。其实,不过是清最高统治者以此显示自己高明罢了。

今天所谓五岳中的北岳恒山,是指山西浑源的恒山,而河北曲阳的恒山,则称大茂山。此乃承清人之说。

恒山神在民间没有什么影响。他是五岳之神中最为寂寞的一个。

6. 其他山神

除了五岳以外,许多山被人认为有神灵主之。山神之于山,大抵相当于某地的土地神之于该地。有的也不一定一座山一个山神,或许是一座大山,有若干个山神。一方山地,一个山神,如世间行政区域然。山神也常被立庙祭祀之。例如《水浒传》中,有《林教头风雪山神庙》一回。

许多山神,渐渐被人们世俗化,其情形大概同土地神差不多。但是,多山地区的山神信仰,仍然具有明显的自然信仰的色彩。辽宁《海城县志》云:"本境北部有山,供奉山神,以镇虎狼及诸猛兽。居民岁时供奉香火。然专祀山神者尚少,多在七圣、五圣祠中。或曰:山中居民称虎为山神爷,而人立庙祀之。按山神即山灵也,不专指虎而言。"老虎是山林中最为厉害的猛兽,故人们常将它奉为山神,或认为它是山神的化身。

第四节 水　　神

一、四海之神

古人认为,大地的四面,都是海洋,四海都有神灵主之,即所谓四海之神。《山海经》中,就有东海、南海、北海这三海之神了。《大荒东经》云:"东海之渚中,有神,人面鸟身。珥两黄蛇,践两黄蛇,名曰禺猇,禺猇生禺京。禺京处北海,禺猇处东海,是谓海神。"《大荒南经》云:"南海渚中,有神,人面,珥两青蛇,践两青蛇,曰不廷胡余。"《大荒北经》云:"北海之渚中,有神,人面鸟身,珥两青蛇,践两赤蛇,名曰禺京。""禺京"就是"禺䝞"。云人面鸟身者,乃鸟亦是海上的精灵,故以其形象的一部分,为海神的形象。《山海经》中,不载西海之神,或是作者认为西方无海,或是他们对西海不甚了解。后来,又有了西海之神。这样,四海之神就全了,能与四个方向相对应。再后来,人们给他们取了世俗化的名字,甚至还给他们结了婚。《重修纬书集成》卷六《龙鱼河图》云:"东海君,姓冯名修青,夫人姓朱名隐娥;南海君,姓视名赤,夫人姓翳名逸寥;西海君,姓勾大名丘百,夫人姓灵名素简。北海君,姓是名禹帐里,夫人姓结名连翘。"海神或他们的夫人的名字,有颜色字者,往往与方位相对。《事物异名录》引用《黄庭遁甲缘心经》云东海之神名阿明,南海之神名巨乘,西海之神名祝良,北海之神名禹强。北海之神名,与《山海经》所载略同。或又以四海之神与四方之神合二为一。南海之神名祝融,东海之神名句芒,北海之神名玄冥,西海之神名蓐收。此四神也是四季之神。

在秦朝以前,四海之神,就受人们的立庙祭祀了,见《史记·封禅书》。汉朝宣帝以后,朝廷就有祭祀海神的常礼了。唐朝,朝廷封东海神为广德公,南海神为广利公,西海神为广润公,北海神为广泽公。后来又"公"升为"王",并规定:立春日,祭祀东海于莱州;立夏日,祭祀南海于广州;立秋日,祭祀西海于河中府,望祭,因为离海太远了;立冬日,祭祀北海于孟州,也是望祭。这与方位与季节的对应关系相一致。

四海之神中,以南海之神为最有名,最为人所尊崇。南海多风暴海潮,便请海神保佑。海神一般是保护人们的,但如果人们不虔诚祭祀,或者触怒了他,他也会兴风作浪为害的。因此,沿海地区,往往有海神的祠庙,如浙江海宁县盐官镇东,就有个海神庙,是清朝雍正年间建造的,祭祀当地的海神。广东的南海神庙,最为有名,人们的祭祀也最为隆重,见宋朝方信之《南海百咏》、清朝屈大均《广东新语》卷六、清朝檀萃《楚庭稗珠录》卷三等。庙在广州市庙头村,又称东庙,建于隋朝开皇间。历代帝王多派特使祭祀南海神于此庙。古代广州等地出海者也多在出海之前行祭祀之礼,外国商船到广州者,也多停泊于其地。南海神的故事,见宋人刘斧《青琐高议》后集卷三、苏轼《仇池笔记》卷下等。

广东有些地方,又以历史人物为海神。如徐闻地方,以两位"伏波将军"为海神,而且他们专主琼州海峡。一位是西汉武帝时伏波将军路博德,爵封邳离侯。另一位是东汉光武帝时伏波将军马援,爵封新息侯。两人都曾经领兵到南方作战。"伏波"有"伏息波涛"的意思,人们既感其恩,慑其威,又嘉其名，遂祀以为神。路博德虽然比马援早得多，但名气远远没有马援来得大，因此，马援所居为正祠，而路博德只好屈居别祠了。

二、天后

天后的影响，远在四海之神之上。我国南方北方几乎所有的沿海地区，甚至包括许多离海并不太近的地区，都虔诚地信仰她，隆重地祭祀她。此神除了天后外，还有天妃、天妃娘娘、天后娘娘、妈祖、妈娘、妈祖娘娘、海神娘娘、娘娘等称。

对天后的信仰，兴于宋代。洪迈《夷坚志》卷十五云："兴化军境内，地名海口，旧有林夫人庙。莫知何年所立。室宇不甚广大，而灵异素著。凡贾客入海，必致祷祠下，求杯筊，祈阴护，乃敢行。盖尝有至大洋遇恶风而遥望百拜乞怜，见神出现于樯竿者。"又云这"崇福夫人""今进为妃"。

关于天后的出身，有好几种说法。大致说来，她是五代时（或云宋初，相差不是太大）福建莆田湄州屿人，姓林名默，其父亲林愿，任都巡检。此女生有异禀，长而通法术，能预言凶吉之事，给百姓治病，又能乘席渡海，乘云游岛屿之间。卒后，她又常常显灵于海上救人。① 或云此神乃宋徽宗时的御用道士林灵素的女儿。此说应该是林灵素的党徒们编造出来的，也没有什么影响，只见于明朝张鼎思《代醉编》。

此神很可能确实有其人，当然不会有那样大的神通。她很可能有高超的行舟技能和水性。"乘席渡海，乘云游岛屿之间"等，是人们对她的高超的行舟技能和水性的夸大和神化。她去世后，人们就奉她为神。

作为海神，天后的神通大致有二：一是助剿海盗，或使人免于海盗之患。二是使行舟之人，免于风涛之患。总之，保佑航海或海上作业的安全。此信仰产生于福建沿海地区，盛于福建、广东、台湾、天津等沿海地区，也是非常自然的。关于此神在海上保护行舟安全的故事，在小说和那些地区的民间传说中，都是很多的。江汉之间的船家，竟也信仰天后（见清朝赵翼《陔余丛考》卷三十五）。这大概是江汉和大海相同的缘故吧？或者，这些船家，是海洋渔民或海上航运业者转业而来的，故保留了信仰天后的风俗。在江中行舟，风涛之险，也是常有的。天后既能救人于海中，当然也能救人于江中。

---

① 见《三教源流搜神大全》卷四、《古今图书集成·神异典》卷二十八、张燮《东西洋考》、魏禧《魏叔子文集》卷十六《扬州天妃宫碑记》等。

天后

在人们信仰中,除了在江中海中救人外,天后还有保佑国家平安、主晴雨等重要功能。

朝廷多次赐此神封号。南宋高宗朝,她就被封为"崇福灵惠昭应夫人"。封号这么长,很可能在此前就已经有封号了。封号中前面二字是"崇福",故洪迈称她为"崇福夫人"。光宗绍熙三年,她被封为"灵惠妃",这就"进为妃"了。南宋王朝对她屡次加封。元代,兴海运,即将南方等地的税粮,从海上运到京师或其他地方,而不从运河运输。这样,大海就显得更加重要了,天后也就显得更加尊崇了。天后护海运的故事也就产生了。至元十八年,朝廷封她为"天妃"。此后至有明一代,此神屡著灵异,又屡获加封。清康熙年间,据说此神帮助清军收复了台湾,论功行赏,朝廷遂加封她为"天后",并列入祀典。或云,当时虽然仍有加封,但仍是"妃"号,到乾隆二年,方封"后"号,称为"天后"。记载此神以灵异获得封号者,以《古今图书集成·神异典》卷二十八为最详细。

三月二十三，是天后的生日，信仰天后的地方，有祭赛活动。清朝屈大均《广东新语》卷九云："三月二十三日，为天妃会。建醮扮撬饰童男女如元夕，宝马彩棚亦百队。"张焘《津门杂记》卷中云："三月二十三日，俗传为天后诞辰。天津系濒海之区，崇奉天后，较他处尤虔。东门外，有庙宇一所，金碧辉煌，楼台掩映，即天后宫，俗称娘娘宫。庙前一带，则以宫南宫北呼之。向例，此庙于十五日启门，善男信女，络绎而来。神诞之前，每日赛会。光怪陆离，百戏云集，谓之皇会。香船之赴庙烧香者，不远数百里而来，由御河起，延至北河海河，帆樯林立。如芥园、湾子、茶店口、院门口、三岔河口，所有可以泊船之处，几乎无隙可寻。河面黄旗飞舞空中，俱写'天后进香'字样。红颜白鬓，弥漫于途。数日之内，庙旁各铺店所买货物，亦利市三倍云。"台湾一直保留着三月二十三日祭赛妈祖娘娘之俗，祭神娱神的活动，堪称盛大。

福建湄州的妈祖庙是其祖庙，在莆田县湄州岛上，创建于北宋雍熙四年。福建泉州的天后宫，创建于南宋庆元二年。台湾云林县北港镇，有妈祖庙，建于清康熙年间。台湾澎湖县城马公镇上，有妈祖庙，建于明万历二十一年。天津旧城东北角，南北运河与海河交汇的三岔口西岸，有天后宫，也称天妃宫、娘娘宫。南京市兴中门附近，旧有天妃宫，建于永乐年间，是郑和下西洋时遇险得天妃之助得脱，回朝后，为神奏请封为"护国庇民普济天妃"后建造的。后来宫被毁而碑至今尚存，是古代航海和国际关系研究的重要资料。苏州太仓刘家港也有天妃宫。福建长乐县南山旧有天妃宫，宫已不存，其碑尚存，在城关小学，是记载郑和下西洋的珍贵资料。

三、四渎之神

四渎为江、河、淮、济，也是我国著名的四条河流。

1. 河神

黄河流域是华夏文明的发祥地。对黄河的崇拜，其起源一定是相当早的。

一开始，人们信仰的黄河之神，只是他们居住地那一段黄河的神灵，而不是黄河流域共同信仰的黄河之神。这道理很简单。黄河上下数千里，先民们不可能一开始就有整条黄河的概念。他们所知道的黄河，最初只能是当地的那一段黄河。在他们心目中，黄河就是那一段黄河，黄河之神，也就是那一段黄河的神灵。这就是地方性的黄河信仰。

在整个黄河流域，至少是在黄河流域若干个最重要的群体有了统一的文化以后，黄河流域各地共同的黄河之神才能得以确立。也就是说，这种黄河之神，是文化融合的产物，为融合后的同一文化区域的人所共同信仰。

地方性的河神信仰，特别是有关神话传说，决不会因为其地传入整体意义上的黄河信仰而立即消失，而是往往与整体意义上的黄河神信仰结合、混淆在一起，呈现出丰富多彩的文化现象。这对探讨文化融合是很有意义的。

河伯是人们最为熟知的河神。《韩非子·内储说上》云，河伯是一条大鱼。汉人王逸注屈原《天问》云，河伯曾经化为白龙，被羿射瞎了左目。《淮南子·泛论篇》云："河伯溺杀人，羿射其左目"，与王逸所云有些不同。或又云河伯人面鱼身，乃半人半鱼的精灵。《重修纬书集成》卷二《尚书中候考河命》中，河伯"面长人首鱼身"，自称"河精"，授禹《河图》。

冯夷是知名度仅次于河伯的黄河神。他有许多别名，例如冰夷、无夷、冯循、冯修、吕夷、冯迟、冯夷君等等。《山海经·海内北经》描绘他的形象是"人面，乘两龙"，也是个半人半兽的精灵。

信仰河伯的地区和信仰冯夷的地区，是黄河流域两个最主要的地区，或者说是集团、部族。黄河流域的其他地区，都远不能跟河伯地区和冯夷地区相比。因此，河伯和冯夷，就成了黄河流域两个最有名的河神。河伯地区的文化、冯夷地区的文化，也扩大到其他地区。在那些地区，河伯或冯夷，又跟他们当地的河神信仰融合在一起。正因为如此，河伯有那些不同的形象，冯夷也有那么多的异名。冯夷的异名中，不是有一个"冯"字，就是有一个"夷"字，这些众多异名的产生，除了流传音变方面的原因外，冯夷信仰进入到其他地区，恐怕也是个重要原因。

信仰河伯的地区与信仰冯夷的地区之间，有联合，也有冲突。《竹书纪年》卷上云："（帝芬）十六年，洛伯用与河伯、冯夷斗。""（帝泄）十六年，殷侯微以河伯之师伐有易，杀其君绵臣。"顾炎武《日知录》卷二十五认为："是河伯者，国居河上而命之为伯，如文王之为西伯。而冯夷者，其名尔。"他认为，河伯乃一国的国君，或者是某一地区、某一部落联盟的首领之类的领导人。这样说来，就与河神信仰毫无关系了。其实，《竹书纪年》中的河伯、冯夷，确实是河神。不过，他们不是河神本身，而是分别代指信仰河伯和信仰冯夷的地区，或云集团、部族。帝芬十六年，信仰洛水之神洛伯的部落或部落联盟，与黄河流域两大地区——信仰河伯的地区与信仰冯夷的地区——的联军之间发生了战争。"帝泄十六年"条的"河伯之师"，是指信仰河伯地区的军队。

大概就是帝芬十六年河伯地区、冯夷地区联军在与洛伯地区军队的那场战争中,联军取得了胜利。河伯地区军队掠夺了洛伯地区的许多女子为妻子——这是古代战争尤其是原始战争中常有的事。也许是利益分配不均的缘故,联军双方爆发了冲突,冯夷之师重创河伯之师,将他们占有的战利品——洛伯地区的女子——抢了过来。冯夷之师的首领,将河伯之师首领占有的原洛伯之师首领的一个妻子"洛嫔"抢了过来并占为己有。这就是《楚辞·天问》所说"帝降夷羿,革孽夏民。胡射夫河伯,而妻彼洛嫔。""夷羿",即是冯夷之师的首领后羿。这一故事,后来就附会河神信仰,演变为《淮南子》等所载"后羿射河伯"的神话。

后来,信仰河伯的地区,因为它在政治、经济、军事等方面,发展最快,力量最强,处于绝对领先的地位,所以,他的文化,终于覆盖了整个黄河流域,或者说是黄河流域所有重要的地区。黄河流域各地的文化,融合于河伯文化。于是,河伯也就成了黄河流域各地区共同承认的黄河之神了。《庄子·秋水》云:"秋水时至,百川灌河。泾流之大,两涘渚崖之间,不辨牛马。于是焉,河伯欣然自喜,以天下之美为尽在己。顺流而东行,至于北海",遂与北海海神若论道。这里的河伯,以黄河的身份与北海神对话,显然是整体意义上的黄河之神了。

冯夷地区被河伯文化覆盖后,当地的冯夷信仰也与河伯信仰结合了起来,呈现出地方文化被其他文化覆盖后所产生的有趣现象。当地的人们把冯夷改称河伯,以适应被河伯文化覆盖后的现实。但是,也有人仍然称他为冯夷。于是,这就产生了河伯即冯夷的说法。段成式《酉阳杂俎》前集卷十四云:"河伯人面,乘两龙,一曰冰夷,又曰人面鱼身。"人面鱼身是河伯的形象,而"人面,乘两龙"则正是《山海经·海内北经》所载冯夷的形象。

河伯是整体意义上的黄河之神,冯夷成了河伯,当然也就被当作整体意义上的黄河之神了。《庄子·大宗师》云:"冯夷得之(按:指得道)以游大川。""大川",大河,此指黄河。这里,冯夷明显是整体意义上的黄河之神了,与《秋水篇》中的河伯一样。

后人不理解河伯与冯夷之间的这种关系,就编造出种种神话故事,试图作出圆满的解释,结果是增进了河伯与冯夷的融合。郭象注《庄子·大宗师》附陆德明《释文》引司马彪《清泠传》云:"冯夷,华阴潼乡堤首人也。服八石①,得水仙,是为河伯。一云以八月庚子浴于河而溺死,一云渡河溺死。"

---

① 八石:此指某些药物。

干宝《搜神记》卷四云："弘农冯夷，华阴潼乡堤首人也。以八月上庚日渡河溺死，天帝署为河伯。"以冯夷为一个姓冯名夷的人，死后成了河伯。这样，冯夷当了河伯，河伯当然就是冯夷了。此外，还有一种绝妙的解释。《重修纬书集成》卷六《龙鱼河图》云："河姓公名子，夫人姓冯名夷君。"又云："河伯姓吕名公子，夫人姓冯名夷。"既然冯夷是河伯的妻子，那当然也是整体意义上的黄河之神了。

河神河伯、冯夷合二为一，既是河伯地区文化与冯夷地区文化融合的结果，也是这种融合形象化的体现。

有关河神的文化，也传播到黄河流域以外的地区。《楚辞·九歌》有《河伯》一篇，反映沅湘地区祭祀河伯的风俗。沅湘地区远离黄河流域，怎么会有祭祀河伯的风俗？近人认为，黄河流域信仰河伯的部族，迁徙到沅湘之地后，仍然保留了河伯信仰和祭祀河伯的风俗（见林河《九歌与沅湘民俗》）。其实，《九歌》中的河伯，并非黄河流域原来信仰河伯地区所信仰的那位初始河伯，而是冯夷与河伯的结合体。《九歌》中所描绘的他那"驾两龙兮骖螭"的形象，正是《山海经·海内北经》所载"人面，乘两龙"的冯夷形象。据此推断，沅湘地区最初祭祀河伯的人们，当来自黄河流域已经被河伯文化覆盖的冯夷文化地区，因而他们所奉的河伯，具有冯夷的形象。

梁朝吴均《续齐谐记》云："武昌小吏吴龛，渡水得五色石，夜化为女子，称是龛妇。至家见妇翁，被白罗袍，隐漆几，铜唾壶，状如天府，自称河伯女。"这一故事，还见之于刘义庆《幽明录》、刘敬叔《异苑》、任昉《述异记》。这几位都是南朝文学家。故事中的男主人公吴龛，又作阳羡（今江苏宜兴）人。那么，黄河神河伯的女儿，怎么会跑到长江南的武昌或者宜兴找丈夫？原来，晋室南渡，建都金陵（南京），大批北方家族也跟着南迁，他们把黄河流域的文化带到了长江流域，于是就有了南北文化的大融合。黄河流域神话中的河伯女，嫁到了长江流域，这实在是两晋南北朝时南北文化在长江中下游地区融合的形象化的典型例证。

河伯冯夷都被奉为整体意义上的黄河之神，但他们并不是历代王朝列入《祀典》的作为黄河代表的那一位"河渎神"。"河渎神"为帝王所设，是抽象化、概念化的黄河之神，并不是黄河流域诸多地方性河神的融合体，因此，他虽然在数千年中几乎每年按时享受当时王朝那庄严肃穆、隆重非凡的祭礼，但是暗淡无光，缺乏生气，在民间几乎没有什么影响。然而，作为黄河流域诸多地方性河神融合体并合而为一的河伯与冯夷，则融会了黄河流域许多地方有关河神的信仰与传说，具有丰富的历史文化内涵，随着更为广泛的文化传播与融合，又对其他地区文化的发展产生作用。由此可见，文化融合在文化发展中的作用是非常重要的。

河神又被人们以人实之。被人们当成河神的历史人物主要有：

（1）陈平，汉朝开国功臣，一代名相。他生前没有负责治理过黄河，也没有与黄河有什么特别的关系，但被《三教源流搜神大全》作为国家祭祀的河神。但此说流传不广，也没有被官方理会，在民间也没有什么影响。

（2）王尊，字子赣，西汉高阳人，官东郡太守。他曾经在黄河水灾危急的时候，亲自在黄河堤上领导百姓护堤，最危急的时候，百姓疏散，但他与另一官员坚守堤上，到河水位下降到安全位置才撤离。他卒于任上后，百姓立庙祭祀他。滑县的河侯祠，所祭祀的神，就是他（见《滑县志》）。

（3）谢绪，会稽诸生，宋末重臣谢达之孙，谢太后的侄子，隐居金龙山。元兵入杭州，谢绪投水自杀。相传元明之间，他曾经在黄河显灵，帮助明军打败了元军。因此，明初，他就被封为金龙四大王，立庙黄河祭祀。其后，传说他又保护漕运，因而又兼为运河之神。赵翼《陔余丛考》卷三十五云，江淮一带到潞河，无不有金龙四大王庙。可见他不仅是黄河之神和运河之神了。

（4）黄大王守才。黄大王，名守才，字英杰，号对泉，偃师南乡夹河黄家庄人，明万历三十一年十二月生。他曾经设法通河之壅，平黄河之水，塞河的缺口等，又在大旱之年为人们找到泉水、求得大雨等。生前，他就被杞县百姓立庙祭祀。他死后，其他地方又为他立庙。乾隆间，朝廷又给他加了封号。河南省偃师县有黄大王庙，其对联云："有那其居，夫惟灵修之故也；偏为尔德，能捍大患则祀之。"

（5）朱之锡，字梦九，号梅麓，浙江义乌人，顺治进士，官河道总督。他治理黄河，殚精竭虑，在理论和实践方面，多所建树，后来积劳成疾而死。他死后，人们盛传他成了黄河之神。据说，船上水手，往往看见他身穿官服，往来河上。人们在黄河中遇险，只要向他祷告，往往就获救。所传有关他的神异之事很多。河南黄河两岸，祭祀他的祠庙很多，称他为朱大王。常在黄河中运行的船只，也多供奉他的像。乾隆帝视察黄河时，封他为"助顺永宁侯"，春秋祭祀（见清人褚人获《坚瓠续集》卷三，《清史列传·朱之锡传》等）。

（6）和珅，清朝乾隆帝宠臣，官至文华殿大学士。此人专横跋扈，作威作福，招权纳贿，贪得无厌。乾隆帝死后，嘉庆帝就将他逮捕，赐自尽，其家产全部抄没。和珅死前，作一诗："五十年前幻梦真，今朝撒手撒红尘。他时睢口安澜日,记取香烟是后身。""睢口"是河南睢县的黄河口。"和珅"与"河神"同音,故他以睢口河神的化身自居,说他还要在睢口河工中显示神通。其实,他只是以此化解对死亡的恐惧而已。此时流传,竟然有人相信他真的成河神去了(见梁章钜《浪迹丛谈》)。

（7）栗毓美,字友梅,山西浑源人,嘉庆间,以拔贡官河南知县,道光间官至东河总督,治理黄河有方,在任五年,黄河不为患,又节约治河经费一百三十余万两白银。他死后,人们奉他为黄河之神。陈康祺《郎潜纪闻》卷十一云:"至朱大王即河督朱之锡,栗大王即河督栗毓美。河神助顺,必先有水族现形,河漕各督,即迎之致祭。其朱色者,众以为之锡;栗色者,众以为毓美也。"

（8）段光明。她是临清一地方黄河渡口的一个河神,也是个妒神。这个渡口叫"妒妇津",正是由她得名。相传女子要在这里渡黄河,就要把自己打扮得很丑陋,穿很破旧的衣服,不然,她就要兴风作浪。若是丑陋的女子渡河,即使打扮得再好,也风平浪静。晋朝太始年间,刘伯玉妻段光明,美而妒。一日,伯玉读《洛神赋》而叹洛神之美,说能娶到这样美的妻子就没有遗憾了。段光明听了,大怒,说我死之后,何愁不成水神?何愁没有她美?当晚,她就投水自杀。死后七日,她托梦给丈夫,说他希望有水神之妻,而她已经成了水神(事见唐人段成式《酉阳杂俎》前集卷十四等)。

2. 江神

中国古代的政治、文化中心,在黄河流域,与长江流域相距较远,因此,长江虽然为中国第一大河流,但长江之神,不如黄河之神那样受人尊崇。

长江之神,也有整体意义上的长江之神与地方性的长江之神的区别。对长江的崇拜,开始一定是自发性的,因而也只能是地方性的。大一统的国家出现后,为了便于国家祭祀,也就有了象征整条长江的神灵,也就是整体意义上的长江之神。《史记·封禅书》言秦朝统一天下,"江水祠蜀",即在蜀地祭祀象征整条长江的神灵。

象征整条长江的神灵,不是由某个地方性的江神来充当的,也不可能是民间产生的。创造一个长江之神,纯粹属于政治行为。他是个被硬造出来的、硬按上去的神灵。历代朝廷给他的封号有广源公、广源王、广源顺济王等。每年朝廷派人去祭祀,但在民间没有什么影响。有人以屈原为整体意义上的长江之神,但是也没有什么影响。

民间有些影响的长江之神,举数例:

（1）奇相：黄帝时代的一个女子，沉江而死，化为江神。她是蜀地的长江之神。

（2）伍子胥：以忠臣贤相而为主波涛风潮之神，深受人们的信仰与崇敬。在古书和民间故事中，有关他作为水神的故事不少。唐朝以下封建王朝，多所加封。

（3）曹娥：东汉浙江上虞人，某年，其父亲作为巫师下江祭祀波涛风潮之神伍子胥，死在江中而不见尸首。曹娥时年十四，在沿江痛哭多日，投江而死。几天后，她的尸首拉着她父亲的尸首，一起浮出江面。因此，她成了有名孝女。后来，她被人们当作水神，立庙祭祀，朝廷又屡次加封号。曹娥庙所临的那一段长江，就叫做曹娥江，附近的镇、馆驿、盐场、堤坝等，以曹娥命名的不少。曹娥孝女庙，至今还在上虞曹娥江边。

（4）大姑、小姑：江西鄱阳湖湖口附近，有一山，名叫大姑山。彭泽县北，安徽宿松县东，有一山，名小姑山，二山相距不远。其地江侧，有一石矶，名叫彭浪矶，附近又有一港，叫女儿港。因此，有"大姑嫁彭郎"之说。民间附会，把"大姑"和"小姑"都说成了水神，有关她们显灵的故事很多。

（5）戚澜：字文湍，浙江余姚人，明景泰二年进士，官翰林院编修。他被奉为钱塘江的江神（见明人陆灿《庚巳编》卷十和杨慎《升庵外集》卷十三）。

（6）岱石王：失其姓名，浙江黄岩等地的潮神（见《光绪黄岩志》等）。

（7）张夏：浙江杭州地方的潮水之神（见吴自牧《梦粱录》卷十四）。

（8）陆圭和他的三个女儿：浙江杭州的地方性潮水之神（见《续文献通考·群祀考》）。

（9）十二潮水之神：他们各主一个月潮水，是杭州的地方性潮水之神（见《续文献通考·群祀考》）。

（10）孚佑王：浙江绍兴的地方潮水之神（见《续文献通考·群祀考》）。

（11）萧公：名伯轩，江西人，被奉为江西地方的长江之神（其事迹见《三教源流搜神大全》卷七等元明人的记载）。江西有些地方，以四月初一为其诞辰，有祭赛活动。

（12）晏公：名戌仔，江西人。其传说起于江西，但后来成为全国性的水神（见《三教源流搜神大全》卷七，明朝王士性《广志绎》卷四，明朝田艺蘅《留青日札》卷二十七，明朝郎瑛《七修类稿》卷十二，清朝赵翼《陔余丛考》卷三十五，清朝姚福均《铸鼎余闻》卷二等）。

（13）裘曰修：字叔度，江西新建人，乾隆进士，官尚书等，所至有政声，尤其擅长治水,屡次奉命勘视河道。俗传他是长江燕子矶的水神(见清朝袁枚《子不语》卷十五)。

3. 淮神

淮水之神。神话中的淮水之神是无支祁。此神奇形怪状,颇若猕猴,很有神通。大禹治水,将他颈锁大索,鼻穿金铃,锁于龟山之足,淮水才得安流(见《太平寰宇记》卷十六等)。

秦朝时,淮河被朝廷列入祀典。汉代,皇帝派遣使者祭祀。唐代和宋代,都封淮水之神为公,元代,封为"长源广济王"。河南桐柏县,是淮河的发源地,正是这个原因,桐柏县城东关,有淮渎庙,创建于东汉延熹六年。俗又以唐代裴说为淮水之神(见《三教源流搜神大全》卷二)。但是,他作为淮水之神,没有什么影响。

4. 济神

和淮水之神一样,济水之神也是在秦朝被朝廷列入祀典的。汉代,皇帝派遣使者祭祀。唐代和宋代,都封济水之神为公,元代,封为"清源汉济王"。济渎庙在河南济源县城西北约2公里之处。济源是济水的发源地。俗又以"楚伍大夫"为济水之神(见《三教源流搜神大全》卷二)。所谓"楚伍大夫"当是伍子胥,尽管他是在吴国出名的,但他是楚人,所以称"楚伍大夫"。但是,他作为济水之神,没有什么影响。

第五节　历史人物之神

在超越宗族的范围内,历史人物得到信仰和祭祀,并且有相关的灵异传说,被认为有超自然的力量,这是他们被人们奉为神灵的标志。大致有这样几种情形:

1. 有影响的历史人物,在其家乡或长期居住之地被奉为神灵

如:江苏吴县有范文正公(仲淹)祠;苏州有唐寅祠;江苏常熟有草圣(张旭)祠、瞿式耜祠、痴公(元代画家黄公望,号大痴)祠;无锡有薛中丞(福辰)祠;宜兴市城东有周处庙、城内东珠巷有卢象升祠;江阴有阎典史(应元)祠;江苏丹阳有季子(札)祠;江苏淮安有韩信庙、漂母祠、关天培祠;四川新都桂湖有杨慎祠;江苏徐州有彭祖庙,因为相传他是徐州(彭城)的老祖宗;浙江

上虞有虞姬庙；诸暨有西子（施）祠；开封有信陵君祠，因为那里曾是他的封地；河南南阳有武侯（诸葛亮）祠，因为他长期隐居于南阳；汤阴县有岳飞庙；河南南乐县城内北大街仓颉故里有仓颉庙；上海有徐光启祠；河南汝阳县城北杜康村有杜康庙，相传那里是杜康造酒处；陕西延安市和长安县，都有杜甫祠，因为杜甫曾经住于其地；留坝县有张良庙，相传他晚年隐居其地；河北涿县有张桓侯（飞）庙，那里有张飞的庄园，相传他在那里和刘备和关羽结义；涿县有尧庙，相传他受封于其地；安徽合肥有包公（拯）祠；山东高密县有郑康成（玄）祠；山东泰安有牛皋祠；嘉祥县有曾（参）庙、仲氏（子路）祠；山西临汾市有尧庙、尧母庙，相传尧曾建都其地；河津县有其地学者、大官薛瑄祠；介休县有介子推庙；湖南耒阳县有蔡伦祠，相传是其故宅；福建南安县石井西亭有郑成功祠，其地是其故乡；建阳县和龙溪县都有朱文公（熹）祠，他长期在那里居住和讲学；昆明市西十五公里，有杨升庵（慎）祠，他曾经被贬谪其地；杭州有机神庙，相传河南褚某，迁居杭州，教民染织，与其子名载者并祠为机神（见梁章钜《浪迹续谈》卷一）。

2. 有影响的历史人物，在他有过重要活动的地方，或相传他不寻常活动的地方，被奉为神灵

四川成都有李冰庙，灌县都江堰有祭祀李冰和他儿子李二郎的二王庙，中有李冰殿和二郎殿；南京燕子矶、无锡太湖都有项王（羽）庙；徐州有项王祠；扬州有欧阳（修）祠、华佗祠；成都有祭祀诸葛亮的武侯祠；泸州有武侯庙，奉节有武侯祠；成都有杜甫祠；四川剑阁县剑门关之巅姜维城有姜维祠；四川云阳县有张飞庙；四川德阳县有庞统祠；苏州有伍相（子胥）祠、周瑜祠、韦公（应物）祠、况公（钟）祠；苏州吴县有伍相国（子胥）祠；兰州有左宗棠祠；台湾台北、台中等地，都有郑成功的祠庙；无锡有泰伯庙、至德祠（仲雍、季札）；杭州有禹神庙、白公（白居易）祠、苏公（东坡）祠、韩世忠祠、阮公（元）祠、左宗棠祠；有因行刺秦桧而被杀的施公（全）庙；开封朱仙镇有岳王（飞）庙；方城县县城东北有汉光武庙，相传他行军经过其地，天助其军士喝到水；勉县有汉中大禹祠；河北山海关东十三里望夫石有孟姜女庙；山东济南大明湖东岸，有南丰（曾巩）祠；蓬莱县有苏公（东坡）祠，他曾经任登莱太守；有戚继光祠，以其于其地抗击倭寇；山西长子县有神农庙，相传他在其地尝百草；广东惠州有东坡祠；潮州有韩愈祠。

3. 有影响的历史人物，在他死难或安葬的地方，或附近的区域，被奉为神灵

江苏徐州有华佗庙,因为明永乐时有人营建时发现一头骨,认为是华佗的头骨,故在其地修庙;苏州吴县有韩世忠祠;杭州有岳飞庙;陕西有武侯(诸葛亮)祠;黄陵有黄帝庙;上海有陈忠愍公(化成)祠;安徽和县乌江镇东南有霸王(项羽)庙,霸王自刎于其地;广东西沙群岛永兴岛有兄弟魂庙,所祀乃古时在附近海域被海盗所杀的一百零八位渔民,相传他们的魂魄常出而保护海上渔民;广西宜山县有黄山谷(庭坚)祠,他两次于其地为官,且卒于任上;福建福州有戚继光祠,他曾在其地抗击倭寇。

4. 历史人物因其精神、学问、才艺、有关传说等受到某地人们的崇拜,而被该地信仰和祭祀,而成为神灵

无锡有张睢阳(巡)庙、司马温公(光)祠;江阴有张睢阳(巡)庙;江苏海安县有文信国(天祥)祠;杭州有仓颉祠;杭州有孟子祠、朱文公(熹)祠;温州有仓颉祠、郑康成(玄)祠;临海有中子山张睢阳(巡)庙;安徽亳县有华佗庵;安徽旌德县有双忠祠,供奉张巡和许远;山东济南有舜庙、大禹庙;广州有仓颉庙;云南鹤庆县有鲁班祠;甘肃兰州五泉山有武侯殿;台湾台南市有韩文公(愈)祠;台南市临水夫人妈庙,此人为唐福建下渡人,怀着身孕参加求雨活动而流产身亡,死后成神,专门营救难产妇女;杭州有伍子胥祠,伍被奉为潮水之神。

那么,历史上的反面人物,有没有被人奉为神灵祭祀的呢?有的。如汉朝时,秦中有祠庙祭祀秦二世,三国时会稽祭祀秦始皇,竟然让他与大禹同庙享受祭祀,浙江温州还有秦桧祠。当然,这些信仰,先后都被当局革除(见梁学昌《庭立纪闻》卷二)。那么,人们为什么要信仰并且祭祀这些反面人物呢?这就叫"祀厉",祭祀凶恶的鬼,用安抚或讨好他们的方法,使他们不出来害人。

5. 有的历史人物,被人们片面地或错误地理解并祭祀

如汲县有纣王庙,颍川有卫灵公庙,他们被同性恋者奉为自己的神灵并加以祭祀。陈州城外厄台有庙,名为"一字王佛",实际上所供奉的是孔子。北方有牛王庙,画百牛于壁,牛王居中,正是孔子的学生冉伯牛(名耕)。温州有两个土地神,一个是杜十姨,当然是女性,一个是五髭须相公,当然是男性,髭须分为五髯,人们见他们彼此没有配偶,就把他们搬到同一座庙中,让他们结婚了。原来,所谓"杜十姨"当是"杜拾遗",也就是杜甫,而"五髭须"则是伍子胥。杭州孤山林和靖祠,塑了个女性像作他的夫人,题曰"梅影夫人之位"。杭州关帝庙中的关羽像,曾经塑成手持一扇,上书"云长二兄大人

属书,愚弟诸葛亮"。清代某年杭州赛神,将各庙神像聚集在西湖玛瑙寺前,于是让诸神持帖相互拜访,各人有自己的拜帖。观音的名帖为"愚妹观世音敛衽拜"。小说人物或传说人物,有些也被人们作为历史人物来祭祀。如杭州清泰门外,有时迁庙,小偷多去祭祀。济宁有宋江庙,做强盗的,偷偷地去祭祀。涌金门外有张顺庙,赤山埠有武松庙,石屋岭有杨雄、石秀庙,福建和两湖,多齐天大圣庙,贵州多杨老令婆庙。雍丘有范郎庙,塑孟姜女像,而以秦将军蒙恬坐在旁边(见梁绍壬《两般秋雨庵随笔》卷一)。

6. 一个历史人物,被奉为神灵后,对他的信仰和祭祀,在种种因素的作用下,有可能向其他的地方扩展,甚至扩展到全国。于是,在与他没有过什么直接关系的地方,也会出现他的祠庙,也会产生他显灵的故事,人们也会祭祀他

关羽就是其中最为突出的例子。明朝谢在杭《五杂俎》卷十五云:"唐以前,崇奉朱虚侯刘章①,家祠户祷,若今之关王云。然自壮缪兴而朱虚之神又安之也?今世所崇拜正神,尚有观音大士、真武上帝、碧霞元君,三者与关壮缪香火相埒,遐陬荒谷,无不尸而祝之者。凡妇人女子,语以周公孔夫子,或未必知,而敬信四神,无敢有心非巷议者。行且与天地俱悠久矣。"

关羽卒后,在三国晋六朝隋唐这漫长的几百年中,灵响无多,于其安葬地之外,就更加少了。但是,他在明清的民间信仰中,是一等一的大神,地位崇高,灵响昭著。这到底是什么原因呢?

关羽之祠,兴于荆州,早年亦以荆州为盛。《全唐文》卷六百八十四董侹《荆南节度使江陵尹裴公重修玉泉关庙记》言关羽之神威,就可以说明这一点。

荆州人作为孙吴政权的臣民,在他们的心目中,关羽当然不是荆州的保护者,而是荆州的侵占者。吕蒙以奇计袭杀关羽,关羽自然不甘心失败,满腔怨怒而死。因此,在荆州的民间信仰中,关羽的灵魂,也是满腔怨怒,危害地方。关羽何等勇武,为害也一定相当厉害。于是,他们就把关羽作为重要神灵,供奉在地处最佳风景区的神祠里,小心奉祀,求他不要为害。这明显具有祀厉的性质。

后来,随着时间的推移,荆州地区民间信仰中关羽的形象,也起了变化。据说,南北朝期间,梁朝看中了关羽的神勇威武,利用关羽神灵相助之说鼓

---

① 刘章:西汉初年王族近亲,初封朱虚侯,后封阳城王。

舞士气破敌,或又是以此耸人听闻,骗取民心。荆州地区民间信仰中,便逐渐把关羽当成了当地的保护神。不过,至少是在唐代,作为荆州那里保护神的关羽,虽然如董侹《荆南节度使江陵尹裴公重修玉泉关庙记》所云,"邦之兴废,岁之丰荒,于是乎系",地方官也希望他"禳彼妖昏,佑我蒸庶",但在他身上,还是厉气未脱。唐代范摅《云溪友议》卷三中说荆州民间"惧神之灵,如履冰谷",就足以说明这一点。董侹为关羽庙作记,自然只宜颂神之功,而不得言人畏神之甚,更不能述神之厉。

　　关羽走向全国性的神坛,是在宋代。宋代皇帝多次加封关羽,封到他"王"的爵位。但是,在宋代神灵信仰中,关羽的地位不算高,影响也不大。在武成王(为姜太公封号)庙中,他只是个配享的角色。陆游《入蜀记》云:"富池昭勇庙,吴大帝时折冲将军甘兴霸也。兴霸尝为西陵太守,故庙食于此。庑下有关云长像。云长不应祀于甘兴霸之庙。岂各忠所事,神灵共食,

关帝

可以无愧邪？"关羽生前，像甘兴霸这样的人，哪里在他的眼里？当时，虔诚供奉关羽的地方也不多。吴自牧《梦粱录》卷十四记载杭州"忠节祠"、"东都随朝行祠"、"外郡行祠"等祠庙特别多，但就是没有祭祀关羽的祠庙。所有这些，很可以说明，关羽在当时民间信仰中的地位，还不是那么高，影响也不是那么大。

关羽之交隆运，则在明清两代。赵翼《陔余丛考》卷三十五云："明洪武中，复关羽汉寿亭侯原封。万历二十二年，因道士张通元之请，晋爵为帝，庙曰英烈。四十二年，又敕封三界伏魔大帝神威远镇天尊关帝圣君，又封夫人为九灵懿德武肃英皇后。子平为竭忠王，兴为显忠王，周仓为威灵惠勇公。赐以左丞相一员，为宋陆秀夫；右丞相一员，为张世杰。其道坛之三界馘魔元帅，则以宋岳飞代。其佛寺伽蓝，则以唐尉迟恭代。刘若愚《芜史》云太监林朝所请也。继又崇为武庙，与孔庙并祀。本朝顺治九年，加封忠义神武关圣大帝。今且南极岭表，北极寒垣，凡儿童妇女，无有不震其威灵者。香火之盛，将与天地同不朽。"可见其大略。

以关羽生前的所作所为，死后，被人们祭祀为正神，也是合于常理之事。宋代开始受到帝王的重视，这也没有什么值得奇怪的。宋朝皇帝，特别好鬼神，南宋皇帝，又喜欢造作神灵助其抗敌的神话。许多神灵，都是助其抗敌有功，而被加封号，并非关羽等少数神灵是如此。蒙古贵族入主中原，典礼多承宋制，关羽之祭祀亦然。

到了明代，随着关羽故事的普及，关羽在民间的影响极大，他成为忠义威勇的化身。特别是他对汉室的忠诚，在正统王朝观念很强烈的社会里，尤其能打动人们的心。朱元璋利用农民的力量，推翻了元朝的统治，建立了汉族王朝，这在当时，自然深得百姓的拥护，以为恢复了汉族的正统王朝。明朝之提倡祭祀关羽，正是看中了他对汉族王朝的忠心，遂将他作为让臣下和百姓为自己这一王朝效忠的宣传工具。洪武帝废止宋元给关羽的封号，封汉朝之原封"汉寿亭侯"，意在强调关羽与汉室的关系，突出关羽精神最主要的方面，让人们学习、景仰。后来，明王朝又在关羽庙里配祀岳飞、陆秀夫、张世杰等在汉族王朝与少数民族矛盾斗争中，为汉族王朝殉忠的民族英雄。忠于汉族王朝的主题，就更加突出了。此外，明朝之重视岳、陆、张等宋朝抗击金人、蒙古人的民族英雄，具有它是上续宋室汉族正统王朝的含义在。然而，清王朝并非汉族王朝，它为什么要提倡关羽信仰呢？当时，关羽在民间的影响已经极大，已经成了一个不可忽视的文化资源。清顺治年间，清王朝就提倡关羽信仰,加封关羽,这表明,关羽已经成为他们清王朝所封的神灵,连关羽也已经接受了他们的封号,自然也就为清王朝效力了,信仰关羽的人们,就得老老实实地当清王朝的顺民,否则,关羽还会保佑你们吗?再说,连关羽也已经接受了清王朝的封号,说明清王朝上承天命,人们应该应顺天命,拥护这个天命所归的王朝,而不应该还在希望恢复明王朝。

清王朝之提倡关羽信仰,突出了他的"忠义"。"忠义"是抽象的道德观念,可以有不同的具体内容,这就给清统治者将关羽信仰为其所用提供了方便。就"忠"而言,就是忠于国君,忠于所处的封建王朝。关羽所忠,便是忠于他所属的汉室。清得天下后,天下百姓,自然就应该忠于清王朝,否则就是"不忠",与关羽信仰相违背。因此,归根到底,清王朝提倡关羽信仰,也是为巩固其统治服务的。

明清两朝,关羽的祠庙遍天下。山西定襄县北关的关王庙,福建东山县城屿嵝山东麓的关帝庙,湖北当阳县城西北三公里许关羽陵墓关陵的关帝庙,湖南湘潭市平正路的关圣寺等,现在都还在,而且都是旅游名胜。明代,关羽始主武庙,与主文庙的孔子平起平坐。孔子称圣人,关羽就亦有"关圣"之称,清初给他的封号中,就有"圣"字。

在民间信仰中,关羽的地位和作用,还在孔子之上。关羽的形象,神威凛凛,正气干云。人们认为,他能驱鬼辟邪,禳灾除病,还能主持公道,果报不爽,甚至能抗敌御暴,保卫地方。总之,关羽在人们的心目中,是他们的保护神。民间传说中和小说、笔记中,关羽的种种灵异故事极多。

对待关羽,平时,也像对待别的神灵一样,人们于初一、月半去向他烧香祭祀。如果有什么事要劳动他,当然也随时都可以加以祭祀。明代以后,官府也例于每年五月十三行祭祀之礼(见《续文献通考·群祀考》卷三等)。

民间也于五月十三祭赛关羽,其礼仪非常隆重。有的地方,就将这一天叫做关帝生日,吴俗就是如此。赵翼《瓯北全集》卷四十二有《五月十三日,相传关壮缪生日,常州例具云车数十座作神会。今岁届期,大雨竟日,云车不能出,龙舟亦停,戏赋》诗。顾禄《清嘉录》卷五云苏州祭赛之俗云:"(五月)十三日,为关帝生日,官为致祭于周太保桥之庙。吴城五方杂处,人烟稠密,贸易之盛,甲于天下。他省商贾,各建关帝祠于城西,为主客公议规条之所。栋宇壮丽,号为会馆。十三日前,已割牲演剧。华灯万盏,拜祷唯谨。行市则又家为祭献,鼓声爆响,街巷相闻。又相传九月十三日为成神之辰,其仪一如五月十三日制。俗以此二日雨,为'关王磨刀雨',主人口平安。"五月十三日,吴地又为"白龙生日",以多雨天气为多。"磨刀雨"之说,正好与之相应。关羽磨刀,斩杀邪魅妖孽,人们自然也就平安了。

燕地等北方地区,又以五月十三日为关羽单刀赴会之期,祭赛活动亦盛(见明朝刘侗等《帝京景物略》卷二,清朝潘荣陛《帝京岁时纪胜》等)。五月十三日祭赛关帝,演戏娱神,所演之戏中,大概总有《单刀会》,因为这戏是表现他英雄虎胆、神威赫赫之形象的,他看后,必定很喜欢。每年在这一天,人们总能看到《单刀会》,于是,就认为,这一天就是关大王单刀赴会的日子了。

民国初年,国家仍然规定祭祀关羽与岳飞。河北《阳源县志》云:"清季,均以春秋仲诹吉及五月十三日,致祭关公,祀岳飞,典亚于文庙。民国三年,陆海军部呈请合祀汉关羽、宋岳飞。每岁春秋,祭于武庙。迄十五年,改定国历九月十三日,崇祀关岳,至今(1935年)未替。其祀典亦无定式,仅县长率警察官长鞠躬而已。"这是官方祭祀关羽的尾声。

民间祭祀关羽的大规模活动,大概在20世纪四五十年代以后,就基本绝迹了。但对关羽的信仰,至今仍然没有消失。有的祠宇中,关羽的神像前,仍然有人烧香磕头。关羽的小型塑像或画像,即使是人们将其作为艺术品用来装点居室,也多多少少仍然有将他当成保护神的意味在。

第四章 本土宗教神灵(下)

第一节 城市之神：城隍

或以为，城隍信仰是由"八蜡"中的水庸之祭发展而来的。这有一定道理。八蜡之祭祀中，有坊和水庸。坊，所以蓄水，所以障水，也就是堤坝之类。庸，所以受水，亦以泄水，也就是沟渠之类。此二者，为水利设施，而其功其理，与城隍相似。"城"即城墙，"隍"即城壕，护城河。二者亦类于坊和水庸。《战国策·秦策一》："济清河浊，足以为限；长城巨坊，足以为基。"《易·泰》："城覆于隍，其命乱也。"城墙倒了，还好，有护城河在，还可以挡一阵，但城墙是往外倒的，倒到了护城河里，把护城河也填平了，这城市不是很危险吗？城防设施一起完蛋！城隍神即是主城隍之神，亦即城市的保护神。

将城墙和护城河的神灵称为城隍并加祭祀，并不很早，三国时始见之。唐以前，有关城隍的记载很少。唐以后渐多。或以为唐中叶，各州就都有城隍。宋代，城隍被列入国家祀典，各地行政长官，每年按时祭祀。

城隍的职能，本是保护城市不受兵匪盗贼水火的侵犯，后又增加了抵御凶神恶煞鬼邪的职能。最后发展为对该城市及

城隍神

该城市所辖区域全面负职的神灵,职同同级地方行政长官,且对地方行政长官有监察之责。

城隍之受封号,从唐末始,五代、宋,许多地方的城隍有封号,并以人鬼实之。如:

宣州城隍:晋朝桓彝,他当过宣城(即宣州)内史。

绍兴城隍:庞玉,隋朝人,做过越州(绍兴)总管。

天台城隍:屈坦。屈坦的父亲屈晃,为三国时东吴尚书仆射。唐代,台州以屈氏故居为州衙门。

宋代,镇江、庆元、宁国、太平、襄阳、兴元、复州、南安、华亭、芜湖等地的城隍为楚汉相争时汉方将军纪信。

宋代隆兴、赣州、袁州、江州、吉州、建昌、临江、南康等地的城隍为灌婴。灌婴是西汉的开国功臣,后又与陈平、周勃等一起灭诸吕安刘氏。

宋代福州、江阴城隍为周苛。周苛是楚汉相争时刘邦部将,守荥阳城,城破被俘,拒绝投降,被烹。

宋代真州、六合城隍为英布。英布为西汉开国功臣,后被杀。

宋代和州城隍为范增。范增为项羽谋士,曾深得项羽器重,后被项羽疏远而离开项羽。

襄阳谷城的城隍为萧何。萧何为西汉开国名相。汉定天下,刘邦以萧何为第一功臣。

兴国城隍为姚弋仲。姚弋仲为后秦大将。

鄂州城隍为焦明。焦明的父亲焦度,南齐人,曾经守卫郢城(鄂州)有功。《南史》有其传。鄂州未奉之为城隍而奉其子为城隍。

筠州城隍为应智顼。应智顼为唐朝初年的靖州刺史,史称他在任时,功德及民,民甚爱之。靖州就是筠州。

南丰城隍为游茂洪。唐朝开元中,他曾经担任该县县令。

溧水城隍为白季康。唐代,他曾经担任过该地县令。

新昌城隍卢某,相传在西晋时,他曾经担任过该地的行政长官。

绍兴嵊县城隍为陈长官,相传他曾经担任过该地的行政长官。

昌国城隍茹侯,他就是该地人。大概他生前为当地做了不少好事,故该地奉他为城隍。

临安城隍为五代时吴越王钱镠的侍童,被钱误杀,而先是成土地神,再成城隍。

安徽舒城城隍为李昇,宋淳熙年间,他为该地行政长官,有德于民。

邕州城隍为苏缄。宋熙宁中,他以皇城使知邕州,敌兵来犯,他率领军民坚守四十余日,城陷落而自杀。

顺昌城隍为范旺。南宋绍兴年间,有人作乱,范旺时任当地巡检司军校,不肯投降,被杀。

苏州城隍为春申君。战国时,吴国初亡于越,越后又亡于楚,故苏州为春申君之封地。

杭州城隍为周新。明代成祖时,周新任浙江按察使,精明强干,刚直无畏,被人诬陷而被朝廷误杀。

杭州城隍又为丁绍周。丁乃江苏丹徒人,清道光三十年进士,同治中卒于浙江学政任上。

苏州城隍为清代江苏巡抚汤斌,后又为江苏巡抚陈宏谋,接下来依次是:江苏巡抚吴坛继,道台顾光旭、陈鹤。三四十年间,苏州城隍,屡易其人,其中三人是江苏巡抚,因为当时江苏省政府的所在地,不是南京,而是苏州。所谓江苏,实际上就是苏州与江宁的合称。顾光旭,无锡人,乾隆朝进士,官甘肃甘凉道。陈鹤,苏州人,嘉庆进士,官工部主事。

无锡城隍为纪信,庙在惠山王婆墩对岸,里人谓之都城隍庙。旧时以三月二十八日为城隍之生日,有祭赛活动。

广东廉州城隍为苏州人蒋杲,他曾经担任那里的知府,在任期间,政声很好。

嘉定县城隍为清代著名理学家陆陇其,他曾经担任过该地知县,在任期间,深得百姓爱戴。

高阳县城隍为浦湘,他是个孝子,担任过该地的县令,在任期间廉介有操守,且卒于任上。

上海城隍为秦裕伯。他是元朝的官员,元末,避乱于上海。张士诚招之,不往。朱元璋招之,亦不往。洪武初,朝廷又招之,暗示像他这样的人物,处民风好斗之地,会引起朝廷的不安。秦裕伯为了避免给地方百姓带来麻烦,只得应召(见清朝毛祥麟《墨余录》卷四)。

明代,革去城隍封号,只称某地城隍,并与地方行政体制完全一致。天下所有州县,都建有城隍庙。

城隍之祭祀,平日不行,唯有事祷之,则加祭祀。每年按例大祭若干次,一般在清明、七月十五、十月初一。许多地方,到时候异城隍像出巡一次,意在驱逐邪恶的鬼神。俗又云以此使其身上的霉气散发,使其地平安无患。世有庆生日之礼,人鬼为城隍,当然也有生日。不少地区,除了每年的定期祭赛外,又于俗说当地的城隍或城隍夫人生日祭赛之,乃庆贺生日之意,此俗宋即有之。洪迈《夷坚支志》丁卷九云:"绍熙五年六月二十二日,鄱阳城隍王诞辰,士民多集庙下奠献"云云。

明以后,城隍神"保护神"的职能渐趋消失,取而代之的是"监察司民"的职能,成为统治者对人民实行思想统治的工具。当然,在民间,他又是保佑善良、惩罚邪恶的神灵。有些城隍庙的对联很有名。如江苏泰州城隍庙正殿对联:"雪逞风威,白尽田园能几日?云乘雨势,黑满天地没多时"。这副对联,见于许多地方的城隍庙。靖江城隍庙对联:"到我这里有冤必报,破尔家,荡尔产,降罚尔灾殃,绝灭尔子孙,怕不怕,睁睁眼,看看世上多少恶焰凶锋,果曾饶了哪个?问你平生所干何事,欺人懦,诈人财,奸淫人妇女,强占人田地,是不是?摸摸心,想想从前百千诡计阴谋,可还用得着么?"读来痛快淋漓。

第二节 家庭之神:门神、灶神与财神

一、门神

我国很早就有门户之祭祀。《礼记·祭法》所云大夫三祀、嫡士二祀,都有门。庶士、庶人立一祀,或户,或灶。郑玄注云:"小神居人之间,司察小过,作谴告者耳。门户主出入,往主道路行作。"门为双,户为单,别在此,而实同。此门户之神,非后世之所谓门神也。后世之所谓门神,乃张贴在门上之画像,用以驱鬼辟邪者,是守门之神,故多威猛之像。

门置威猛形象辟邪驱鬼,是为门神。尤以武人为多。最早的门神为神荼、郁垒,其故事见本书第六章《民间节日风俗》部分之元日。南北朝时,他们有了门神之称,且是武士打扮。《汉书·广川王传》云:"(王)其殿门有成庆画,短衣大裤长剑。"或云此像乃古之勇士成庆,或云荆轲,其威猛可知。清朝郅敬《大云山房杂记》以为此乃门神之始,未确。

门神形象,一般是威猛的,因时地不同,名称和形象有异。道教中之门

第四章 本土宗教神灵(下)

门神

神为"左门丞,右户尉"。丞、尉皆世间武职也。《水浒传》中有蒋门神者,也孔武有力。北宋时除夕,宫中以有威仪者二人,穿上甲胄,为"镇殿将军",装门神。靖康前,汴京人家都以"虎头男子"像为门神。《夷坚志》中云某城隍庙门神"黄金甲,执金钺,冠带严整",也是武人的形象。

门神亦被人以著名将帅实之,如温峤、岳飞(吴俗曾经将此二人奉为门神)、秦琼、尉迟恭、孙膑、庞涓、赵云等,都被人们奉为门神。亦有以无名武士像作门神者。秦琼、尉迟恭之被普遍地奉为门神,实得之于《西游记》之功,因为是书有他们成为门神的

门神

故事。

有的门神并非军人,而是文官。诚然,文官的形象,没有军人的形象威猛,但是,他们是强大权力的形象化,"猛"虽然未必得见,"威"则肯定有之。在民间信仰中,妖魔邪魅,都是惧怕世间文武大官的。以文官形象为门神,正是建立在这一信仰的基础之上的。其实,所谓妖魔邪魅惧怕世间文武大官,正是世间盗贼宵小无赖之类惧怕大官的一种曲折反映。

门神的意义在于驱鬼辟邪,但后来人们渐渐地不满足于此,往往再加上一些祝吉庆贺的内容。例如,有的门神像,就在门神身边,再添加小神,手持写有吉庆意味词句的小轴子等等。有的门神像,甚至主要是祝吉庆贺。顾禄《清嘉录》卷十二云:"《杂志》又称后世(门神)多画将军、朝官,复加爵、鹿、蝠、喜、马、宝、瓶、鞍之状,皆取美名,以迎佳祉。""爵、鹿、蝠、喜、马、宝、瓶、鞍"谐音"爵禄福喜,马报平安"也。

旧时贴门神之俗,双扇门,各贴一门神,叫做"对脸儿",因为两扇门开着时,二门神像面对面,故云。单扇的门,或并贴二门神像,或只贴一门神像。只贴一门神像,这种门神叫做"独坐儿"。有些地方贴在后门上的魏徵像,也用来驱鬼辟邪,也叫"独坐儿"。

二、钟馗

钟馗的功用,类于门神,其像被用于驱鬼辟邪,较秦琼、尉迟恭远为早。① 然未曾有门神之称。

古有以椎(大木棍)逐鬼之俗,椎又名"终葵"。《周礼·考工记》郑玄注:"终葵,椎也。"又见《礼记·玉藻》。人们遂以为椎即终葵有驱鬼辟邪之能。自汉至唐,人以终葵、钟葵名者颇有之,有字辟邪者。字形或有异而音义同。后魏大官僚尧暄,本名钟葵,字辟邪,后赐名暄(见《魏书》卷四十二本传,《北史》卷二十七本传,《日知录》卷三十二),是为明显的证据。

要之,钟馗实从终葵而来,取辟邪之意,而托之为神人。钟馗捉鬼及岁暮驱除用其像之缘起故事,见宋朝沈括《梦溪笔谈·补笔谈》卷三引唐人题吴道子《钟馗图》文字,云:"明皇开元讲武骊山,翠华还宫。上不怿,因疟作。将逾月,巫医殚技,不能致良。忽一夕,梦二鬼,一大一小,其小者衣绛犊鼻,

---

① 俄国作家果戈理短篇小说集《狄康卡近乡夜话》中,有《圣诞节前夜》一篇。主人公伐库拉铁匠画的《驱魔图》,魔鬼见了,胆战心惊。此图颇与钟馗、门神图功用相仿。

屦一足,跣一足,悬一屦,搢一大筠纸扇,窃太真紫香囊与上玉笛,绕殿而奔。其大者戴帽,衣蓝裳,袒一臂,鞹双足,乃捉其小者,刳其目,然后擘而啖之。上问大者:'尔何人也?'奏云:'臣钟馗氏,即武举不捷之进士也。誓与陛下除天下妖孽。'梦觉,痁若顿疗,而体益壮。乃诏画士吴道子,告之以梦,曰:'试为朕如梦图之。'道子奉旨,恍若有睹,立笔图讫以进。上瞠视久之,抚几曰:'是卿与朕同梦耳。何肖若此哉!'……上大悦,劳之百金。批曰:'灵祇应梦,厥疾全疗。烈士除妖,实须称奖。因图异状,颁献有司。岁暮驱除,可宜遍识。以驱邪魅,益靖妖氛。仍告天下,悉可知委。'"《三教源流搜神大全》卷三又云神对明皇

(清)高其佩画《钟馗迎福》

云:"臣终南山进士钟馗也,因武德中应举不捷,羞归故里,触殿阶而死。是时奉旨赐绿袍葬之,感恩祭祀,与我主除天下虚耗妖孽事。"后世钟馗画像,大多本此。唐孙逖、张说(667—730)有《谢赐钟馗画表》等文字,可见岁暮以钟馗像驱鬼之俗,确唐开元间即有之;中唐刘禹锡至少有两篇此类题材的文字(俱见《全唐文》)。

宋代亦有岁暮挂钟馗像驱除之俗,据宋朝金盈之《醉翁谈录》、宋朝吴自牧《梦粱录》等记载,似是挂于室内者。钟馗之功与门神同,但他并未被人普遍地奉为门神。《梦粱录》卷五云,宋时岁暮,"换门神"与"挂钟馗"并举,可知门神与钟馗未混同为一。《金陵岁时记》云,大门挂门神,后门则挂钟馗。

后来,新年挂钟馗之俗消失,而改为五月中挂钟馗之像于室内,"以祛邪魅"(见《清嘉录》卷五)。岁暮新年时,既然有了门神,也就用不到钟馗了。五月仲夏,多疾病发生,毒蛇虫类,也正是最为活跃的时候,古人称之为"恶月",谓邪魅恶鬼极多。此时,正好用得着钟馗一展神威。钟馗从岁暮和新

年移到五月上阵,殆同调防,而其驱鬼辟邪之功则未变。

江西湖口县有"钟进士楼",彭玉麟撰对联云:"现来真面目,非佛非仙,乃是终南进士;显出大威灵,除魔除祟,奉为天下明神。"结合彭玉麟的生平看,倒有点"夫子自道"的意思。

明人茅维有讽刺喜剧《闹门神》,写除夕之夜,新门神上任,旧门神不肯让位,虽经钟馗、紫姑、灶君、和合等神多方相劝,旧门神就是不听。九天监察使者下界查办,将旧门神主仆遣送沙门岛。此乃讽刺官场丑态者。沙门岛在山东蓬莱县西北海中,宋元流放犯人之所,戏曲中常提到。

三、灶神

灶神,俗称灶君、灶王爷、灶界、灶界老爷、东厨司命等。在民间信仰中,他的地位,还在门神之上。在茹毛饮血的时代结束后,灶在人们生活中所起作用是不言而喻的。因此,人们感谢它、尊敬它。其属性是以火烧煮食物,人们感谢、尊敬灶,正是由于这种属性,人们将灶的自然属性人格化,这就产生了灶神信仰。

灶赖火毕其功。远古之时,灶极为简单,故灶神常和火神混同于一:黎、吴回以火神而为灶神。前者为祝融,后者为火正,皆掌火之官,死而被奉为

灶神　山东潍坊年画

灶神(见《淮南子·时则训》和《风俗通义·祀典》)。炎帝也以火神而为灶神。《淮南子·泛论篇》:"炎帝作火,死而为灶。"

除火之外,灶必须有人参与,才能毕其功。故人们又以"先炊"为灶神,见《仪礼》。先炊为一老妇人,乃主持炊事者,她是直接支配灶以发挥其功用的人,而不是祝融、火正那样间接支配灶的人。先炊又与灶的属性紧密结合在一起,因而人们便以"司灶之神"混同于灶神。先炊为老妇人,此很容易理解。炊事与渔猎农耕相比,较为轻松。当时的主要消费品为食品,此老妇人还掌握食品分配大权。她生前受人尊敬,死后为人怀念,乃至祭祀,固不待言。

此外,又有许多奇怪的说法。《庄子·达生》:"灶有髻",司马彪注云:"髻,灶神,着赤衣,状如美女。"袁珂认为"髻"即"蛣",蟑螂也。《后汉书·阴识传》注引《杂五行书》云灶神名禅,字子郭。段成式《酉阳杂俎》前集卷十四云,灶神有一家庭,其属神大多是天帝的亲属。《灶王经》中的灶神极多,有种火老母、东方青帝灶君等五位"帝"级灶君,以及他们的夫人和灶子灶孙、姊妹、媳妇、女儿、仆人等等,简直就是个衙门,有众多的家属,还有众多的随员和部下等。

将某种自然物(如日月星辰和山水等)或人工制造物(如门、灶、城等)的属性人化,就创造出了自然物之神或人工物之神。这种人化,本身就预示了神的社会职能,因为人本身就只能是社会的人。相应地,神本来应该体现的自然属性、功能,就逐渐减弱、淡化,乃至消失。灶神的情形也是如此。民间信仰中的灶神,有着与灶的自然属性根本无关的职能。《礼记·祭法》规定,王立七祀,其中有灶。一直到庶士、庶人,立一祀,或户或灶。每个有祭祀神灵资格的社会阶层,都应该或可以祭祀灶神,灶神成了每个社会阶层共同祭祀的神灵。

大而言之,灶神有两大职能:保护神和监察神。郑玄云,小神居人之间,司察小过,作谴乃尔。又葛洪《抱朴子·微旨》云:"月晦之夜,灶神亦上天白人罪状。大者夺纪,纪者,三百日也。小者夺算,算者,三日也。"《灶王经》亦云灶神主人寿命长短,富贵贫贱,掌人职务和禄位,记人之功德,奏明上帝,以定赏罚。事关人的生死和命运,故灶神称为"东厨司命"。《敬灶全书》云,"(灶神)受一家香火,保一家康泰。"宋人刘斧《青琐高议》、洪迈《夷坚志》等小说中,灶神作为家庭保护神的功能屡见之。有些民俗也是建立在灶神是家庭保护神这一观念之上的,例如叫魂、小孩出远门额涂灶灰、未过门媳妇的八字放在灶上等。清朝姚燮《西沪棹歌》有"灶煤一点涂儿额,抱坐娘兜往外家"之句,自注云:"小儿随母归宁,以灶煤染指点额,谓之灶记。"这一风俗,很多地方仍有之。

奉灶神为家庭保护神之俗,乃是起于对灶的崇拜和感谢。靠灶吃饭,全家才能活命,从此进一步推衍,灶神就成了家庭的保护神。奉灶神为监察神之俗,乃起源于劝人为善的传统观念,体现出道德导向。世人不察其理,只知道灶神有此二大职能,非同小可,便企图用取媚于灶神的手段,来达到现实的功利目的。于是,祭祀灶神之俗生焉。祀灶本是申敬,但渐发展为"媚灶"(语出《论语》)。

古代本来只于夏天祭祀灶神,具体在六月初四、十四和廿四。今仅用廿四。清代吴地有"三番祀灶,胜做一番清醮"之谚语。醮是一种道教仪式,道士设坛祭祷,把人间的意愿送达上天,请求天帝的允诺。"清醮"即是太平醮。"胜做"云云,也是将灶神作为天帝派驻人家的监察神对待的,其目的,无非是想请灶神在天帝面前为此家隐恶扬善,并转达此家美好的意愿,代表此家利益说话,为此家消灾求福。于夏六月二十四祭祀灶神之俗,今仍有之。祭祀时,先将灶神像放在灶上。灶神像,大致都是"方面长须"的古代官员状。再将祭品列于灶神前。夏日祭祀灶神,祭品用素,如豆腐干、百叶、酥糖、糕点、瓜果之类。焚香点烛,念诵《心经》或《灶王经》等。祭祀完毕,焚纸锭、荷花锭完毕,将灶神像放入灶陉(灶龛)。灶神是民间俗神,后被道教拉入其神系,而《心经》则是佛经。此亦佛道融合、互用之一例。

腊月祭祀灶神,起于西汉阴子方。《后汉书·阴识传》:"宣帝时阴子方者,至孝有仁思。腊月晨炊,而灶神现形",阴家有黄羊,因以祀之。后世腊月二十三、二十四祀灶之俗,即来源于此。灶神向上天汇报前夕,人们借饯行之机会

春节祭祀灶神

取媚之。范成大《腊月村田乐府》中《祭灶词》写此俗,描绘此俗之民俗心理,甚为详细:"古传腊月二十四,灶君朝天欲言事。云车风马小流连,家有杯盘丰典祀。猪头肉烂双鱼鲜,豆沙甘松粉饵团。男儿酌献女儿避,酹酒烧钱灶君喜。婢子斗争君莫闻,猫犬触秽君莫嗔,送君醉饱登天门。勺长勺短勿复云,乞取利市归来分!"

古腊月祭祀灶神,有荤素并用者。如《后汉书》云用黄羊,《白虎通》言用鸡,苏轼《纵笔》云:"明日东家应祭灶,只鸡斗酒应燔吾。"范成大《祭灶词》:"猪头肉烂双鱼鲜。"明人诗中亦有类似描写。然《梦粱录》、《武林旧事》等所记载祭祀灶神之俗,祭祀时全用素品。后世祭祀灶神,以全用素品者为多,大概受佛教的影响。

腊月二十四日之祭祀,也是送灶。到除夕或春节期间,再行接灶之俗。顾禄《清嘉录》卷十二写送灶的风俗甚详细:"俗呼腊月二十四夜为念四夜。是夜送灶,谓之送灶界。比户以胶牙饧祀之,俗称元宝糖。又以米粉裹豆沙馅为饵,名曰谢灶团。祭时,妇女不得预。先期,僧尼分贻檀越(按:施主)《灶经》,至是填写姓氏,焚化禳灾。篝灯灶马,穿竹箸为杠,为灶神之轿,异神上天,焚送门外,火光如昼。拨灰中篝盘未尽者,还纳灶中,谓之接元宝。稻草寸断,和青豆,为神秣马,且撒之顶,俗呼马料豆。以其馀食之,眼亮。"

接灶俗:放鞭炮、爆竹,接灶神从天而下,设新灶神像于灶祭祀之,然后将新灶神像放入灶龛里。这样,这灶神就开始履行他一年的职责了。有迟至正月十五才接者。

各地祭祀灶神的风俗,旧时当地地方志中,一般都有记载。此外,北京等地祭祀灶神之俗,又见冯应京《月令广义·腊月令》,沈榜《宛署杂记》卷十七,刘侗、于奕正《帝京景物略》卷二,潘荣陛《帝京岁时纪胜》,富察敦崇《燕京岁时记》等,这些书中,记载得比较详细。

世俗之敬灶祭灶,并不是因有灶神监察而警戒,改过从善,积德修身,而只是用贿赂的手段,让灶神为他们隐恶扬善,以邀无妄之福。这就远离了感谢灶神熟食之功这一灶神信仰的本旨,也远离了灶神信仰劝人为善的神道设教。《灶王经》越念越歪了。

四、财神

财神赵公明,也称赵公元帅,头戴黑冠,黑面浓须,微带笑容,一手执铁鞭,另一手拿元宝,身骑黑虎。这样的塑像,普通人家和商家,往往有之,有的还在这塑像前面点香烛，供祭品。至于挂这财神画像的人家，就更加多了。这说明，有意无意地信仰赵公明的人，仍然不少。赵公明是怎样成为财神的？作为财神，他这种形象，又是从何而来？

晋朝时，赵公明为死亡之神。《搜神记》卷五云，上帝派三将军赵公明等，各督数鬼，下界取人。如此则赵公明就是"无常"之类者。梁朝陶弘景《真诰》云，赵公明能放害气侵人。这与他是死亡之神的说法相通。隋代，赵公明是五大瘟神之一，主秋瘟事宜，仍是放害气的死亡之神。

明初，赵公明成道教中的大神。作于明永乐以后的《三教源流搜神大全》卷三云，赵公明乃终南山人氏，秦时避世山中，精修至道成，玉帝召为神霄殿副帅。头戴铁冠，手执铁鞭，面孔漆黑，胡须一把，骑一猛虎，威武异常。后来，他守护天师张道陵炼仙丹，授"正一玄坛元帅"之职。功成，赵公明又司赏罚之事，部下有"八王猛将"、"六毒大神"（即天、地、年、月、日、时六大煞神）、"五方雷神"、"五方猖兵"等。他能"驱雷役电，唤雨呼风。除瘟剪疟，保病禳灾"。"至如讼冤伸抑，公能使之解释公平；买卖求财，公能使之宜利和合。但有不平之事，可以对神祷无不如意。"他位高权重，威风赫赫，但死亡之神的痕迹，宛然可见。"除瘟剪疟，保病禳灾"说明瘟疫仍然归他所司。

根据我们所掌握的资料，民间普遍祭祀或信仰赵公明，大约是在明代中叶或稍微前一点。明代嘉靖年间的几个有关赵公明的故事，其灵异并不限于财富方面，也有为人报仇的（见明朝陆灿《庚巳编》卷四，清朝褚人获《坚瓠广集》卷五引《耳谈》等）。那么。赵公明是在什么时候、又如何成为专职财神的呢？

在赵公明的诸多职责中，惟独"买卖求财"一事，虽不能说是独家经营，但也是他的鲜明特色，为许多神灵所无。有的神灵虽有涉足，但怎么及赵公明来头大？人们祭祀赵公明，越来越看重他"买卖求财"这一职能，到后来，赵公明就专管"买卖求财"一事，成了财神，俗称"财神爷"、"财神菩萨"。

赵公明是什么时候成为专职财神的呢？是在明代中叶稍后。作于隆庆、万历间的《封神演义》，编了赵公明成为专职财神的故事。此书尾声姜子牙祭坛封神，封阵亡之人。赵公明被封为"金龙如意正一龙虎玄坛真君"，统率招宝天尊萧升、纳珍天尊曹宝、招财使者乔有明、利市仙官姚迩益这四大尊神，阵营强大严整。由此可见，神灵世界对司钱财一职，是何等的重视了。这正是人们强烈的求财心理的反映。《封神演义》中有关赵公明的描写，正迎合了这种民俗心理。《封神演义》之前，人们信奉赵公明，也许已主要重其

赵公明

司财职能，故《封神演义》编这样的情节，让他成为专职财神。而《封神演义》的传播，又使对财神赵公明的信仰传得更加广，更加普遍。

不过，赵公明的形象、服饰和称号没有变，这些，可以使我们看到作为财神的赵公明与综理数职的赵公明之间的联系，也足以证明，民间信仰赵公明，最早是把他作为综理数职的神灵祭祀的，后来，才把他作为专职财神来信仰。

许多地方以三月十五为赵公明的生日。旧时一些地方，每到此日，人们就要以烧酒、牛肉祭祀他，如吴地就是如此（见顾禄《清嘉录》卷三）。此书又云，财神赵公明，民间或立庙祭祀，或买其像供奉在家中。商人祭祀财神，最为普遍，这或许是他们终年与钱财打交道的缘故。河北《阳原县志》云："财神，各商家各供于号中。每岁正月，为财神特别祀期，如民家之祀天地然。每岁二月十八日，又献戏以酬之。"如此则财神几乎成了商家专门祭祀的神灵，也就是他们的行业神了。

财神也被立庙祭祀。云南鹤庆县财神殿有赵竹筠所撰对联云："乾始美利，不言所利，乃大厥利；人知其神，弗见其神，故谓之神。"杭州玄坛殿对联云："吉士叩坛场，彼自有感，非为享多仪而福也；凶人犯法律，吾岂无闻，正欲盈其恶以诛之。"

第三节　神仙：以八仙为例

唐代就有"八仙"之说，五代时，西蜀道士张素卿画有八仙像。在宋代以及宋代之前，尽管有这样那样"八仙"的名目，但是都与锺离权、吕洞宾这一八仙仙班无涉。不过，在宋代，锺离权、吕洞宾等已经开始被陆续联系在一起了。到了元代，锺离权、吕洞宾这一套八仙仙班就形成了。特别是杂剧作者，常以他们这个仙班中的神仙，来编剧本。不过，自元至明，甚至迄清，这套八仙仙班中的成员，也时有出入。

元人马致远杂剧《吕洞宾三醉岳阳楼》中，八仙一起出现：锺离权，一位"做官的胡子"，"现掌着群仙录"，算是这八位中地位最高的；铁拐李，拿着拐儿，头发乱梳；蓝采和，身着绿袍，"板撒云阳木"；张果老，是位老者，"赵州桥骑倒驴"；徐神翁，身背药葫芦；韩湘子，携一花篮，他是"韩愈的亲侄儿"；曹国舅，身穿红袍，是"宋朝的眷属"。元明杂剧中的八仙，大都是《吕洞宾三醉岳阳楼》中的那几位。《争玉板八仙过海》流传最广。成语"八仙过海，各显神通"即出于此。剧演八仙应白云大仙之邀，去阆苑赴牡丹会，回来时，过东海，他们乘着酒兴，不愿腾云飞过，而是各显神通，脚踏各自的随身宝贝，浮海而过。曹国舅踏笊篱，韩湘子踏花篮，铁拐李踏铁拐，锺离权踏芭蕉扇，徐神翁踏铁笛，张果老踏药葫芦，吕洞宾踏宝剑，蓝采和踏玉板。这个故事，后来被明人吴元泰改编写入《八仙出处东游记》，作为此书的高潮并结局。

吴元泰《八仙出处东游记》中的八仙是：锺离权、吕洞宾、张果老、铁拐李、韩湘子、蓝采和、何仙姑、曹国舅。此书糅合了以前有关八仙的许多传说，特别是对各仙的成仙经过和八仙的聚合，交代得尤为清楚，能自成系统。这很符合人们喜欢有头有尾、有根有据故事的欣赏心理，容易在人们心里生根。此书流传最广，影响最大。书中八仙的组成，便广泛地为人们所接受，几乎成了八仙组成的定说。清人汪汲《事物原会》中的八仙，也是这么几位。明清许多八仙画，画的都是这八位神仙。

八仙故事在元代兴盛，两大原因是非常明显的。一是通俗文学的兴盛，二是全真教的影响。元代知识分子地位低下，他们为了实现自身的价值，也为了解决生计问题，就大力从事通俗文学的创作。通俗文学的一大特质，就是商品性。八仙那样世俗化的神仙,既便于编撰故事,又能受到大众的欢迎,因此,自然成了通俗文学的大好题材。在元代初年,全真教有着很高的社会地位,几乎是御用宗教了。后来,它尽管受到过打击,但在大众文化中的影响依然巨大。那么,它与八仙之间,又有什么关系呢?道教的南宗,说是东华少阳帝君得老子之道,以授锺离权。锺离权授唐进士吕洞宾、辽进士刘操(海蟾)。刘操授张伯端,张伯端授石泰,石泰授薛道光,薛道光授陈楠,陈楠授白玉蟾。道教的北宗,是从吕洞宾那里传下来的。吕洞宾传道于王重阳,王重阳传道于七大弟子,即马钰、丘处机、谭处端、刘处元、王处一、郝大通、孙不二。马钰与孙不二为夫妇。金大定年间,王重阳到宁海州,马钰夫妇为他筑道庵,庵名题为"全真"。凡是由王重阳传下来的这一个道教支派,便称为"全真教"。这一派的道士,就称为"全真道士"(见《古今图书集成·神异典》卷二百十六引《三馀赘笔》),王重阳的七个弟子,就叫做"全真七子"。全真教尊锺离权为"锺祖",吕洞宾为"吕祖",王重阳为"王祖"。全真教也叫"王重阳教"。全真教实在是看中了锺离权、吕洞宾等在民间的影响,想利用他们的群众基础,扩大影响,扩充势力,遂编造了吕洞宾传道于王重阳的神话。锺离权、吕洞宾虽然地位高、影响大,但好像显得有些单薄。于是,他们的道友和弟子们,也就自然被注意上了。这样,作为全真教神话背景的八仙及其故事,当然就容易盛行了。

关于八仙的传说很多,下面分别对他们作简单的介绍。

1. 锺离权

号云房,又叫汉锺离。或云他是楚汉相争时项羽手下的大将锺离昧,或云他是宋代的一个书法家。或云,锺离权是个将军,统兵出征,所带部队溃散,他本人单骑入山,遇到神仙而得道,成了神仙。

八仙之中,锺离权的地位是最

锺离权

为尊贵的。他的师父东华帝君,掌管着群仙的籍禄(见马致远《邯郸道省悟黄粱梦》),当然权势赫赫。后来,群仙的籍禄,又直接由锺离权掌管(见马致远《吕洞宾三醉岳阳楼》)。吕洞宾、蓝采和、刘海蟾,都是锺离权亲自超度成为神仙的。何仙姑、韩湘子、曹国舅,他们或是吕洞宾超度,或是锺离权参与超度的。虽然有铁拐李协助超度锺离权之说,但是,此说流传不广,在杂剧中,铁拐李是吕洞宾超度的。因此,八仙中,除了张果老外,实在都是锺离权的徒子徒孙。

道教中的全真教,相传是从吕洞宾那里传下来的。锺离权是吕洞宾的老师,因此,他也被全真教尊为祖,叫做"锺祖"。

2. 吕洞宾

名岩,道号纯阳子,道教亦尊之为"纯阳祖师"。相传历史上实有其人。他大约生活在唐末、五代、北宋初年,跟著名的道士陈抟同时。《宋史·陈抟传》云:"关西逸人吕洞宾,有剑术,百余岁而童颜。步履轻疾,顷刻数百里,世以为神仙。(与隐士李琪)皆数来(陈)抟斋中,人咸异之。"看来,吕洞宾大概是个武术比较高强的道士。

宋代,好事者托名吕洞宾,作一"自传",刻石于岳州,云:"吾乃京兆人。唐末,累举进士不第。因游华山,遇锺离,传授金丹大药之方;复遇苦竹真人,方能驱使鬼神;再遇锺离,尽获希夷之妙旨。吾得道年五十,第一度郭上灶,第二度赵仙姑。郭性顽钝,只与追钱延年之法。赵性通灵,随吾左右。吾惟是风清月白,神仙会聚之时,常游两浙、汴京、谯郡。尝著白襕角带,如人间功曹使者,右眼下有一痣,箸头大。世言吾卖墨,飞剑取人头,吾闻哂之。实有三剑,一断烦恼,二断贪嗔,三断色欲,是吾之剑也。世有传吾之神,不若传吾之法;传吾之法,不若传吾之行。何

吕洞宾

以故？为人若反是，虽握手接武，终不成道。"（见宋人吴曾《能改斋漫录》卷十八《神仙鬼怪》）这是吕洞宾最早的传记，因为托名吕洞宾自己撰写，也更容易使人相信。他们假托吕洞宾作一"自传"，也有正谬匡俗的用意在。这个"自传"，无疑是根据当时的许多传说加工编造出来的，同时，又为后人编造吕洞宾的故事，提供了许多依据和方便。

在众多的关于吕洞宾身世的说法中，相比之下，还是吕洞宾是唐代大官吕渭之孙、吕让之子之说，较为圆满，故能获得许多人的认可，流传最广，影响也最大。河中府吕氏，在唐代出过好多大官，吕渭和他的几个儿子，官位都不低。河中，唐代府名，在山西，唐开元八年（720）升蒲州而置此府。同年又改为蒲州，乾元时复改名为河中。当时的府衙门所在地在今天的永济县蒲州镇。明代以后，河中府又被改为蒲州府。唐代，河中府置有永乐县，在芮城之西，县衙门所在地是今天的芮城西向二十公里处的永乐镇。宋代，永乐县被撤消，降为镇。其地今属于芮城。芮城县西二十公里处的永乐镇上，原来有"大纯阳万寿宫"，就是著名的永乐宫，祠吕洞宾。相传这里是吕洞宾的出生地。他仙去（死了）之后，人们就把他的故居改为"吕公祠"。金末，加以增建，扩充为道观。元太宗三年（1231年，南宋理宗绍定四年），此道观毁于火。当时，全真教已经很受蒙古统治者的尊崇，势力不小。吕洞宾被全真教奉为吕祖，也就水涨船高，身价百倍了。次年，蒙古最高统治者下令升此道观为宫，提高了级别，并封吕洞宾为天尊真人，责成道教大员主持修建事宜。到至正十八年（1358年）壁画完工，历时一百二十几年。此宫故地在三门峡水利工程淹没区内，故于1959年被迁移到芮城北三公里的龙泉村，保存旧貌。

后来成为永乐宫的吕公祠，本来当是吕渭等这一家族的家祠。像他们这样显赫的家族，无疑是有家祠的。吕洞宾是吕渭孙子的说法被人们接受后，吕洞宾自然也就具有了在吕氏家祠中享有一个席位的资格。又因为他的影响大，在民间信仰中的地位高，于是他便成了这座祠堂的主角，终于连到祠堂的名字也成了吕公祠。吕家祠堂，成了他的专祠了。其他很多地方，有吕洞宾的祀庙。天津红桥区如意庵大街何家胡同的吕祖堂，山西太原市五一广场西北隅的纯阳宫，山西高平县城北10公里伯方村的仙翁庙，四川峨眉山的纯阳殿，现在都是旅游名胜。

吕洞宾的故事非常多，主要有这样几类：度人成仙，所度之人多下层社会中人；行医，医治那些德行很好的人；讽世，用神仙之术讽刺不良的社会现象；为商家或商品作广告；游戏，给社会增添幽默。

吴地民间由吕洞宾行医等传说，产生出庆祝"神仙生日""轧神仙"的风俗活动。相传宋代淳熙间某年四月十四吕洞宾生日，一个叫王大猷的人，在苏州皋桥岩中道院设斋祭祀吕洞宾。吕洞宾遂授以仙方，治好了他的风湿病。据说，此后每逢四月十四，吕洞宾就会像当年那样，降临其地，且化作乞丐或者游人等的形象，暗中给善良的人治病。因此，每到这一天，苏州以及附近的人们，就踊跃前往皋桥一带游观。人们相信，吕洞宾一定混在人群中，故大家要去"轧神仙"。特别是在旧时，许多人是抱着请吕洞宾治病的希望去的。根据清代苏州人顾禄《清嘉录》卷四的记载，有些人患了疑难杂症，多方医治无效，去"轧神仙"后，病就奇迹般地好了，说是吕洞宾暗中给治疗好的。今天看来，这或许是暗示在起作用。当然这种情况即使有，也是偶然发生的。

去"轧神仙"的人，绝大多数是健康人，虽然健康人也会有这样那样的小毛小病，也想有幸请吕洞宾给治疗治疗，但就总体而言，还是游乐的成分为多。现代恢复后的"轧神仙"风俗，尤其是如此。

四月十四那天苏州皋桥一带所卖的花，叫神仙花；一种特别的帽子，叫神仙帽；一种五色米糕，叫神仙糕。神仙不容易轧到，这些仙字号的东西，大概也会沾上一点儿仙气，于是人们争相购买，商贩乘机大赚其钱。

吕洞宾的神奇医术，也使医生们羡慕不已，对他顶礼膜拜。旧时苏州风俗，每逢四月十四吕洞宾生日，医生们便聚集在一起，杀猪宰羊，甚至招伶人表演歌舞，祭祀吕洞宾，为他庆祝生日。医生们希望吕洞宾能在冥冥之中，传授他们仙术，提高他们的医疗水平，增强医疗的效果。

3. 何仙姑

何仙姑之名，见之于北宋。她是永州（或云衡山、衡州、零陵）地方的一个女巫。生活的年代，大致和范仲淹、欧阳修、司马光、王安石他们差不多。年纪比欧阳修老，死得比欧阳修早。欧阳修曾经根据当时"衡州来客"带给他的消息记载，说是何仙姑晚年，又瘦又弱，面皮皱黑，是个地道的衰老太婆，不久前死了。死的时候，与常人也没有什么两样（《集古录跋尾》卷十）。她死了之后，人们仍于她的住处挂上她的遗像，供人参观礼拜。《独醒杂志》的作者曾敏行，就去见过（见《独醒杂志》卷四）。和何仙姑基本同时或稍后的一些人，记载了不少有关她的事迹。看来，她的名气，在当时就已经很大了。

何仙姑本是一位普通的农家女子，姓何（或云姓赵名何）。据说她小时候，有一次，在田野里放牧（或入山采茶迷路），遇到了一位异人。这位异人给她吃了一个桃子（或枣子），此后，她便不饥不渴，不食不饮，还能测知未来，解说因果。其名气越来越大，人们就称她为何仙姑，有关她的灵异故事不少。

或云，何仙姑是唐代武则天时广东人何泰的女儿，后得道成仙。广东增城县挂绿园中的一棵400多岁的荔枝树上结出的荔枝，有一绿圈环绕，据说是何仙姑将其绿色腰带挂在该树上所致，且其质量比普通荔枝要好得多。挂绿园向为增城县最著名的旅游胜地之一。或云何仙姑乃一母鹿食安徽桐城投子山上大同禅师尿液而生的女儿，何姓人家抚养，后与大同禅师一起成仙。或云何仙姑为福建武平南岩何姓卖饼小商人的女儿，因善待吕洞宾，吕洞宾就度她成仙。或云何仙姑为宋代浙江昌化一老姑娘，入山打柴，偶然吃一巨桃而成仙。

4. 韩湘子

韩湘是韩愈的亲侄孙，他与神仙之事，没有任何关系。

韩愈有个不争气的族侄，会些道家法术。钱仲联《韩昌黎诗系年集释》卷一有《赠族侄》一诗，诗中

何仙姑

韩湘子

写这位族侄来访云:"击门谁家子,问言乃吾宗。自云有奇术,探妙知天工。"后二句给后人留下了许多编造发挥的余地。

比韩湘大约小十来岁的段成式,在他所写的《酉阳杂俎》前集卷十九记载了韩愈一个会法术的远房侄子在冬天让牡丹开五色花的故事,说是韩愈也因此相信了他的法术。大概从段成式生活的年代开始,韩愈与他"有奇术"晚辈的故事,就以不同的"活版本"流传着,情节、人物也随着"版本"的不同而有或大或小的不同。《酉阳杂俎》所记载韩愈族侄的故事中,有"云横秦岭家何在,雪拥蓝关马不前"一联,便是《左迁至蓝关示侄孙湘》中的名句。于是,这类故事,流传到后来,韩愈的那位族侄,就由韩湘作代,既而这类故事中,韩愈有奇术的晚辈,都成了韩湘。后来又变本加厉,越编越奇,让韩湘莫名其妙地当了神仙。

5. 蓝采和

蓝采和的故事,最早见于南唐沈汾的《续仙传》卷上:蓝采和,不知何许人,常穿一件破蓝衫,围一根黑木腰带,有三寸多阔。一只脚穿靴子,另一只脚则总是赤着。夏天在衣衫内加进棉絮,冬天则睡在雪中,还汽出如蒸。他常在城市里以歌行乞,手中持一大拍板,长三尺余,边歌边击,边踏足。他又常常喝得醉醺醺的。男女老少,都喜欢跟来跟去看他。蓝采和口才敏捷,诙谐戏谑。人们问他什么,他总是应声而答,引得人们哈哈大笑,而话中又往往富有哲理。言行举止,似狂非狂。他常唱的歌词是:

> 踏踏歌,踏踏歌,蓝采和。世界能几何?红颜三春树,流年一掷梭。古人混混去不返,今人纷纷来更多。朝骑鸾凤到碧落,暮见桑田生白波。长景明晖在空际,金银宫阙高嵯峨。

他所唱的其他歌词,也多率意而作,随口而出,然都有神仙的意味,给人一种高深莫测的感觉。于是,人们就叫他"蓝采和"。

蓝采和

6. 李铁拐

人们也常叫他铁拐李。现存最早的有关铁拐李来历的故事,是元人岳百川的杂剧《吕洞宾度铁拐李岳》。云北宋郑州六案都孔目岳寿,平日利用职务之便,与郑州众官员一起,贪赃枉法,搜刮民脂民膏。朝廷知道郑州吏治腐败,便派遣重臣韩琦前来代理州事,进行整顿,并准他先斩后奏。韩琦微服到郑州,岳寿误将韩琦当作土财主,捉将起来,威胁逼贿,却将平日作恶的种种惯伎,全被韩琦套了出来。韩琦突然显示出身份,要岳寿"洗的脖子干净,绝早州衙试剑来"。岳寿吓成大病,一命呜呼。因他生前恶业甚重,死后,在冥间应受酷刑,将被叉入油锅煎熬。吕洞宾入冥间,岳寿苦求拜吕洞宾为师,出家修行,免去酷刑,解脱前生恶业。吕洞宾跟阎王商量,阎王也同意这样做。只是岳寿死后,他的尸体已被他妻子李氏焚化。岳寿魂归阳世,也无所依托。恰好,郑州有个李屠户,他的儿子小李屠死了才三日,还有热气。阎王和吕洞宾遂令岳寿之魂,借小李屠之尸还阳。吕洞宾又叫他痛改前非,并叫他"前姓休移,后姓莫改,双名李岳,道号铁拐"。这小李屠是个瘸腿,岳寿借其尸还魂为李岳李铁拐,当然也成了瘸腿,要用拐杖,铁拐之名,便副其实了。

铁拐李

岳寿借尸还魂的情节,是根据道教的所谓"夺舍"之说来的。"舍"即灵魂的"宿舍",亦即人的肉体。一个人的灵魂,去侵占、夺取别人即另一个灵魂的肉体,这就叫"夺舍",实是"借尸还魂"。这类故事,在宋代极为盛行。李铁拐的成仙故事,还有很多说法,但大多以"修道者借乞丐尸还魂"为关键。

7. 曹国舅

相传曹国舅是最后一个证入八仙仙班的神仙。吴元泰《八仙出处东游记》卷下，云锺离权、吕洞宾弈棋斗气，吕洞宾为了泄愤，与随从弟子椿精下界，助辽国萧太后攻宋，宋军不敌。锺离权下凡，收服吕洞宾，助宋军破辽兵。众仙怒责吕洞宾，吕洞宾知错认罪。韩湘子设宴调停，诸仙遂共议度曹国舅成仙，入此仙班，成八仙之数。

八仙故事中，曹国舅的故事最为晚起。他最早出现在元人杂剧的八仙之中，身穿红袍，是"宋朝的眷属"（马致远《吕洞宾三醉岳阳楼》）。此外，就没有更多的表演、更多

曹国舅

的介绍了，似乎只是个站站台、跑跑龙套的角色。有关他的传说，在当时可能还不大多，流传得也不大广，流传的历史也不大长，因此，与马致远大体同时的著名道士赵道一编《历世真仙体道通鉴》，也没有把他收进去。

年代较赵道一早的苗善时，他所编的《纯阳帝君神仙妙通纪》卷三中，有《度曹国舅》的故事，述曹国舅得道之经过，略云：曹国舅乃宋丞相曹彬之子，（宋仁宗）曹皇后之弟。相貌很美，语言敏捷。他生性不喜富贵，志慕清虚。曹国舅外出求仙，皇帝就赐给他一块金牌，上刻"国舅到处，如朕亲行"八字。曹国舅到处流浪，手持笊篱（一种竹制容器），化钱度日。一日，来到黄河渡口，乘船渡河。艄工索渡钱。曹国舅无钱支付，便于衣中取出金牌，交给艄工，抵作渡钱。舟中人见金牌上字，皆呼万岁。艄工大惊，很是骇怕。这时，同船的一位衣衫褴褛的道人，指责曹国舅仗势吓人欺人，曹国舅抗辩，道人问他可否将金牌弃于水中，曹国舅随声便把金牌掷向激流。此道人就是吕洞宾。吕洞宾见其求道心诚，授以妙道口诀，曹国舅遂修炼成仙。

8. 张果老

八仙之中,张果老的成名,远在其他七神仙之前。在唐代,有关他的故事,就已经很流行了。

张果,其实是唐玄宗(712～756)在位时期的一个道士。他的故事,最早见之于唐代刘肃的《大唐新语》卷十。云张果老先生隐居于恒州(今山西省大同市东北)之枝条山(或云为中条山),时常出没于汾水、太原等地。他应诏来到京师,给唐玄宗表演法术,得到了唐玄宗的欣赏,后者赐给他很多东西。后来,张果老还山后,成仙而去。唐代小说中,关于张果老的故事不少。实际上,他也就是个年纪比较大的道士或方士而已。他的特点,就是常吹嘘年纪大,所以称"老"。

张果

9. 徐神翁

徐神翁,叫徐守信,也作徐守真,是宋哲宗、徽宗年间的一个道士,海陵(今江苏泰州)人。有关他的许多神奇传说,在他活着的时候,就很流行了。

据说徐神翁有一个弟子,叫苗希颐,在徐神翁左右数十年。他编了一本《徐神翁语录》,收录徐神翁的故事极多。南宋绍兴二十八年(1158年),由朱翌删次刊行。淳熙十四年(1187年)朱宋卿再为增删整理,重新刊行。《神翁语录》卷上述神翁之得名及尊荣云:徐神翁,名守信,泰州海陵人。年十九,入天庆观,当了一名打杂洒扫的佣役,遇神仙后得道。此后,日诵《度人经》。有人向他问未来的事,他常常用经中的语句来回答。他得道后,仍常携一扫帚,洒水扫地。人们呼他为徐二翁。发运使蒋颖叔(名之奇,常州人),根据经书中有"神翁受命,普扫不祥"之句,便称这位老是拿扫帚的活神仙为"徐神翁"。此后,人们也就都叫他"徐神翁"了。他的神通,除了预言未来外,还施药和符水为人治病,因此,他的随身宝贝,是药葫芦。

10. 刘海蟾

刘海蟾,本来也是个官员。元人赵道一《历世真仙体道通鉴》卷四十九有《刘玄英传》,这个刘玄英,就是刘海蟾。传略云:刘玄英,字宗成,号海蟾子。初名操,字昭远,是得道后才改名与字的。他是燕地广陵人,一云是辽人,以明经登进士第,仕后梁,为燕王刘守光相。此人身为大官,但素喜性命之说,钦崇黄老神仙之学。有一天,忽然有一个道人,到刘府拜谒。刘操乃将他延入客堂,以接待贵客之礼接待他。刘操问起这道人的姓名来历,道士只自称正阳子,其余都不回答。刘操请他多多指教,正阳子便大讲了一通清静无为的道理和金液仙丹之类的修炼方法。讲完后,正阳子向刘操要了十枚铜钱,十个鸡蛋。然后,将钱蛋相叠,十钱十蛋,成一宝塔。这些鸡蛋如此堆法,就叫做"累卵"。刘操见状,大叫"危险!"正阳子道:"人居荣乐之场,履忧患之地,比这些鸡蛋还危险呢!"说完,又把那些钱都掰成两半,掷之而去。刘操由此大悟。这个正阳子,当然就是锺离权。刘操得到启发,就抛弃高官厚禄,出家修道,终于成了神仙。这个故事,就成了人们常说的"刘海戏金钱"的源头,后来又成了"刘海戏金蟾"。河南修武县城东北10公里处的马坊村,有金蟾宫,祀刘海蟾。相传刘操弃官后,曾经居住在那里。民间有口衔钱币的三足蟾造型工艺品,寓发财之意。

刘海蟾

第五章 民间信仰的方式

第一节 民间象征物

一、龙

龙是图腾文化的融合。龙是传说中的动物,它的形象、种类、同类,都是很多的。就形象而言,有的龙有角,有的则没有角;有的角像鹿,有的角像牛;有的有翅膀,有的则没有;有的有爪子,有的则没有;有的头像牛,有的头像蛇,还有的头像鳄鱼。就它的同类而言,别的不说,相传其子就有九种,语云:"龙生九子,不成龙"。这九子是蒲牢、囚牛、睚眦、嘲风、狻猊、霸下、狴犴、赑屃、蚩吻,另外还有宪章、饕餮、蟋蜴、螭虎、金猊、椒图、鳖鱼等名目。这些形象是如何形成的呢?远古时代,许多部落有自己的图腾。当两个或若干个部落结成一个部落联盟或新部落的时候,这部落联盟或新部落的图腾,就要反映原来部落图腾的特点。例如,一个牛图腾部落与一个鸟图腾部落结合,他们的新图腾也许就是长着翅膀的牛。再有一个鹿图腾部落加入进来,这图腾上的角,也许要变成鹿的角了。再有一个蛇图腾部落加入进来,那么,图腾上的动物,就可能要有个蛇的身体了。同时,每个部落,还保留着他们自己原来的图腾。就这样,整个中华民族形成,它的龙图腾,就形成了。在龙图腾的形成过程中,它一定有许多形象或名目。这些形象或名目,就是古书上说的龙的同类或近亲。它们虽然不被人们奉为图腾了,但是,人们把它们当作龙的同类或近亲。因此,龙是部落图腾文化的交融。

龙是通灵之物。古人把麟凤龟龙称为"四灵",加上白虎,是为"五灵"。"四灵"、"五灵",都被认为是通灵之物。龙又为鳞类动物之长。

龙又是帝王的象征。《史记·高祖本纪》云:"其先刘媪,尝息大泽之陂,梦与神遇。其时雷电晦冥,太公往视,则见蛟龙于其上。已而有身,遂产高

龙生九子

祖。"后来,帝王的子孙,就被称为"龙种"。帝王的用品,也常常被加上"龙"字,如"龙袍"、"龙椅"等,连帝王的面色,也被称为"龙颜"。

龙还是杰出人物的象征。汉语词汇中,有"藏龙卧虎"、"龙虎榜"、"龙虎斗"等词语,诸葛亮外号名"卧龙"。东汉李膺的两个女儿都嫁了很优秀的丈夫,当时人说,李家的女儿都乘龙。意思是说,李家的两个女婿,都像龙。这是"乘龙快婿"的出典,只是换成了女婿乘龙了。浙江有些地方,妇女结婚很久还不怀孕,就在正月里舞龙灯的时候,请来龙灯,让龙灯在这妇女身上绕一下,据说她就会怀孕。意思是说,用这种方法求子,这女子肯定能生很优秀的男孩。妇女吃龙的胡子,也是一种求子的方法(见清人石方洛《待輶集》)。

龙也是一种祥瑞之物。因此,人们希望它能在自己的家里,保佑自己家里一切平安,万事如意。二月初二龙抬头,人们要到水源处"引龙回",把龙引回家。舞龙灯的季节,人们会请人到家里来舞一回。

龙呈威猛之象。龙灯、龙舟等,都具有威猛的气势。因此,有以龙舟等驱鬼辟邪的说法。

二、虎

虎乃威猛之象。跟军事有关的人或物，多冠以"虎"字者，如"虎士"、"虎将"、"虎帐"、"虎符"等。三国时的许褚，外号"虎侯"。民间常用虎的形象驱鬼辟邪。这有两种思维方式：一为用猛，如门上画虎，门环用虎头的形象等；一为伏猛，如虎枕、虎鞋、虎子、五毒衣等，使鬼邪见威猛如虎者也伏于人，而不敢害人。顾禄《清嘉录》卷五云端午期间，"编钱为虎头形系小儿胸前，以示伏猛，谓之'老虎头'。又小儿系赤色裙襕，亦彩绣为虎形，谓之'老虎肚兜'"。虎也常用以象征豪杰之士。"龙""虎"常对举。

当朝一品

三、狮子

狮子为祥瑞之物。民间信仰中认为，国泰民安则狮子至。我国不产狮子，只有长期国泰民安，国外商人才会来贸易，才有可能带来狮子。人们不知道这一点，所以将因果关系颠倒了，产生了这样的观念。

狮是百兽之王，象征权势和地位。古"狮"作"师"。太师、少师，都是很有权势的官员。

民俗中狮可祝吉，辟邪。

四、象

象为祥瑞之物,太平之象。白象尤其可贵。这是因为我国古代政治文化的中心地区不出产象。长期的国泰民安,贸易兴旺,我国西南部产象地区的象,才可能被带到内地。因此,民间就有了这样的观念,认为象是国泰民安的象征。

象为大官之象。我国古代文化对人仪表方面的要求,偏重于端严、沉稳、厚重的气度,官场上尤其崇尚这样的气度,绝大多数的大官,也正是这种气度。这与大象的气度非常相似。

释同"象"之另一意,"景象"之"象"。象驮花瓶的造型,其意思为"太平有象",就是"有太平之象"的意思。

象同"祥"。童子(或仕女)骑象持如意的造型,可以解释为"吉祥如意"的意思。

五、麒麟

麒麟为祥瑞之物。"四灵"之一。狮子、麒麟、福禄(福鹿,即斑马)、玄武(龟),合称"四祥",也就是四种祥瑞之物,它们出而天下太平。

麒麟象征稀世贤才。特别是指非常聪慧的小儿。晋朝和尚宝志言当时

麒麟送子

还是个孩子的徐陵（南朝文学家）为"天上石麒麟"。民间年画，有"麒麟送子图"，一般为新婚夫妇卧室所贴的年画。又有"麒麟送子灯"，一种花灯，常为有新婚之喜的人家正月十五所挂。黑龙江有些地方，男方在结婚之夜，黄纸朱书"麒麟在此"四字，贴在门上。旧时有些地方，新婚妇女在婚后的第一个正月十五前，其娘家要给她送这样的灯。人们常称赞人家男孩子为"麒麟儿"或"麟儿"。"麟子凤雏"，就是说男孩为小麒麟，女孩为小凤凰。祝贺新婚对联，常用"麒麟"字眼："友以琴友以瑟梅花香度桃花暖；麟之趾麟之腚仙人信付玉人来。"祝贺人家生子的对联亦然："石麟果是真麟趾；雏凤清于老凤声。"此联上联系出《诗经》，《诗经》有《麟趾》篇，乃祝愿人多子多孙的诗；后一句是李商隐的诗。

六、鹿

（1）长寿。相传鹿长寿。汉乐府题有《仙人骑白鹿》，寿星图也常有鹿。神仙传说中，鹿也是经常出现的神物。

（2）谐音"禄"。《柏鹿图》，寓"百禄"之意，用来祝愿人家升官。蝙蝠加上鹿的图画，叫做《福禄双全图》，象征"福禄双全"。

（3）谐音"路"。两头鹿的画面，叫"路路顺利"。

（4）谐音"陆"。画面背景为春天，画面上有鹿有鹤，这叫《鹿鹤同春图》，有"六合同春"的意思，歌颂社会太平，又是祝贺长寿语：长寿，又是正逢春天。

七、猴子

谐音"侯"。猴子挂印于枫树的画面，乃"封侯挂印"的意思。猴子骑马的画面，是"马上封侯"的意思。母猴子背小猴子，则可以解释为"辈辈封

沈铨《柏鹿图》

侯"。《蜂侯图》的含义是"封侯"。

封侯挂印

马上封侯

八、羊

（1）谐音"阳"。三羊望阳的画面，含义是"三阳开泰"，指寒冷的冬天已经过去，春天已经来临。

（2）吉祥。"吉祥"的"祥"字，右面半个部分就是"羊"。古时候有些地方，定婚用羊，就是取羊"吉祥"的意思。

九、蝙蝠

谐音"福"。两只蝙蝠为"双蝠"，谐音"双福"。五只蝙蝠为"五福"，五只蝙蝠加一桃为"五福捧寿"。还有如"五蝠和合"、"纳福迎祥"、"多福多寿"、"福寿（寿星、寿字、寿桃）双全"、"翘盼福音"等，无不是在"蝠"、"福"谐音上落想。

三羊开泰

十、乌龟

（1）通灵之物，古用其壳占卜，故人们认为它通灵。

（2）长寿。乌龟长寿，屡见关于几百年的乌龟的报道，古书上记载的，就更多了。乌龟又能"龟息"，据说，它不吃不喝，也能活很长的时间。古时候，一个老人，用龟支床脚。二十年后移床，人们发现那用于支床的乌龟，仍然活着。古代人名中用"龟"字，用来祝愿长寿，如"李龟年"就是。

（3）祥瑞之物。古代，大官印纽有用龟者。唐代大官佩鱼，后佩龟。贺知章和李白，有"金龟换酒"的故事。李商隐诗有"无端嫁得金龟婿，辜负香衾去早朝"之句。

（4）懦弱无能。龟性懦弱，稍遇危险即缩。明代，"乌龟"成为耻辱性的称呼。张居正本名龟，后改。明仍然有人名费龟年、杨龟年等。

十一、鲤鱼

（1）"鲤鱼跳龙门"，象征少年进取，前程远大。唐以前有言，云鱼跃过龙门就能成龙。唐有鲤鱼过龙门成龙之说。李白有诗云："黄河三尺鲤,本在孟津居。点额不成龙,归来伴凡鱼。"

(2) 倒念成"余利"之谐音,故民间祭祀财神,常用鲤鱼为祭品。

十二、凤凰

(1) 百鸟之王,祥瑞之物。① 雄者曰凤,雌者曰凰。但后来就不细分了。可以用来象征优秀的领导者。例如,《仪凤图》,一名《百鸟朝王图》,就寓景仰贤者之威德的意思。

(2) 优秀人才,高贵人物。初不分男女,优秀者都可以以凤拟之,例如,三国时庞统,就被时人称为"凤雏"。男子名中,也有不少用"凤"字。后来,"男龙女凤",龙就只能用来拟优秀男子,而凤也就一般用来拟优秀女子了。民间尤其是如此。人名中用凤者,女比男多。女子用品,凤的造型极多。如"龙凤戒指"就是。"龙凤戒指"是结婚戒指中最常用的戒指,用来表示新郎优秀如龙,新娘优秀如凤。祝贺新婚对联,也可用"凤"拟新娘:"花色偕车绣,箫声引凤来。"又:"翔凤乘龙两姓偶,好花圆月百年春。"画图《丹凤朝阳》,比喻贤才遇时。

十三、鹤

(1) 高位。鹤又称"一品鸟",因为明清一品文官补子纹样为仙鹤。因此,鹤也能够用来比喻优秀人才。

(2) 长寿。鹤常与神仙联系在一起,神仙小说中,常有鹤出现,作为神仙坐骑的情节极多,因此,人们称鹤为"仙禽"。人名中用鹤祝贺长寿的例子,比较常见。寿礼上祝贺长寿用"鹤"的对联如:"壮志凤飞逸情云上;灵芝献瑞仙鹤同年。"又如:"霄汉鹏程腾九万;锦堂鹤算颂三千。"

(3) 挽联用鹤,则言死者成仙。如:"扫榻飞烟惊化鹤;春帘留月觅归魂。"又如:"骖鸾腾天驾鹤上汉;飞霜迎接高风送波。"再如:"沧海慨横流,跨鹤空山归仙界;少微惊隐曜,啼鹃清夜哭先生。"

十四、喜鹊

谐音"喜"。两只喜鹊的造型(图案、雕刻或塑像等),叫"双喜"。两只喜

---

① 在美国德克萨斯民俗中,鹰是禽类之王。见 Mody C. Boutright 等编《德克萨斯民俗和民间传说》,Southern Methodist University Press,1995 年版,第 19 页。

鹊面对面,叫"喜相逢"。喜鹊站在梅树枝上,叫"喜上梅梢",谐音"喜上眉梢"。喜鹊加上三颗桂圆,叫"喜报三元"。一只狗獾与一只在天空飞的喜鹊对望,狗獾望着天,喜鹊望着地,叫"欢天喜地"。一套用具,例如餐具,上有不同造型的喜鹊,这叫"日日见喜"。①

十五、鸳鸯

象征爱情。上有鸳鸯图案的被单、被面,叫"鸳鸯衾"、"鸳鸯被"。妇女用品很多以鸳鸯为图案。《鸳鸯戏荷图》是最常见的花鸟画之一,象征爱情,祝愿人家夫妇情深如鸳鸯,幸福美满。祝贺新婚对联,也常用"鸳鸯"。

十六、燕②

(1) 象征春光。春联中常用。燕子是候鸟,秋去春来,故有此象征意义。

(2) 象征爱情。燕子常双双飞进飞出,共同养育后代,故有此象征意义。

十七、鸿雁

(1) 象征兄弟之情。大雁群飞,排队有序,或如一字,或如人字,如人间兄弟,既相互友爱,又长幼有序,故有此象征意义。《水浒传》中,宋江等征方腊回,途中燕青射雁,宋江见了,联想到阵亡的众兄弟,竟然非常伤感。

(2) 象征对家乡或对远方亲友的思念。古诗中,常用大雁的这种象征意义。古人有大雁传书的故事,故有此象征意义。

十八、比翼鸟

象征爱情。相传比翼鸟之性,"不比不飞",故有此象征意义。

---

① 在西方,喜鹊不是吉祥物。有的地方认为,看见喜鹊,不祥。见《爱尔兰民俗学会杂志》1930年版(The Journal of The Folklore of Ireland Society, Edited by Seamus O Duilearga, Published by The Society at 33 Upper Merron Street, Dublin, 1930)。《爱尔兰民俗学会杂志》1936年版又云,七只喜鹊见于婚礼前夕,主贫穷或不吉利。九只喜鹊在一起,主附近村镇有死亡事。

② 在西方有燕子入屋吉祥的说法。见《爱尔兰民俗学会杂志》1930年版(The Journal of The Folklore of Ireland Society, Edited by Seamus O Duilearga, Published by The Society at 33 Upper Merron Street, Dublin, 1930)。

十九、鹭鸶

(1) 吉祥物。鹭鸶洁白可爱,故人们常以它为吉祥物。

(2) 谐音"路"。一鹭鸶加莲花的图案,叫"一路连科",是祝愿人家考试一路都中,为官步步高升的意思。鹭鸶加芙蓉,叫做"一路荣华"。鹭鸶加牡丹,叫"一路富贵"。两只鹭鸶加荷花,叫"路路清廉",委婉劝勉人家做官清廉。

二十、白头翁

象征长寿。月季花(长春花)加上白头翁的图画,叫"长春白头",祝愿人家老年夫妇生活幸福的意思。白头翁加上牡丹花,叫"白头富贵",祝贺老年人富贵长寿的意思,也可以用来祝愿新婚夫妇。一棵梧桐树上两只白头翁,叫"一同白头",祝愿新婚夫妇白头谐老的意思。

徐渭《耄耋图》

二十一、公鸡

(1) 辟邪物。公鸡报晓,所谓"雄鸡一唱天下白"。天亮则阳气大增,民间信仰中认为,鬼邪为阴类,喜阴怕阳,进而也就会怕能唤来阳气的公鸡。

所以，公鸡就被当成了能辟邪之物。①

（2）吉祥物。公鸡的鸡冠是它的最明显的特征物。"冠""官"谐音，因此，它就被当成了吉祥物。公鸡加鸡冠花的图案，叫"官上加官"，是祝贺或祝愿人家升官的意思。一公鸡加五小鸡戏于窠，这种图案，叫"五子登科"，祝愿人家子孙兴旺，并且科第不绝。

二十二、岁寒三友、四君子、五清

松竹梅为"岁寒三友"，竹菊梅兰为"四君子"，松竹梅月水为"五清"。这些，都体现了我国传统文化中的理想人格。松、柏、竹，隆冬腊月而不凋零，青翠茂盛如故。梅花在隆冬腊月百花凋零的季节怒放飘香。肃杀的秋霜中，百花敛容而菊花盛开。它们象征着不向严酷的环境屈服的品格。松竹梅兰月水，都与繁华相违，象征清高的品格。

二十三、桂

用于祝科第。晋朝人郤诜，举贤良，考试对策列最优，于是便自夸"犹桂林之一枝，昆山之片玉"（见《晋书》本传）。后人就把科举考试登第称为"折桂"，"名登桂籍"。民间传说中，月宫中有仙桂、玉蟾等，故登科又称为步蟾宫、攀桂。"桂"又谐音"贵"，因此，就有了祝科第的意思。

二十四、红豆

又名"相思子"，象征爱情。王维诗云："红豆生南国，春来发几枝。愿君多采撷，此物最相思。"

二十五、梧桐

谐音"同"。又象征清高。

二十六、枣

谐音"早"。婚礼中多用枣，与其他象征物，合成"早生贵子"的讖语。

---

① 小戴尔《莎士比亚的英格兰》第一卷《民间传说与迷信》云："世界各地，公鸡都被认为是鬼的敌人。鬼在拂晓前消失，是因为公鸡的啼鸣。"(Shakespeare's England, Volume 1. Folklore and Superstitions, By H. Little Dale.)

二十七、栗

谐音"立"。婚礼中多用栗,与其他象征物,合成"早立子"的谶语。

二十八、桃

(1) 象征长寿。神仙故事中,多食桃而成仙的情节。寿星图上,老寿星也往往捧一个桃子。寿礼宴席上,也往往有用面粉或其他粉类制成的桃状食品,正是取桃的长寿的象征意义。桃子的图案,绝大多数可以用"长寿"来解读。例如,一颗桃子和两个古钱币的图案,就叫"福寿双全",其中"钱"与"全"音近,在吴方言中,几乎是同音。

(2) 辟邪物。桃的辟邪意义,见本书第六章民间节日风俗部分"春节"的有关论述。

二十九、石榴

象征多子。《红楼梦》中咏贾元春的诗,就有"榴花开处照宫闱"之句。

三十、莲花

(1) 花中君子,象征着中国传统文化中的一种理想人格:"出污泥而不染,濯清莲而不妖"。

(2) 清廉的象征。盖"青莲"者,谐音"清廉"也。

(3) 象征爱情。盖莲花别名芙蓉花,或云水芙蓉。"芙蓉","夫容"也。又白居易《长恨歌》云:"芙蓉如面柳如眉"。因此,莲花常用来象征爱情,而并蒂莲尤其如此。二莲生一藕的图画,叫"并蒂同心"。

(4) "水芙蓉"之"蓉"谐音"荣"。莲花和牡丹花在一起,叫"荣华富贵",莲花和一鹭鸶,叫"一路(鹭鸶)荣华"。牡丹、莲花和白头翁,称为"富贵荣华到白头"。

(5) 莲花也能谐音"连"。莲蓬加上莲子,叫"连生贵子"。

(6) 象征纯净、纯洁。佛教中有莲花座、莲花台等。佛教中的不少菩萨,他们没有母亲,是从莲花中生出来的。

三十一、牡丹

象征富贵。图案中的牡丹,几乎都可以这样来解读。

三十二、水仙

象征清高。也可以谐音"仙",指神仙。

三十三、万年青

吉祥物,象征兴旺,礼仪中多用之。例如,有些地方,新娘的嫁妆上,总要挂几根带根的万年青,到了婆家,种于地。此万年青是否长得好,可以占卜这新娘各方面的情况是否良好。还有些地方,新房子上梁时,梁上要挂万年青。屋脊上,要种植万年青等等。

三十四、葫芦

象征多子,因为葫芦中子很多,而且,葫芦中的子,像牙齿一般。此外,葫芦藤藤蔓蔓地生长,好像家族一支支地繁衍开来。其实,不仅是葫芦,瓜类物都是如此。

徐渭《传芦》

三十五、面条

象征长寿。我国生日礼、寿礼上几乎必用面条。包括面条在内的各种水煮面制品,古代都称"汤饼"。唐时生日宴会就食用面条(见《新唐书·明皇后王氏传》)。

三十六、糕

祝吉利,因为谐音"高"。

三十七、玉或玉制品

玉象征多种美德,儒雅的风度,高贵的修养。古代有身份的男子佩之。"君子如玉",意在用玉的多种象征意义,时时自我勉励,完善自己。后仅以此显示华美富有而已。

三十八、指环

象征同心同德、相亲相爱。古西域等地以指环为男方送给女方的聘礼（见《太平御览》卷718引《西戎传》、《胡俗传》和卷800引《西域记》等）。后来汉族也有此俗。指环又称约指、手记。佩者古代以女子为多。男子佩指环，宋即有之（见张耒《明道杂识续》）。

第二节　巫　　术

所谓巫术者，有以下诸要素：施术者，施术方法，施术对象，感应对象。施术对象与感应对象之联系。施术者企图借助超自然之神秘力量，通过对甲事物或人施术，使乙事物或人受其感应而发生施术者所希望的变化。此种迷信形式，谓之巫术。

就巫术之旨，可分为吉巫术与凶巫术。前者亦称白巫术，后者亦称黑巫术。前者用以保佑感应对象，后者用以损害感应对象。

就巫术之思维方式而言，又有摹仿巫术与接（染）触巫术之别。所谓摹仿巫术者，施术对象与感应对象之间，有相似之处。其思维方式是：因为施术对象与感应对象相似，故施术对象就是感应对象。施术对象被施术，感应对象就亦被施术，而发生变化。亦即：因甲乙相似，故甲即乙。以偶人为施术对象以谋害人，古书中屡有之。如西汉戾太子案、隋太子案，《红楼梦》中赵姨娘害王熙凤、贾宝玉事，皆是也。当代作品中，如《原野》中焦母以针刺木偶以害金子，《大红灯笼高高挂》中丫鬟以布偶刺针害颂莲，亦是其术。此皆凶巫术也。若吉巫术而属于模仿者，则有埋茧之俗。双胞胎婴儿，若亡其一，迷信认为，另一亦难以长大，盖同来必须同归去也。故须以巫术以禳之：将一蚕茧，与亡婴同埋，如此则其存活者可免于同去。此茧与其存活之婴，形状有相似之处，此茧既去，即代表其婴已去，而其婴可以免去矣。

接触巫术者，乃施术对象为感应对象之一部分，或为其所有，故施术对象就是感应对象。于施术对象施术，感应对象就受到感应，而发生变化。其思维方式是：甲为乙之一部分，或甲属于乙，则甲即乙。

然接触巫术与模仿巫术,尚不足以尽我国民间巫术之复杂形态和思维方式。兹据施术对象与感应对象之间的联系,亦即中介之不同,将巫术分类,庶几能稍全面。

一、音介巫术

施术对象与感应对象之间,有语音上之相同、相似或相关之处。

这种巫术的思维方式是:甲与乙同音,或其音相似,或相关,则甲就是乙,或甲会引起乙发生某些变化。张岱《陶庵梦忆》卷七云某地演《水浒》戏来求雨。又如陈元靓《岁时广记》卷五云,宋代开封风俗,大年初一,每家用盘一只,装柏树枝一根,柿子、桔子各一,就在盘中剥开柿子和桔子,全家分食。取新年"百事大吉"之兆。又,周密《癸辛杂识·后集》云:"太学(当时的国立大学)除夜各斋祀神,用枣子、荔枝、蓼花三果,盖取'早离了'(早毕业,出去做官)之讖。"金盈之《醉翁谈录》卷四云重阳日"天欲明时,以片糕搭儿头上,乳保祝祷之云:'百事皆高'"。明人谢在杭《五杂俎》卷二认为,此乃古人九日作糕之意。施闰章《愚山先生全集·诗集》卷二有《枣枣曲》,自序云:"海阳有香枣,盖取二枣剜剥叠成,中屑茴香,以蜜渍之。好事者持为远饷。询其始,则商人妇所为寄其夫者,义取'早早回乡'云。"明代南都,每逢乡试之期,参加考试之书生,住在客栈,客栈主人例以熟猪蹄供之,义取"熟题"也(见《坚瓠二集》卷一等)。广东、福建等地,有以灯求子之俗,盖以"灯"与"丁"在其地方言中音近之故。

二、形介巫术

即如上所云模仿巫术。施术对象与感应对象之间,在形体方面、形态方面或形式方面相似或有相似之处。明朝曹安《谰言长语》卷上云:"唐吕用之以桐人书高骈姓名于胸,桎钉之。胡致堂曰:'桐人桎梏,世所谓诅咒也,或见高骈之诛以为验。'"宋朝邵雍《邵氏闻见后录》卷八云:"梁武帝以荧惑入南斗,跣而下殿,以禳'荧惑入南斗,天子下殿走'之讖。"元朝无名氏《湖海新闻夷坚续志前集》卷二云:"建宁建阳县宝山,乃南岳忠靖王行宫,香火甚盛。士大夫祈灵乞梦,殆无虚日。后宫装束宫娥,匠者未得貌。偶邵郡一富妇来庙献者,匠即以塑之,妇不之知。妇后偶患脑疮,百药不验。偶一医者曰:'宝山有一宫娥,状貌宛如尊阃,今为雨漏,湿像之首,不曾修整。'富家异其言,急遣人往视,果然。即命匠者修正,其疮即愈。"俞樾《右台仙馆笔记》卷三云:"杭州武林门外有桥曰新桥,乱后重修,颇为坚固。丁丑之秋,村人于桥旁搭台演戏,桥上观者甚多。"桥塌,死伤甚多。"曲部中一老优先知必有变异,恐伤其侪伍,密于台之四柱各斫一刀,又倒燃双烛于房以厌之。"《金瓶梅》第十二卷,《阅微草堂笔记》,《清朝野史大观》第十一册,都有关于巫术的记载。

三、触介巫术

施术对象与感应对象之间存在着接触关系。俞樾《右台仙馆笔记》卷十五:"湖北咸宁乡间一民家,于兵乱时失其子,有人教其,母曰:'可取汝子所著履置床下,其袇内向,每夜呼子名,子必能返。'已而果然。"施术对象为鞋子,鞋子与她儿子之间存在着接触关系,鞋子向内,儿子就也会回来了。

四、属介巫术

施术对象属于感应对象,或者是感应对象的一部分。甲是乙之一部分,所以,甲就是乙。《金瓶梅》第十二回云,潘金莲不肯剪头发,怕西门庆将其发给另一妾桂卿踏。民间以毁坏、摔打某人的衣服等东西,来发泄对此人的憎恨之情,其实也是这种巫术思维的延伸。

五、意介巫术

施术对象与感应对象在意义上有联系。唐朝张读《宣室志》卷一云:"新昌里尚书温造宅,桑道茂尝居之。庭有一柏树甚高,桑生曰:'夫人之所居,古木蕃茂者皆宜去之。且木盛则土衰,由是居人有病者,乃土衰之验也。'于是以铁数十钧镇于柏树下。既而告人曰:'后有居者,发吾所镇之铁,则其家长当死。'唐太和元年,温造居其宅,因修建堂宇,发地营缮,得其所镇之铁。后数月,造果卒。"古代有"冲喜"之俗,即成年未婚男子生病,就让他结婚,用"喜事"来"冲"掉"倒霉事",当然结果往往是加重了病情,甚至导致悲剧。这种风俗的思维方式,就是意介巫术思维。"冲喜"事,古书中很多,《古今笑史》卷三十六就有记载。明朝王士性《广志绎》卷二云:"姑苏张士王宫之址,当时取'三兴'土培筑以成者,谓嘉兴、长兴、宜兴也。止取'兴'意,辄用民力至此。本朝遂空其地,任民间自挖取之。"又钱泳《履园丛话》卷二十四云:"归安王勿庵侍郎以衔初生时,星家推算八字中缺水,或谓其太夫人曰:必令小儿在渔舟上乳养百日以补之。乃召一渔人妇,畀以钱米,寄养百日。"梁绍壬《两般秋雨庵随笔》卷四云:"儿童扯衣裙相戏唱曰:'牵郎郎,曳弟弟,踏碎瓦儿不著地。'《海蒻录》曰:'此祝生男也。踏碎瓦,禳之以弄璋;牵衣裙,禳之以衣裳;不著地,禳之以寝床。'上二句祝多男,下一句祝其不生女。"宋朝陈元靓《岁时广记》卷五载元日有卖懵懂、卖口吃等俗,范成大诗有卖痴呆俗。陆游《乙丑元日》诗有"惟思买春困,熟睡过花时"之句,自注云:"俗有卖春困者,予老思睡,故欲买之。"

第三节 符 咒

一、符

符是由符箓发展而来的,乃介于字、画之间的图案,或是用字拼成的图案,或是杜撰的奇怪文字。也有将咒语写下为符的。

符常借助神灵的力量或巫术的力量,辟灾消祸,或是祈福祝吉。如清施鸿保《闽杂记》卷八云:"家人林升言,在延平时,有江西人高福,传断疟符甚灵,验之多矣。其符用黄纸硃书,或仓促时即以纸墨书亦可,唯须洁净。书就焚化,入清水内搅匀,俟澄,令病者饮之,即愈。又或久疟,则加黑枣一枚,去核,嵌朱砂分许,煨熟去枣,即取朱砂搅和符水内饮之,亦验。"其符是"勅令都天雷"以下加九字,"勅令"两字上下连写,九字都是上雨下鬼,只是在鬼字弯钩中各写上"火真人锁拿各速严究","锁"字去掉金字偏旁。其实,朱砂本就有镇惊之用。有的符,则明显以巫术观念为基础。同书卷三云:"潘幕友同乡陈古梅官懋,尝传一催生符,云于九山观道士所授,凡妇女临蓐,以黄纸调朱砂,用净笔写一车字在中,四周环写马字,须遍,且须端楷,大小则不拘,烧灰和水,令饮之,虽难产亦立娩。凡马字成单者,所娩必男,成双者必女。写时竟不能自主,或有意在单写,竟不周,不能减去。有意在少写,意已周,不能增入。此亦理不可解者。"

二、咒

咒语之行,较符为方便。就目的而言,咒语也有黑白二种。就借助的力量而言,或是神灵,尤以佛道神灵为多;或是巫术。就对象而言,可对人,亦可对己、对物。

咒语大抵鄙俗，或不成句意。民间所传，多莫名其妙。当是口耳相传，音讹字讹，且以讹传讹之故。其所用之处，比符多，且以解厄者为多。古籍所载，有的则颇具哲理。苏轼《东坡志林》卷三云："王君善书符，行天心正法，为里人疗疾驱邪。仆尝传此咒法，当以传王君。其辞曰：'汝是已死我，我是未死汝。汝若不吾祟，吾亦不汝苦。'"周密《癸辛杂识续集》卷上云："行御史台监察御史周维卿，以言事忤权臣得罪，远流西北方名哈剌和林，去燕京八千里。周知不免，日夕持颂《高王观音经》。一夕，梦有僧问之曰：'汝曾诵《高王观音经》否？'曰然。僧于是口授一咒与之，此观世音菩萨应现解厄神咒也，持诵一万二千遍，可以免难。梦中熟诵。及觉，即书之纸。自是持诵不辍。无何，得还燕京。而权臣怒犹未已，复系刑部狱。周在狱持诵，益勤。未几，遣使云南以自赎。至彼，合番僧加瓦八遍阅《大藏经》，得梵本咒，比梦中唯欠三字。未几，权臣诛，遂除刑部郎中，还其妻子财物。人以为诵咒之力云。"其咒语载之此书，因多奇字，不录。梁章钜《归田琐记》卷一云："山东李鼎和传得屏盗贼咒语，羁旅路宿，颇可预防。咒云：'七七四十九，盗贼满处走。伽蓝把门住，处处不着手。童七童七奈若何？'于清晨日出时，向东方默念四十九遍，勿令鸡犬妇女见之。"施鸿保《闽杂记》卷八云："屏盗贼咒，言无论居家行路，每日黎明时独起向北，并足而立，吸气一口，随嘘出，默念'七七四十九，盗贼满处走。伽蓝把门住，处处不着手。童七童七奈若何？'如此七遍或九遍，可以免患。凡行旅晚投宿店，此法亦可试。惟须避人见耳。"是书并载此咒语灵验事。陆敬安《冷庐杂识》卷七云："禁咒治病，自古有之。往往文义不甚雅驯，而效甚奇，殆不可以理测。余内人之乳母顾妪，其父曾习祝由科，传有二咒，甚验。一治蜈蚣赦，咒云：'止见土地神知载灵，太上老君急急如律令敕。'治法：以右手按赦处，一气念咒七遍，即挥手作撮去之状，顷刻痛止。一治蛇缠，咒云：'天蛇蛇，地蛇蛇。臁青地扁乌稍蛇。三十六蛇，七十二蛇，蛇出蛇进，太上老君急急如律令敕'。凡人影为蛇所啄，腰生赤瘰，痛痒延至心则不可救，名蛇缠，亦名缠身龙。治法：以右手持稻秆，其长与腰围同，向患处一气念咒七遍，即挥臂置稻秆于门槛上，刀断为七，焚之，其患立愈。又治蜈蚣赦方：急以手向花枝下泥书'田'字，勿令人见，取其泥向赦处擦之，即愈。"清朝俞樾《茶香室丛钞》卷五载却蛇虫、虎狼、百邪、风涛和赌胜诸咒语。《茶香室四钞》卷七云："元伊世珍《琅环记》云，一人病疟，道士以枣一枚按病人口上，诵咒三遍曰：'我从东方来，路逢一池水。

水内一尊龙,九头十八尾。问它吃什么,专吃疟疾鬼。太上老君急急如律令敕.'与病人服之,即愈。"《茶香室续钞》卷二十云:"国朝姚衡《寒秀草堂笔记》云:晋江令杨辅山,有避秽咒,凡相验时,臭不可近,以清水一碗,持咒数遍,当场者咸不闻有秽气。后闻戴秋言,是法不得传五人。伊亦传有一咒曰:'一扑一千里,二扑二千里,三扑三千里,扑去五瘟六疫,三十二证,七十二候。吾奉太上老君急急如律令敕.'临相验时,念三遍,念时以右手拂之,有扇用扇,无扇用掌,可保一身。传时不可使六耳闻也。"又俞樾云:"愚按此咒'有扑去五瘟六疫'语,疑问疾者,亦可以此解之也。"

咒语以解厄者为最多。洪迈《夷坚志》卷一载《宝楼阁咒》、观音咒。《太平广记》、《夜航船》二书中,录有一些咒语。

也有用于祸人的咒语,然极少见之于文字记载。不过,此类故事,则常见之记载(见洪迈《容斋随笔》四笔卷三等)。又唐朝刘𫗦《隋唐嘉话》卷中云:"贞观中,西域献胡僧,咒术能死生人。太宗令于飞骑中拣壮勇者试之,如言而死,如言而苏。帝以告太常卿傅奕。奕曰:'此邪法也。臣闻邪不犯正,若使咒臣,必不得行.'帝召僧咒奕,奕对之,初无所觉。须臾,胡僧忽然自倒,若为所击者,便不复苏。"咒语有时也和巫术结合起来,以增强力量。清褚人获《坚瓠广集》卷三云:"余姚韩状元应龙,欺占邻产,势不能抗。适有江西堪舆人,善魇魅术。其邻许以百金。结坛烧符念咒七日夜,将桃木七寸,刻作人形,书其生辰甲子,植地上,每夜念咒毕,敲木人下地一寸。至第七夜桃人没地时,韩在京健旺无疾。晚与夫人对酌,戏触其怒,夫人将汝化(应龙)面悉行抓破,血痕如珠帘密布。次早不能上朝。是夜缢死。后数日闻讣,邻人大喜。堪舆者取金而去。"①

第四节 命　　相

古人认为,人的命运是先天就决定了的。宋朝赵与时《宾退录》卷四云:

---

① Stith Thompson《语言攻击的史前发展》云,如果某人想把一个人置于死地,就在每天早晚念《圣经》中第109首赞美诗,如此满一年,那个人就会死去。不过,念诗者如果在这一年中,漏念了哪怕一句诗,他自己就会死去。这个迷信流传得比较广。见 Stith Thompson 编《圆码头》,德克萨斯民俗学会,1935年版,P89。

仁宗尝御便殿，有二近侍争辩，声闻御前。仁宗召问之。曰甲言贵贱在命，乙言贵贱由至尊。帝默然。即以二小金合，各书数字藏于中，曰先到者保奏给事有劳推恩，封秘甚严。先命乙携一往东门司，约及半道，令甲行。乙未至，足跌伤甚，莫能行，甲遂先到。赵与时云，唐张文成《朝野佥载》记载：魏徵为仆射，有二典司之长参。时徵方寝，二人窗下平章。一人曰吾等官职总由此老翁，一人曰总由天上。徵闻之，遂作一书遗"由此老翁"者，送至侍郎处，云与此人一员好官。其人不知，出门心痛，凭"由天上"者送书。明日引注，"由老翁"者被放，"由天上"者得留。徵怪而问焉，具以实对。乃叹曰："官职禄料由天者，盖不虚也！"此二事，未必是事实，很可能从佛经故事中变化而来，然由此可见当时人关于人生命运的迷信状态。

俗占人生命运的依据，最常用的有二，一是生辰八字，二是长相及活动之相。前者是算命术，后者是相术，合称"命相"。

所谓八字，即一个人出生的年、月、日、时的天干地支八字。在命相之士看来，这八字决定了人的一生。俗云干支起于黄帝之时，而甲骨文中，实早已常见，故即使非起于黄帝之时，其所从来者，亦甚远矣。干支初用以纪日，后又用以纪年月时。然则何谓干支？班固《白虎通义》云："甲乙者，幹也；子丑者，枝也。"本为"幹枝"，简写为"干支"。干支皆符号耳。司马迁《史记·律书》、许慎《说文解字》、刘熙《释名》（一名《逸雅》）于干支皆有论释，不尽相同。兹列于下而略加申说。十天干为：

甲　《史记》："甲者，言万物剖符甲而出也。"种子破甲而出，卵生者破壳而出，胎生者出母体。

乙　《史记》："乙者，言万物生轧轧也。"物小时的样子，摇摆不定。

丙　《史记》："丙者，言阳道著明，故曰丙。"炳也，生命力旺盛。

丁　《史记》："丁者，言万物之丁壮也，故曰丁。"成丁，成年了。

戊　"茂盛"之"茂"，茂盛。

己　"起来"之"起"。

庚　《史记》："庚者，言阴气庚万物，故曰庚。"通"更新"的"更"。

辛　指"新旧"的"新"，指进入一种新的状态。

壬　《史记》："壬之为言妊也，言阳气妊养万物于下也。"孕育了新的生命了。

癸　《史记》："癸之为言揆也，言万物可揆度，故曰癸。"揆度，衡量的意思，到此可以盖棺定论了，因为生命结束了。粮食上场了，可以核定产量了。

另外，还可以理解成"暌"，分别的意思，新的生命与母体分离。新的循环又开始了。

十二地支为：

子　《史记》："子者，滋也；滋者，言万物滋于下也。"孳生也。生命开始。

丑　《史记》于此未说。而《正义》云："一本云'丑者，纽也，言阳气在上未降，万物厄纽未敢出也。'"新的生命被绊住了，很艰难地挣扎出来。

寅　《史记》："寅，言万物始生螾然也，故曰螾。"演化，变化也。

卯　《史记》："卯之为言茂也，言万物茂也。"茂盛也。"卯""茂"两字于此通。

辰　《史记》："辰者，言万物之蜄也。"《索隐》："蜄，音振，或作娠，同音。"指怀孕。

巳　《史记》："巳者，言阳气之已尽也。"实为"起来"之"起"。

午　《史记》："午者，阴阳交，故曰午也。"阳极为盛，而阴气开始生。

未　《史记》："未者，言万物皆成，有滋味也。"有滋味，果实能有其滋味了。

申　《史记》："申者，言阴用事，申贼万物，故曰申。"果实、新的生命的身体长成了。申者，身也。

酉　《史记》："酉者，万物之老也，故曰酉。""老"的意思。

戌　《史记》："戌者，言万物尽灭，故曰戌。""灭"的意思。

亥　《史记》："亥者，该也，言阳气藏于下，故该也。""亥"可释为"核"，至此，只剩下核了。"亥"也可释为"骸"，至此，只剩下骨头了。这也是生命的一个过程。

年之干支、日之干支，都能于历书查到。月之地支、时之地支是固定的。正月为寅月，夜十一点到一点为子时。其余类推。月之天干、时之天干，需要推算。根据某年之天干，定是年中诸月之天干，有歌诀云："甲己之年丙作首，乙庚之岁戊为头。丙辛必定寻庚起，丁壬壬位顺行流。更有戊癸何方觅，甲寅之上好追求。"根据日之天干定时之天干，有歌诀云："甲己还生甲，乙庚丙作初。丙辛从戊起，丁壬庚子居。戊癸何方发，壬子是真途。"

我国公元前841年开始有纪年，包括干支纪年：庚申。是为周共和行政元年，至前827年宣王即位，共和止。公元1年汉平帝元始元年为辛酉，无零年。公元年份除12，余数是1，为鸡年；余数为2，为狗年；余数为3，为猪年。其余类推。

明朝朱国桢《涌幢小品》卷二十五云："相法堪舆，三代前已有，惟星命起于唐之李虚中，来自西域。在今日士大夫，人人能讲，日日去讲，又大有讲他人命者，讲著甚的。"据人考证，汉代，我国已有算命术。世传鬼谷子所著各种命书，其实是后人所假托的。唐代以下，传说中多有命相名家，如唐代有李虚中，五代有徐子平，宋代有刘童子等。明清以后，就更多了。有不少大儒，亦精此道。据说，命相之术，有学者派与江湖派之不同。

古籍所载算命灵验的故事很多，不灵验的故事也很多。如蔡约之《铁围山丛谈》卷三载陈彦为端王算命甚灵验事，又载郑家有子八字与蔡京同而不肖并短命事。当然，即使灵验，也许是出于杜撰，也许是出于偶然。所谓天干地支，不过是用来纪年月日时的符号，与人的命运何涉。算命之术，荒谬是很明显的。非常简单的道理是，八字之排列组合，都是有限的，远少于世界上人的数目。也就是说，同八字的人，肯定是很多的。除了同时出生的以外，还有不同时生的。但是，古往今来，绝对没有两个人的命运是相同的。对于这种不可否认的现象，算命先生是如何自圆其说的呢？大致有这样两种说法。一是所生之地不同。虽然是八字相同，但生在华屋的，与生在陋室的，命运就不同。生在陆地的，与出生在水上的，命运就不同，如此等等。好在古人在同时同地同一室出生的机会几乎是没有的，即使如此，还有方位的不同呢!《宋稗类钞》中载洛阳一老人之八字与文彦博之八字完全相同，而二人穷达绝然不同，说者遂以"南北之分，水陆之异"解之。明朱国桢《涌幢小品》卷二十五云，大官孟珙与一渔夫八字相同而命运完全不同，乃孟生于陆地，而渔夫生于水上之故。二是八字相同者，命运大致相同，有的在某几个方面好一点，在某几个方面差一点，有的则刚好相反。截优补劣，正好大致扯平，所以可以说命运差不多。《涌幢小品》卷二十五云，两官员同事，他们的八字相同，一人官位高，但家境、子女平常，一人官位低一些，但家境、子女远胜。但人生的各方面，很难相比，每个人的看法不尽一致。此二点，乃算命先生常用的遁词。

相人之术，先秦古籍中屡见之。《荀子》中，有《非相》一篇，可见相术在当时流行之甚，而唯物主义思想家著文抨击之。《左传》及《史记》以下的正史，不绝于书。如春秋时楚国若敖越椒"熊虎之状而豺狼之声，弗杀必灭若敖氏矣"。事见《左传》。蒯通相韩信的故事，就为人所熟知，见《史记》。相面部和五官，称为相面。看骨相、摸骨相者，叫做"揣骨"。听人声音知祸福者，叫做"听声"。但若是严格、全面的相人之法，则是整个身体和举止都要看的。古有"视熊状而知灭族,闻豺声而识丧家"者。

古书所载相事甚多。如《唐书·方技传》载精于相术者数人。唐朝郑处诲《明皇杂录》载张守珪与安禄山脚底皆有黑点而贵事。唐人有云袁天纲相幼年武则天而言其当为天子,见唐朝刘肃《大唐新语》卷十三。又宋朝吴曾《能改斋漫录》卷十言此事之妄,而卷六引《北梦琐言》吴行鲁足底有龟纹而贵事。五代刘斧《青琐高议》卷一载某僧相陈执中而应验事。清朝俞樾《茶香室丛抄》卷十四载宋代陈抟相人事数则。清朝赵翼《檐曝杂记》卷二云,《北史》载盲妪为高欢以揣骨法相其命运;齐文宣帝试皇甫玉相术,蒙住其目,使摸诸贵人而言命运,无不验。齐文襄时有吴士,妙于听声,人令试之,皆中。《五代史》载某善听声者相李守贞家人灵验事。赵翼又记雍正年间浙东史瞎子揣骨听声相人数事。明朝陆粲《庚巳编》卷一载正统间虎丘半塘寺两盲僧揣骨应验数事;卷三载袁尚宝听婴儿声而决其为强盗论死,后果然。《清朝野史大观》卷十一载常州诸生顾鹤鸣相人奇中而丧身事,则有黑色幽默之味道。这些神奇故事,即使是真的,也是偶然的。宋代庄绰《鸡肋编》卷上的见解很好:"然则其术不无中否,但采其中者称之耳。"又明朝谢在杭《五杂俎》卷十六有嘲笑相师的故事。俞樾《茶香室四抄》卷七载相人未准的故事多则。

相术只相人的体貌举止,而于人的品德操行,却不涉及。这当然是荒谬的,也是与劝人为善之旨相悖的。因为一个人的体貌举止,是很难改变的,甚至是没有办法改变的。既然命运是没有办法改变的,那么,知道了自己的命运,除了使人失去奋斗之志外,对于社会,对于人生,有什么积极意义呢?

相比之下,相人的品德操行,以占吉凶,倒比相人的体貌举止以占吉凶可取。因为,人的品德操行,与其吉凶祸福之间,倒确实是有密切的联系的,并且,体貌举止不可改变,而品德操行是可以改变的。这样说来,命运就是可以改变的。这就能利用人们避凶趋吉的心理,推行教化,导人向善。

这种相人品德操行以定吉凶之术,亦于周代即有之。《楚史梼杌·相人》第十三云:"楚人有善相人,所言无一失,闻于国。庄王见而问之,对曰:'臣非能相人,能观人之交也。观布衣者,其交皆孝悌笃慎畏令,如此者,其家必日益,身必日安,此所谓吉人也。观事君者,其交皆诚信有行好善,如此者事君日益,官职日进,此所谓吉臣也。主明臣贤,左右多患,主有失皆敢分争正谏,如此者国日安,君日尊,天下日富,此之谓吉主也。臣非能相人,能观其人之交也。'庄王曰善。乃招聘四方之士,夙夜不懈,遂得孙叔敖将军子,重之,属以备将相,遂成霸业。"这楚人善相人的相术,非正统的普通相术,因此一再声明"臣非能相人",不敢以相人者自居。他的相术,只能算是相术的奇变。用其理说庄王,更有战国策士常用的借机托事进谏之意。因此,这种相术,没有发展开去。

唐代,一行和尚有感于当时盛行的相术荒谬,提出以品德操行相人,称得古人相法,来与流行的传统相术抗衡。钱惟演《钱氏私志》载,一行尝语人曰:"吾得古相人法。相人之法,以《洪范》五福六极为主。观其所由,察其所安,可得大概。若其人忠孝仁义,所作所为,言行相应,颠沛造次,必归于善者,吉人也。若不忠不孝不仁不义,言行不相应,颠沛造次必归于恶者,凶人也。吉人必获五福之报,凶人必获六极之刑,不于其身,必于其子孙。若但于风骨气色中料其前途休咎,岂能悉中哉!"到了宋代,又有人将以品德操行占人吉凶之说,发展为所谓"心相"之术。明朝李诩《戒庵老人漫笔》卷六所谓之十六善是也。但是,很明显,这实际上已经不是什么相术,而纯粹是对日常道德操行的阐扬了。

明代,还有人将以体貌举止占人祸福与以品德操行占人祸福二者结合起来,相人而兼劝喻。清朝陆敬安《冷庐杂识》卷四云:"明袁珙、忠彻父子精相术。珙相人,往往因其不善导于善,从而改行者甚多。技也,而进乎道,胜古人矣。"后世民间相士,亦多如此者。

第五节　占　卜

占卜是根据一定的规则,对所得之兆进行分析,以推测未来,或者决疑难,定取舍,趋吉避凶。

兆又叫象,古字从卜,《说文》云是"灼龟坼也"。可见最早的占卜方法是根据龟板裂缝形状来占祸福的。后来,兆的意义大大扩大,不仅仅是龟纹。一现象预示其他现象的发生,这现象就叫做兆。

兆大致可以分为两类,一类是自来之兆,一类是求来之兆。

一、自来之兆

自来之兆,指无心遇到之兆。主要有:

1. 天象之兆

古代迷信中，认为天上的某些星与人间的某些人相对应，例如，紫微星乃人间帝王之相，少微星是人间隐士之象，文昌星为士大夫之象等，它们被天狗星、彗星、火星等不吉利的星象所犯，人间与它们所对应的人，就会遭到灾难。天狗星、彗星、流星等出现，人们认为，都预兆着不祥的事出现。

2. 气象之兆

根据气象之兆推测某些自然现象的发生，其中不少是以农谚的形式出现的，有一定的科学道理。因此，本书多举些例子：

立春日晴，主是年作物丰收，春末夏初雨水调匀。"最喜立春晴一日，农夫不用力耕田。"此日雨，主是年作物歉收，又主久雨。"逢春落雨到清明。"

正月初一晴，北方主粮食丰收，南方主歉收；反之则相反。

正月十五晴，主此年春旱，麻小熟。此日阴或雨，主这一年中多雨。此日雷，主久雨。

惊蛰之前打雷，主久雨。"惊蛰未蛰，四十五日阴湿。"

二月廿七、廿八，南风大，主此年夏秋干旱。"二月廿七、廿八吹得庙门开，螺蛳蚌蚬哭哀哀。"

清明日大风，主久风；南风，主是年粮食歉收。

谷雨日雨，主多雨，麦子歉收。

三月初三之晴雨，可占桑叶之贵贱。"三月初三晴，桑叶挂银瓶；雨打石头斑，桑叶钱上搬；雨打石头流，桑叶好喂牛。"

三月十一晴，主麦子丰收；阴雨，则主麦子歉收。

三月廿五晴，是年夏秋多旱，反之，多雨。江南以此日为"长工生日"，谚语云："三月廿五落，长工街上踱；三月廿五晴，长工无处寻。"天旱，长工忙。

立夏日晴，主久旱。"立夏不下，无水浇花。"

四月初四晴，主是年水稻丰收。

四月初八，阴而无雨，主水稻丰收。"四月初八乌漉秃，不论上下一齐熟。"

芒种日雷，主丰收。"芒种闻雷米似泥。"

五月初一雨，主多雨。"初一落雨井泉浮。"

五月初五雨，主丰收。"端阳有雨是丰年。"

小暑日雷，主多雨。"小暑一声雷，倒转做黄梅。"

六月初三晴，主旱。"六月初三晴，山筱尽枯零。"

七月十五雨，主秋季多雨。

七月二十雨，主此年棉花收成不好。"雨打七月廿，棉花弗上店。"

八月初八晴，主来年春暖。

八月十五晴，主来年元宵晴；雨，主来年元宵雨。"八月十五云遮月，来岁元宵雨打灯。""云罩中秋月，雨打上元灯。""十五不见圆月，元宵不见华灯。"

八月廿四雨，主秋收时多雨。

九月初九晴，主冬天多晴天。"重阳无雨一冬晴。"

九月十三晴，主是年冬天晴暖。"重阳无雨看十三，十三无雨一冬晴。"

立冬日晴，主是年冬天多晴暖天气，反之则相反。"卖絮婆子看冬朝，无风无雨哭号啕。"

十一月十七东南风，主米贵；西北风，主米贱。

十二月初三晴，主长期干旱。

十二月三十东北风，主来年五谷大熟。夜晴，主来年棉花丰收。

3. 动物之兆

梁章钜《浪迹续谈》卷八云："吾闽有'猫衰犬旺'之谚，谓人家有猫犬自来，主此兆也。然此语亦自古有之，而各不同。娄氏《田家五行》云，凡六畜自来，可占吉凶。谚云：'猪来贫，狗来富，猫儿来，开宝库'。此与闽语不合。又江盈科《雪涛谈丛》载其邑谚，有'猪来穷来，狗来富来，猫来孝来'。故猪猫二物，皆为人忌，有至必杀之。又《雅俗稽言》云，俗称'猫儿来，带麻布'，又称'猫儿来耗家'。盖其家多鼠耗，故猫来捕之，因'耗'误为'孝'，又因'孝布'转为'麻布'耳。金海住先生云：'此等语，闻诸长老，谓是已然之效，非将然之象也。穷则墙坍壁倒，猪自阑入；富则庖厨狼藉，狗自赴之；开当铺则群鼠所聚，猫自共捕耳。'"吴地也有"猪来穷，狗来富，猫来开典当"的说法。金海住说得好，应该是"已然"之象，而不是"将然之象"，人们把因果关系颠倒了，所以有这样的以动物之兆来占卜的风俗。其实，还有许多占卜的风俗是如此。

4. 植物之兆

如芦苇在夏天暴热之时，忽然枯萎，主有大水。

李树在秋天开花，主有大霜。

柳树腊月柳青，主来年夏秋间米贱。

麦子花在白天开，主多雨水。

稻花白而瓣少，主米贱；多而色黄者，主米贵。

苔，夏初苔生水底，主有暴雨。

5. 身体之兆

打喷嚏主有人想念，这是《诗经》中就有的说法，当然是迷信。左眼皮跳主吉，右眼皮跳主凶，则也是迷信的人们所在意的。①

至于梦兆，则在意的人更多了。以下就占梦论之。

古人认为，"众占非一，唯梦为大"，因为梦兆来于人体自身，且以形象的方式出现，跟其他占卜术中的兆相比，梦兆与现实世界中的环境最为接近，所以，占梦术在历代都很盛行。②

梦是什么？梦是人们的所见所闻所感，包括过去的经历和现在的环境等，在潜意识表层中的曲折反映，是人们的意识处于休息状态时，头脑中对某些事物的回忆、思考、感受、期望、恐惧、预测、想象等潜意识活动。因此，梦境与做梦者的过去和现实之间，确实有复杂的联系在。过去、现实、未来之间，无疑是有必然联系的。梦境与未来，一虚一实，二者与过去或现实之间，都存在着联系。因此，虽然并不是每一个梦境都与未来之间有联系，但有的梦境，确实与未来之间存在着间接的复杂联系。在这一点上，梦境这种潜意识活动，跟意识活动，有相同之处。根据过去和现实，人们可以通过思维来预测未来。有的预测后来证明是正确的，有的则不是正确的。预测未来，重要的是对过去和现实及事物的发展规律有充分的把握，不能做到这一点，就无法预测未来。

有时候，人们在潜意识中对过去或现实的思考和感受，对未来的想象或预测，比清醒地在意识中进行的此类心理活动，更为灵敏，更为准确。只是这些思考、感受、想象、预测，多是通过不一定符合生活逻辑的梦境曲折地在潜意识中反映出来。因此，通过一个人的梦境，我们可以分析他所经历的

---

① 相似的，爱尔兰民间信仰中认为，一个人右耳朵发热，那是有人在赞扬他，左耳朵热，那是有人在背后诽谤他。见《爱尔兰民俗学会杂志》1936 年版（The Journal of The Folklore of Ireland Society, Published for The Society by the educationgal Company of Ireland, 89 Talbot Street, Dublin, 1936）。我国有的地方也有这样的说法。

② 占梦术存在于世界上许多地区。例如，美国德克萨斯地区民俗中有这样的说法，将一镜子置于枕头底下，枕之而睡觉，连续如此三夜，最后一夜为星期五之夜。是夜，睡觉者所梦见的人，就是其人将来的配偶。一说，这连续三夜梦见同一个人，此人就是其人将来的配偶。梦见死亡为婚礼之兆；梦见丧事为婚礼邀请之兆；梦见婴儿为婚姻幸福之兆；梦见自己结婚为终身不偶之兆。见Mody C. Boutright 等编《德克萨斯民俗和民间传说》，Southern Methodist University Press，1995 年版，第 231 至 232 页。

事,他所见所闻的事,或是他身处的现实环境以及他此时有关的心理状态,如对某些事情恐惧、希望、喜欢、犹豫等。对一个人梦境的准确分析,能对他的过去或现实环境的分析更为准确。而对他的感情和现实环境的准确分析,无疑有助于准确地分析、预测他的未来。如果说,梦兆有时候确实对预测未来起作用,那么,道理就在于此。

除了有助于准确地预测未来外,分析梦境,有时还有着人体科学研究方面或心理学方面的意义。治疗许多心理或精神疾病,分析病人的梦境,几乎是必不可少的手段。

准确地分析梦境,揭示梦境与做梦者过去或现实之间的联系,以及他的心理状态,不是一件容易的事。

人类的精神活动,都离不开主体所处的文化背景。梦境多不合生活逻辑,有的甚至是混乱不堪、荒诞离奇的种种场景或事件。这些场景或事件,与做梦者的过去或现实以及他的心理状态之间,有时看上去没有什么联系。但实际上,这种现象乃是信息转换所致。这种信息转换的依据,就在于做梦者所处的文化背景之中。做梦者所处的文化背景中,甲事物与乙事物之间,存在着某种联系,这种联系,是做梦者所熟知的,至少是知道的。做梦者在潜意识中所记忆、所思考、所期望、所恐惧的是甲事物,但在梦境中反映出来的,却可能是乙事物,因为,在做梦者头脑中所储存的信息中,甲事物与乙事物之间,存在着某种联系。在信息之间相互组合、冲荡、离散等等的潜意识活动中,甲事物被转换成了乙事物,并在潜意识活动的表层亦即梦境中反映了出来。因此,分析梦境的重点,在于怎样把梦境中的乙事物,还原成甲事物。只有这样,我们才能准确地分析出梦境中反映的做梦者的过去或现实及其心理状态。怎样根据乙事物而去寻绎出甲事物,那就要到做梦者的文化背景中去探索了。

因此,分析一个人的梦境,必须结合他的文化背景,这是最为重要的。用弗洛伊德的有关梦的释义来分析中国人的梦,往往无法作出准确的分析,道理就在于此。

中国人的梦,只有放在中国文化背景下进行分析,才最有希望得出准确的结论。古代占梦术中,充彻了荒谬的成分,具体的分析,尤其多可笑之处。但把梦境放在中国文化背景下进行分析,这个研究方向,确实是有道理的。如何在中国文化背景下分析中国人的梦,古代占梦术中有些方法,是值得借鉴的。下面列举其中最常见的几种。

(1) 象征法。古人占梦时,常从梦中的事物着手,分析这些事物的象征意义,然后,再探索此梦所预兆的内容。事物的象征意义是象征法占梦的文化、心理基础。

(2) 比喻法。将梦中的事物,与做梦者现实环境中的事物联系起来,如果某些事物在某些方面有些相同或相似之处,就以此为基础,将梦境比附现实,得出梦境所寓的内容。这种方法与象征法的区别在于:象征法占梦术中,梦境中的事物,有相对固定的象征意义,而比喻法占梦术中,梦境中的事物,其意义是不固定的,要联系做梦者的现实环境,随境托喻,以梦境中的某事物比喻现实环境中的某事物,加以研究。在占梦术中,这是最为灵活的一种方法。

(3) 连带法。甲事物与乙事物之间,或是因果关系,或是标本关系,或是从属关系,或是并列关系,或是其他什么关系,总之,它们之间有连带关系。因此,梦中的甲事物,常为乙事物。在现实世界中,甲事物与乙事物有密切的关系,人们在思考甲事物时,意识或潜意识中,往往会涉及乙事物,思考乙事物时亦然。所以,人们梦见甲事物,往往是情关乙事物所致;梦见乙事物,往往是情关甲事物所致。

(4) 谐音法。中国语言文字的一个显著特点就是同音、近音字很多。民间的许多切口、口采,都是建立在这一特点之上的。谐音法占梦也是如此。所谓谐音法,就是将梦境中事物的名称,与当时现实环境相联系,在当时的现实环境里,找到音同或音近的事物,再根据梦的情节,加以研究。

(5) 形字法。这与拆字有相同之处。不过,拆字只是根据求卜者所出示的或拈到的字,拆解成若干个字或笔画,然后根据这些字或笔画,附会连贯成答案。占梦术中的形字法,则是将梦境中的事物,组合或拆解为文字,然后,根据所得文字,来研究此梦。

(6) 引典法。就梦中所见事物或情景,与有关的典故、名句、成语、熟语、歇后语甚至诗词文章联系起来,结合做梦者所处的现实环境来研究。

(7) 直叶法。直叶,也叫直解,顾名思义,就是对梦境作直接的理解。其实,用直叶法解梦而应验之梦,乃做梦者对他所处现实环境所作的一种下意识的思考、判断、想象等一系列思维活动的反映。这些反映的某些部分,正好与现实环境中某些事物的发展相符合。

(8) 反极法。古人认为,任何事物,都有相反的两极,从一极可以看到另一极。而且,这两极,都不断地向相反的那极转化。这种转化,不是孤立的,而是与其他许多事物两方面的转化紧密结合在一起的。占梦术中的反极法,正是建立在这样的认识基础之上的。梦是阴,现实为阳;梦是虚幻的,现实是真实的。梦和现实,正好是相反的两极。因此,梦中凶,现实中相反,正是吉;反之,则相反。如庄子说,梦见自己饮酒作乐,次日定有哭泣之事。梦中哭泣,次日会有出去打猎之事。列子说,梦饮酒者忧,梦歌舞者哭。将饮梦火,将疾梦食。佛书上也说,冻人梦衣,饥人梦饱。苏轼诗:"饥人忽梦饭甑裂,梦中一饱百不忧。"黄山谷诗:"饥人常梦饱,病人常梦医。"古籍所载占梦灵验的实例中,反极的例子是很少的,因为它与直叶正好相反。

二、求来之兆

为了选择,或者为了预知,要求兆占卜。基本方法有二,一是向神灵求兆,二是用某些物品,按照一定的规则,占卜求兆,凭兆作出判断或推知结果。此类占卜术也甚多,有抽签、掷筊、掷钱币等,兹仅举拆字论之。

拆字,也叫测字,乃古龟卜之余意。以向卜者所书之字为兆,而行占卜,要皆附会,多在汉字结构上做文章。汉字的许多特点,为拆字提供了方便。

最普通的拆字方法,是将一字拆成若干字或偏旁、类偏旁、笔画,将它们的意义联系起来,推断结果。或改动字的笔画结构,成另一字,来推断结果。或与相似的其他字联系起来,或结合书法推测,或联系求卜者的身份等情况,来牵强附会。有时同一字有几种测法。南北宋之际,杭州有人写了个"杭"字请人拆字,拆字的人说:"金兀术快要来了!""兀"字去点,就近"兀",那一点移到左边的"木"上去,就成了"术"字。宋高宗微行,写了个"春"字叫人拆字,拆字的人说:"秦头太重,遮日无光!"这是利用拆字暗示他被秦桧控制了。这些,当然是小说家之言,以文字做游戏。

第六节　谶语、口采与语讳

一、谶语

谶语本是阴阳术数家们的预言。这类预言,范围极广。大到预言国家兴亡,时代变迁,如旧时流传于民间的《推背图》、《黄蘖禅师语录》等,即是此类。小到什么地方什么时候会出状元宰相,土匪盗贼。许多地方都有这类预言,它们又往往是以歌谣的形式出现的,有的甚至还代代相传。《后汉书·五行志》中云:"千里草,何青青;十日卜,不得生。"这是预言董卓死亡的。宋代福建兴化府城内,流传着这样的谶语:"拆了屋,换了椽,朝京门外出状元。"北宋熙宁间,改建了城门,果然出了个状元,叫徐铎。南宋绍兴间,兴化兵变,城门被毁,乱平,城门又被修复。于是,朝京门外的市区又出了个状元黄公度。

谶语产生在汉代,是天人合一、天人感应学说的产物。人们认为,谶语体现了上天的意志,事物的发展,必定如此,非人力所能改变,人们应该顺应天的意志。所以,谶语从产生开始,一直到旧时,在民间确实是有一定影响的。某些人想达到某种目的,就往往要造一些谶语,广为散布,以动人心。王莽和东汉光武帝刘秀,都玩过这样的把戏。明末宋献策,也给李自成献上"十八子,主神器"的谶语,说是古人所造的。隋唐两代,严禁民间收藏和流传谶纬一类的书。宋代开始,不禁止此类图书。

古籍所载谶语不少,有的是对前人所写文字的牵强附会,有的则是有人出于某种目的而编造的。

有一种谶语,是人们无意中造的。人们说出或写出某些语句,本来与某些事全不相干,但有人对这些语句作牵强附会的分析,认为这些语句除了表达者所要表达的意思外,还隐藏着其他的意义,在冥冥之中预兆了某些事情的发生。特别是在有些事情发生后,人们惯于寻找此前的征兆,将此前本与此事无关的话加以分析,认为这些就是预兆,就是谶语。如果这些所谓的谶语是诗是词,那么,也就是诗谶或词谶了。晋朝大官石崇,家中豪富,有别墅名"金谷园",一批诗人,常在那里雅集做诗。著名诗人潘岳,是他的好朋友。有一次,潘岳做了一首诗送给石崇,中有:"投分寄石友,白首同所归。"这是写他们之间的友谊的。后来,石崇和潘岳都被杀。两人在刑场上相见时,石崇对潘岳说:"我们真是你所说的'白首同所归'啊。"潘岳先前作的这句诗,正是他们同时归向大自然的"诗谶"!

在民间信仰中,谶语预兆着事物发展的前景或结果。预兆好的前景或结果的谶语,叫做吉谶,相反,则叫凶谶。趋吉避凶是最普遍的民俗心理,于是,人们就制造出一些吉利的语言,特别是名称,希望它成为吉谶。另一方面,人们又设法避免一些不吉利的语言和名称,以免它们会成为凶谶。于是,口采和语讳这两大民俗现象也就产生了。

二、口采与语讳

口采,俗称讨谶意,即在某些场合,着意说一些吉利的话,用一些吉利名称的物品,甚至是一些名字对自己说来有吉利意义的人,希望这些吉利的名称和语言成为吉谶,给自己或他人带来相应的好运气。例如,张光藻《龙江纪事七绝》自注云黑龙江俗:"元旦担水抱柴叩门户,问之,答曰:'送财'。入而置其水与柴灶釜中,贺曰'添财添财'。家家如是。"光绪二十九年,补行二十七年皇帝三十寿庆恩科进士考试,状元的姓名是"王寿彭"。这个名字的意思是"像彭祖一样长寿"。很明显,考官取他为状元,是他的名字好听,能讨皇家的欢心。同治七年,慈禧太后接见新科进士,听主持者点名。当点到"王国钧"时,她掩住耳朵道:"好难听!"因为这名字听上去就是"亡国君"!王国钧从此就没有了平步青云的希望,改了名字,还是沉沦下僚,郁郁不得志。民间婚丧喜庆包括造新房等时,梯子叫"步步高",芝麻秸叫"节节高",爆竹叫"高升",即使是平时,猪舌头也叫做"猪赚头",因为"舌"与"蚀"在吴方言中很相近。不吉利的词句,人们尽量地避开,怕这些词句会成为凶谶。这些不吉利的词句,就是语讳。在喜庆场合,语讳尤多,怕不吉利的词句,冲淡了喜庆气氛,给喜悦蒙上了不祥的阴影。例如,"死"、"病"之类的话,在喜庆场合或典礼上,是不能说的。至于"癌症"等,连在平时,人们都尽量避免提到。还有,某些行业,有自己特殊的语讳,例如,船家忌讳"翻"字,小偷忌讳"打"字,土匪忌讳"败露"的"露",所以"带路"也叫"带条子"。

第七节 祭祀与驱除

一、祭祀

祭祀是最常见的迷信行为,其心理基础,是以人待鬼。鬼神是人们按照人的形象造出来的,具有人性。在人们心目中,鬼神与人一样,也有七情六欲,也要吃穿住行,也要花钱。精灵也要得到人们的尊敬,甚至也要欣赏文艺,听音乐。有些邪神,还有某些丑陋的人性,例如贪财好色、欺软怕硬等。

一般的祭祀,供品常常是食物,香烛和纸钱等。较隆重的祭祀,还有歌舞、戏剧、杂技等娱乐活动。祭祀的目的，大致有三：一是申敬。这主要是祭祀祖先和忠臣孝子、圣贤、节烈等神，具有缅怀、纪念的性质。如陆以湉《冷庐杂识》卷二所载清代读书人八月廿七祭祀孔子的风俗，就是如此。二是酬报。得到了神的好处和坏处，都要酬报。例如，古代祭祀八蜡神和火神，就是如此。八蜡神是农业神灵，腊月里祭祀它们，有酬报它们这一年中保佑的意思。火灾后还要祭祀火神，鲁迅杂文中也说过有这样的风俗，因为火神保佑，所以损失还没有更大。三是祈求。求神灵赐福，或者消灾。《礼记·郊特牲》载伊耆氏时《蜡辞》云："土反其宅，水归其壑。昆虫勿作，草木归其泽。"《文心雕龙·祝盟》载舜之祠田云："荷此长耜，耕彼南亩。四海俱有。"《史记·滑稽列传》中云"道旁有禳田者，操一豚蹄，酒一盂，祝曰：'瓯窭满

祭先蚕

箸,污邪满车。五谷蕃熟,穰穰满家。'"祭祀的时候说一些祈求的话,在现代还是常见的。古代的"送穷"之俗,祭祀"穷鬼",也是一种祈求:祈求他离去。所谓"祀厉",就是祭祀厉鬼,求他们不要为害。当然,这三种目的,往往是结合在一起的,有时是两种结合在一起,只是有所侧重而已。即使是祭祀祖先,也不仅仅是为了申敬。

祭祀的方式,有庙祭、家祭、墓祭等。祭祀的用品、规模,因所祭祀的神灵、目的以及条件等而异。立祠庙祭祀的神灵,往往有误。究其原因,乃年代久远,缺少足够的文字资料,乡人口耳相传,所祭某人,其庙某名,未必确实,再加或逞其私臆,妄为解释,因而容易致误。如"羽林将军庙"被误成"雨淋将军庙";"杜拾遗"、"陈拾遗"之"拾遗"被误为"十姨",或一女,或十女居一庙;伍子胥被误成"五髭须"而塑像与其名一致。此皆可笑者也。有的庙,到底所祭为何神,已很难明了。如江苏高邮南露筋祠,或云所祭乃一被蚊子咬死之贞节女子;或云鹿死被虫所食露筋,所祭者乃鹿也;或云所祭者为五代时将军名路金者。宋代米芾《露筋庙碑》云所祭乃女子。明代以下,其像作女子,俗称仙女庙。明清诗人,题咏者颇多。

古祭祀大神,如天地等,要用太牢、少牢。一般认为,太牢为牛,少牢为羊。然宋朝王勉夫《野客丛书》卷三、清朝福格《听雨丛谈》卷十一,认为太牢、少牢乃祭祀时的器皿名称,考证甚详。祭祀寻常的鬼神,一般只是用些肉类和蔬菜。如祭祀狐狸精,小说中常说用"只鸡斗酒"。赵翼祭祀狐狸精,所用不过鸡蛋两个,清酒一杯,据说居然也收到了效果(见其《檐曝杂记》卷二)。有的祭品,是祭祀某些神灵所特有的,大抵出之于传说和人们的想象。旧时二月初一,北方有祭祀太阳的风俗,祭祀用品是面饼、白菜和凉水一碗。有的神灵,据说忌用某些食品祭祀,如张大帝忌猪肉,马明王、财神赵公明也忌猪肉。许多神灵,特别是佛教中神灵,还忌荤菜。

如果人遭到邪恶的鬼神危害,或者某处有邪恶的鬼神,就得设法让他走。其法常用者有二,一是祭祀,二是驱除。前者是软的一手,后者是硬的一手。有时是软硬兼施。

二、驱除

驱除之俗的心理基础,与祭祀一样,也是以人待鬼。其方式主要有:

(1) 以威猛形象驱除。宋朝周密《癸辛杂识前集》卷十八《呼名怖鬼》云:"刘胡面黝黑,似胡蛮,人畏之。小儿啼,语云:'刘胡来!'便止。杨大眼威声甚振,淮泗荆沔之间,童儿啼者,呼云:'杨大眼至!'即止。将军麻秋有威名,儿啼辄呼:'麻秋来!'即止。檀道济雄名大振,魏甚惮之,图以禳鬼。江南人畏桓康,以其名怖小儿,且图其形于寺中,病疟者写其形贴床壁,无不立愈。"

(2) 以威猛声势或暴力手段驱除。这方面,古时候的驱傩就是个典型的例证。放爆竹,本也是以其声威驱除邪魅。

(3) 以正神驱除。这些正派神灵,如关帝、碧霞元君、城隍、土地、门神、灶神等驱除邪恶鬼神,神怪小说中,此类情节尤其多。

(4) 以权势驱除。身居高位或将来要身居高位的人,邪恶的鬼神会害怕他们。这种迷信,在民间也很普遍。权势的象征物官印,据说也有驱除邪恶鬼神的功能。权势对人有威慑力,当然,对鬼神也就会有威慑力。民间思维中如此。

(5) 以某些具有巫术力量的物品驱除。如民间信仰中认为,桃木、网、《易经》、八卦等,都有驱除邪恶鬼神的功能。①

(6) 以药物或象征性药物驱除。人们认为,人生病,是鬼魅所致。那么,人用了药物,病好了,这又如何解释呢?人们这样解释:鬼魅被药物消灭、赶跑或控制住了。这是以鬼神观念对药物作用的一种歪曲的解释。药物既然能消灭、控制或赶跑鬼魅,鬼魅一定怕药物,于是,人们就用药物来驱除鬼神。如旧时北方四月初一,有带皂荚叶之俗,说是能驱疫辟邪。又于是日剪纸葫芦贴于窗。端午节,这一类风俗不少,见本书有关部分。

(7) 以符咒驱除。这在上文论符咒部分已言之。以符咒驱除之事,小说中很多。见之于节日风俗者,如:谷雨日,有些地方有驱除蝎子之俗,书符念咒。《灵石县志》云:"谷雨日,人家多写《禁蝎帖》,粘于壁上,词曰:'谷雨三日中,老君下天空。手拿七星剑,斩断蝎子精。'"《同官县志》云:"谷雨日,贴压蝎符于其壁,书咒其上曰:'谷雨日,谷雨晨,奉请谷雨大将军。茶三盏,酒三巡,送蝎千里化为尘。'"这把蝎看成是由鬼神主之,"蝎精"即是也。

本章所论民间信仰方式,当然都是荒谬的。以上不少有关这些信仰方式的材料,多见之于古人笔记。因为这些资料,在民俗资料一类书中难以找

---

① 爱尔兰风俗,婴儿外出,在他衣服上系一根针,邪恶的精灵就不会来伤害他了。见《爱尔兰民俗学会杂志》1936年版(The Journal of The Folklore of Ireland Society, Published for The Society by the educationgal Company of Ireland, 89 Talbot Street, Dublin, 1936)。

到,故于此引用得比较多。我们当作研究民俗学的资料,可也;当作研究当时人们心理和社会状况的资料,可也;当作小说看,亦可也。当作要达到自己某种目的的手段而仿效,则万万不可也!社会思维方式,确实曾经存在这一段现在看来非常可笑的历程!而我们,千万不能回到那段历程中去!这一点,读者要千万牢记!

第六章　民间节日风俗

我国民间节日风俗，例按夏历，然亦有按二十四节气或干支者。

夏历，即今之农历、阴历。其名为夏，乃后人言之，实是汉武帝改太初历后施行。此后，历代多所修改，至清而益趋于精密、完善。就其性质而言，当是阴阳合历，因为它既明地球于黄道之位置，又明月亮于白道之位置。然其于前者，颇为疏阔，而于后者，堪称精密，称为阴历，是有道理的。就表明地球于黄道之位置而言，夏历远不及公历精密，公历纯阳而无阴，故称阳历。夏历之称农历，盖农家以此安排农事也。然夏历既疏阔于明时序，农家若一以此为准安排农事，必有参差。二十四节气，则能补夏历之缺陷。

所谓二十四节气者，所由来者远矣。有歌诀以纪之云："春雨惊春清谷天，夏满芒夏暑相连，秋处露秋寒霜降，冬雪雪冬小大寒。"二十四节气明地球于黄道之位置，堪称精密，可以与公历相匹。农家以此安排农事，决无失时之虞。二十四节气之中，"四立"、"二至"、"二分"，是为八节。四时八节之语，泛指一年中之节日，然推其原，四时即春夏秋冬，八节则谓此八节气也。此八节气，亦皆是传统节日，各有节日活动，然或今仍行之，或已不行耳。一年又分七十二候。候者，气候、物候之候也。民间节日，尚有以干支纪者，然不多。

第一节　春季节日风俗

一、春季节日风俗概览

立春：俗称春朝，旧时风俗有：打土牛。土牛为用土制造成的牛的造型，有劝耕的意思。立春幡，戴春胜，贴宜春帖，表示庆祝春天到来的意思。生吃萝卜、葱、韭等带辛辣的食物,叫做"咬春"。在某些树枝烧成的灰中浴蚕种。

正月初一春节:详见下文。

正月初五路头生日:见下文。

正月十五元宵节:见下文。

正月廿九穷九日:有送穷鬼之俗。

正月最后一天:古普遍于此日送穷鬼,韩愈有名文《送穷文》。

社日:有祭祀土地神之俗,见本书第三章有关部分。

二月初一中和节:古有相互赠送种子等俗。

二月初一:北方以此日为太阳生日,有祭祀太阳之俗。

二月初二龙抬头:风俗有:到水边打水回家,叫"引龙回"。吃面,叫"吃龙须",吃饼叫"扯龙鳞",吃葱饼叫"扯龙皮",吃饺子叫"攀龙角",吃猪头叫"吃龙头",剃头叫"剃龙头"。妇女不动针线,以免伤龙。放年假学生是日开

春牛图

学,叫"占鳌头"。

二月初三文昌帝生日:见本书第三章有关部分。

张大帝生日:诸说不同,从二月初八到二月十一,前后必有降温和风雨等。张大帝是道教中的一个很有影响的神。

花朝:也叫百花生日,有二月初二、二月初十、二月十二、二月十五等说,各有不同,有用五彩丝或彩色绸布条系在花枝上"赏红"和祭祀花神等俗。

二月十五太上老君生日:有到道观祭祀等俗。

二月廿八老和尚过江:有大风,气温下降。

寒食节、清明节:见下文。

谷雨日:北方许多地区,有用符咒禳毒虫等俗。

上巳节:见下文。

三月三日真武大帝生日:真武大帝为道教中大神。此日有祭祀等俗。

三月初五大禹生日:浙江大禹庙所在地区,有祭祀等俗,一说六月六日为大禹生日。

三月十五日财神生日:见本书第四章财神部分。

三月十六老把头生日:北方许多山区有此节日,有祭祀等俗。"老把头"为山神。

三月廿三天后生日:见本书第三章"水神"部分。

三月廿八东岳大帝生日:有祭祀等俗。东岳大帝为泰山神,也称泰山府君,在民间信仰中,掌管人的寿命长短。

二、重要的节日风俗

1. 元日

夏历正月初一,古称为元日,又称正旦、元旦、岁朝、年朝等。辛亥革命后,则称春节,因为其元旦之名,为公历一月一日所假,久假而不还,故元日便称春节,因为此日与立春相近。元者,本义为首,元首、元凶、状元之元,皆为此义。元日之元,为开始、第一,亦首的意思。正旦之正,读平声,或云避秦嬴政之讳。旦为天亮。朝,有早晨、一日(一朝)、初等义,此为初义。月朝、月夕,语见《荀子·礼论》。古官方和民间,都以元日、寒食、冬至为三大节,衙门放假七日,有所谓"前三后四"之说。

春节风俗很多,现择要介绍。

(1)放爆竹。元日放爆竹之俗,据说是起于驱除山臊恶鬼。东方朔《神异经》云："西方深山中,有人长尺余,犯人则病寒热。名曰山臊。人以竹著火中,嗶哔有声,而山臊惊惮"。以爆竹惊鬼之俗,当是人们从以火驱除野兽的生活经验中发展出来的。元日放爆竹之俗,梁朝宗懔《荆楚岁时记》中就有记载,也说是用来驱除山臊恶鬼的。南宋范成大《石湖诗集》卷三十《腊月村田乐府》有《爆竹行》一诗,写吴地腊月二十五放爆竹之俗,于当时爆竹之制造和放爆竹之命意言之甚详:"食残豆粥扫尘罢,截筒五尺煨新薪。节间流汗火力透,健仆取将仍捷走。儿童却立避其锋,当阶击地雷霆吼。一声两声百鬼惊,三声四声鬼巢倾。七声八声神道宁,八方上下皆和平。却拾焦头叠床底,犹有余威可驱厉。"可见爆竹的驱除之威,是何等的厉害了。

后来的爆竹,早已经不是燃竹而爆,而是以纸包裹火药为之,不过仍然沿用旧称,称为爆竹。吴人也称爆竹为爆仗或爆杖。清人顾禄《清嘉录》卷一云:"岁朝开门,放爆竹三声,云辟疫疠,谓之开门爆仗。"可以知道,在清代,元日放爆竹,仍有驱鬼辟邪的意思。

今俗,春节早晨开门后,马上放爆竹数声,一般是两声,但是,这已经完全没有了驱鬼辟邪的意思,只是表示吉庆,增加喜庆气氛。

(2)春联。春联起源于民间对桃的信仰。

第一步,从桃信仰到桃梗。俗传后羿死于桃木大棒。《淮南子·诠言训》云:"羿死于桃棓。"高诱注:"棓,大杖,以桃木为之,以击杀羿。由是以来,鬼畏桃也。"可知此信仰甚古。《礼记·檀弓》:"君临臣丧,以巫祝桃茢。"意思是说,国君去参加大臣的丧礼,怕遭到鬼邪的伤害,就叫巫师拿着用桃树枝扎成的扫帚样的东西,在前面保卫,鬼邪见到桃树枝,就不敢来了。《礼记·夏官·戎右》、《左传·哀公二十九年》亦有此类记载。后世戏曲、小说、民间故事中,以桃驱鬼、镇鬼之事极多。幼儿出行,其身挂数枚二三寸小桃枝,用以驱鬼辟邪,某些地区,至今仍有此俗。扶桑著名神话故事《桃太郎故事》,亦有以桃驱鬼之情节。

雕桃木成人形,是为桃偶,亦云桃梗,乃桃驱鬼辟邪功能之形象化。古有于元日以此立于门驱鬼辟邪之俗。王充《论衡·订鬼》云:"《山海经》又曰:沧海之中,有度朔之山,上有大桃木,其蟠屈三千里。其枝间东北曰鬼门,万鬼所出入也。上有二神人,一曰神荼,一曰郁垒,主阅领万鬼。恶害之鬼,执以苇索,而以食虎。于是黄帝乃作礼,以时驱之,立大桃人,门户画神荼、郁垒与虎,悬苇索以御凶魅。"(按语:今本《山海经》无此)鬼畏惧桃之信仰,或源于此故事。以桃偶置门户驱鬼辟邪之俗,亦无疑本此故事而设。

《山海经》作于战国至汉初,据此,诸般"御凶魅"之俗,虽然未必黄帝时即有之,至晚于汉代初年,实已有之矣。

宋陈元靓《岁时广记》卷五引《战国策》中苏秦以土偶、桃梗之对话故事谏孟尝君入秦,述土偶人对桃梗语,有云:"今子,东国之桃木,削子为人,假以丹彩,用之以当门户之疠。"今本《战国策·齐策三》载此事,无"假以丹彩,用之以当门户之疠"二语,味其语意,当非后人之所妄加。后汉高诱注《战国策》,于"今子,东国之桃木,削子为人"云:"东海中,有山名度朔,上有大桃,屈盘三千里。其卑枝间东北曰鬼门,万鬼所由往来也。上有二神人,一曰荼与,一曰郁雷,主治害鬼。故使世人刊此桃梗,画荼与与郁雷首。正岁以置门户。辟号之门。荼与、郁雷,皆在东海中,故曰'东国之桃梗'也。"所言与《山海经》所载相同,仅神名稍有异耳。据此,则战国时代,已有此俗矣。又

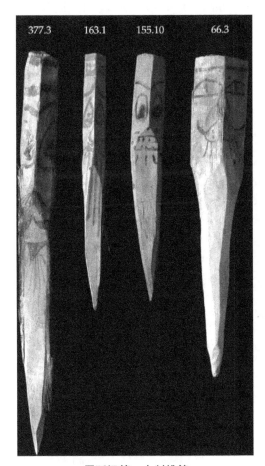 

居延汉简一木制桃符　　　　　　清代的桃符

张衡《东京赋》云:"度朔作梗,守以郁垒,神荼副焉,对操苇索。"应劭《风俗通义·祀典》云:"除夕饰桃人,垂苇茭,画虎于门。……冀以卫凶也。"干宝《搜神记·佚文》云:"今俗法,每于腊终除夕,饰桃人,垂苇索,画虎于门,左右置二灯,像虎眼,以祛不祥。"所言皆同一风俗,而渐踵事增华矣。

第二步,从桃梗到桃符。桃梗而为桃符,南北朝时已然,其物又名桃枝、桃板、仙木等,而以桃符之名为最著。梁朝宗懔《荆楚岁时记》云:"(元日)造桃板著户,谓之仙木。……贴画鸡户上,悬苇索于其上,插桃符其旁,百鬼畏之。"桃符之制未详,从"符"字推想,当于桃板画桃树之形象,较之桃梗,方便而且美观。辅之以他物,犹像度朔故事。

唐之桃符,其制亦未详,而宋之桃符,则其制不一。或以宽径寸、长七八寸之桃枝劈为二,上书祈福禳灾词语,插于门之左右,以像度朔故事也。或以长二三尺、宽四五寸之薄板,上部分画狻猊(狮子)、白泽(传说中的神兽)之类吉祥动物,下部分画神荼、郁垒,或又书祝祷之语于其上,于元日挂于门,左神荼而右郁垒,左狻猊而右白泽(见宋代高承《事物纪源》卷八、陈元靓《岁时广记》卷五等)。此则驱鬼辟邪而又兼祝吉祈福矣,与新年之喜庆气氛相协调。

第三步,从桃符到春联。上面写有祝颂之语的桃符,若其上所书,乃对仗之二语,则春联生矣。事实正是如此。世传第一副春联为五代时(其实已经进入北宋了)西蜀君主孟昶所撰,云:"新年纳余庆,嘉节号长春"(《宋史·西蜀孟氏世家》)。就形式而论,此联对仗工整;就内容而论,纯见喜庆,不见驱邪,已远离桃符之本旨矣。对仗形式与喜庆内容,正是春联之特点。

春联自产生至成风俗,尚需时日,故宋代尚有如上所云桃符之制,且其上所书词语,亦非尽联语。然桃符之命意,由驱邪而兼具喜庆,而纯为喜庆,则为趋势,词语之形式,亦渐趋于对仗。其趋于对仗之原因,大致有二,一是民间素重对称之美,

上下联颠倒

二是受律诗之影响。王勉夫《野客丛书》、周密《癸辛杂识》皆录宋人桃符语，于此可知此二趋势，而春联之制，得以普及，而此风俗成矣。清人陈尚古《簪云楼杂说》谓春联始自明太祖朱元璋，顾禄《清嘉录》已斥其妄。当然，后来的春联，不再写在桃木板上，而是写在红纸上，也不再叫做桃符了。喜庆的内容与对仗的形式，则仍然是它最基本的特点，而桃符原来的辟邪的命意，也不再具有了。

(3) 年画。年画之起源，亦当为度朔神话，前已详言之。桃符、神荼、郁垒、虎而外，鸡亦为门饰以驱鬼辟邪者，见诸宋代严有翼《艺苑雌黄》，而此俗亦起源于度朔神话。宗懔《荆楚岁时记》引《括地图》云："桃都山有大桃树，盘屈三千里。上有金鸡，日照则鸣。下有二神，一名郁，一名垒，并执苇索以伺不祥之鬼，得则杀之。"此当为《山海经》等所载度朔故事之变体。要之，设诸物于门，驱鬼辟邪。然诸物为赋予吉庆美观之用，而驱鬼辟邪之意识淡化，于是年画就产生了。由吉庆美观之主题，年画千姿百态。由清人潘鼎一《金陵岁时记》所载，可见一斑，云："金陵人家，大门之有门神者，不多概见。惟后门贴钟馗。内室各门不一。其制：年老者用《推车进宝》、《四季平安》；少年则《麒麟送子》、《五子夺盔（魁）》、《冠带流传》等图。单扉则贴一圆形和合，名曰一团和气。亦有摹财神、仙官形象者，义取吉祥而已。其制以矾水浸纸模印其上，施以五彩水。西门谢合泰作厂最工。其售自苏州者，亦苏画，模印戏剧人物，形神毕肖。儿童多争购之，谓之年画。"

就风格论之，年画大多色彩鲜明，大红大绿，以粗线条为多。民间审美

富贵平安

趣味,于此可见。苏州桃花坞、天津杨柳青、山东潍县,刻印年画,历史悠久,所制年画,负有盛名。今某些出版社,亦印制年画。挂历,实亦年画之一类也。

(4) 拜年。亲族间拜年之礼,南北朝时即有之。社交性之拜年,北宋已盛。然多不亲往,仅令仆人持名帖投之。明清社交性拜年益盛,益虚伪。此风官场较民间为甚。拜年自元日起,有至元夕者,谓之拜灯节,谚有"有心拜年,寒食未迟"之谑。拜年之俗,今仍行之,寄贺年片之俗,亦古投名帖拜年之类。

(5) 春节饮食。春节饮食,多美食美味。如饺子、馄饨、团子,这几样是极为普通的春节食品。此外,还有麦芽糖,人称"胶牙糖",说是春节吃后,牙齿坚固;还有椒柏酒、屠苏酒,说是喝了可以健身,古代元日诗中常见。

2. 路头生日

正月初五路头生日。路头神是南方,特别是苏州、上海等地民间信奉的一位财神。此日,祭祀路头神的礼仪,颇为热闹。清人蔡云《吴歈百绝》云:"五日财源五日求,一年心愿一时酬。提防别处迎神早,隔夜匆匆抢路头。"顾禄《清嘉录》卷一云,此日"金锣爆竹,牲醴毕陈,以争先为利市。必早起迎之,谓之接路头。"顾禄所说,是蔡云诗的最好注脚。旧时初四之夜,确实就有人"匆匆抢路头"了。民国初年吴江沈云《盛湖竹枝词》咏接路头之俗:"花筒爆竹把神留,忙肃衣冠接路头",句下云:"正月初四夜,异财神出巡,谓之路头会,当街鸣鞭放花筒(按:外包花纸的爆竹),拦神舆不令径过。主人肃衣冠,执香迎之堂中。陈牲爇檀,燃巨烛,举祀弥虔。商界视为巨典。"袁景澜《吴郡岁华纪丽》卷一云:"五路者,为五祀中之行神,东南西北中耳。求财者祭祀之,取无往不利也。东阳县俗,于门前具酒馔设祭,犹不失本意。今吴俗祭于厅事,参以玄坛神(按:财神赵公明),谓神掌天库之财。是时连街接巷,鼓乐爆竹声聒耳。人家牲醴毕陈,以争先为利市。富者鼎俎,贫者盘飧,鱼肉腥臊,罗列几案。下至舆抬马卒,各酹盆樽。"又云店家于此日开市。

此财神与赵公元帅,并不是同一个神。《无锡县志》记载,有人姓何,名五路,元末抵抗强盗而死,俗奉之为神。但是,这与被奉为财神的路头神,也不是同一个神。这路头神,就是路神,东南西北中五路财神,所以叫五路神。路神由保护人们旅行的行神,发展成保佑人们发财的财神,其原因在于商业的发展,财货流通的加剧。财货在流通的过程中,来往于水路陆路,人们便直观地认为,路在冥冥之中主宰着财货,把财货送到谁家,因此,路神就被当成财神了。

此日祭祀路头神之俗，江南地区、上海等地，还普遍地存在，当然，已经远远没有在清代那样盛大了，只是放几个爆竹，最多也就是用鲤鱼等祭祀一番。鲤鱼，谐音为"利余"也。

3. 元宵节

释名：正月十五，为元宵节，而其正式之名，则为上元节。其节日活动，以夜间为主，以此之故，乃名元宵。元者，上元也；宵者，夜也。

然则何谓上元节？道教神系中，有三位合称"三元大帝"之尊神。云有陈子梼者，俊美异常。龙王三女，俱深慕之而与之缔结良缘。三女各生一子。长生于正月十五，次七月十五，幼十月十五。此三兄弟，本为龙种，长而神通广大。元始天尊便分别予以封号职位。长为"上元一品九气天官紫微大帝"，主天上之事；次为"中元二品七气地官清虚大帝"，主地上之事；幼为"下元三品五气水官洞阴大帝"，主水府之事。此即所谓"三元大帝"者也。正月十五为长之生日，故称上元；七月十五、十月十五亦相应分别称为"中元"、"下元"，并皆称节日。此三元大帝之封号过繁，故简称天官、地官、水官，总称"三官"。《三教源流搜神大全》卷一等云三官之职权颇重。

后来，三官之职掌，又有所变化。天官专门司赐福，号"上元一品天官赐福紫微帝君"，正月十五俗为"天官赐福之辰"。地官专司赦罪，号称"中元二品地官赦罪青灵帝君"，七月十五遂为"地官赦罪之辰"。水官专司解厄，号"下元三品水官解厄旸谷帝君"，十月十五遂为"水官解厄之辰"。

三官之中，专司赐福之天官，最受尊崇，被奉为福星。民间年画中，"天官赐福"，极为流行。

然上元节有关天官之风俗不多，有之，惟至宫观烧香设醮，祈求天官赐福耳。而宫观之中，自然以有三官者香火最盛。

天官赐福

(1) 张灯。张灯为上元节之主要活动,然与天官事无涉,而另有所关。

自唐代欧阳询《艺文类聚》以下,历代学者,多以张灯之俗,起于汉之祭祀太一。《史记·乐书》云:"汉家常以正月上辛祠太一甘泉,以昏时夜祠,到明而终。常有流星经于祠坛上。使童男童女俱歌。"然上辛之期,与十五不合。

陈元靓《岁时广记》卷十云张灯起于佛教活动,是。其所引用《涅槃经》云:"正月十五日,如来阇维讫,收舍利罂置金床上,天人散花奏乐,绕城步步燃灯三十里。"所引《西域记》有云,其地正月十五日,有观佛舍利放光雨花之俗。又引《僧史略·汉法本传》云:"西域十二月三十日,乃中国正月之望,谓之大神农变月。汉明帝令烧灯,以表佛法大明。"如此则张灯起于汉明帝时,而实为佛教活动。

佛经中,以燃灯为事佛者甚多。隋唐时张灯,犹时有佛教意(隋炀帝杨广《正月十五日于通衢建灯夜升南楼诗》云:"法轮天上转,梵声天上来。灯树千光照,花焰七枝开。月影凝流水,春风含夜梅。幡动黄金地,钟发琉璃台。"唐人崔液《上元夜六首》之二云:"神灯佛火百轮张,刻像图形七宝装。影里如闻金口说,空中似散玉毫光。"可为明证)。唐睿宗先天二年上元夜,胡人婆陀请于玄武楼外燃灯千百供佛,纵都民出观(见《旧唐书·严挺之

彩灯

传》)。后张灯中之佛教意味,渐渐为游乐所取代。宋代以下,张灯之俗中,难寻佛教之迹矣。

若云上元张灯起于汉明帝时,证据似乎尚不足。然云南朝时张灯已经成俗,则有明证。梁简文帝萧纲《列灯赋》即写其事。首两句云:"何解冻之佳月,值荚菱之尽开",即明正月十五也。《礼记·月令·孟春之月》云:"东风解冻。"孟春之月,准夏历为正月。荚菱,用尧时夹阶而生之荚草之典故,"荚菱之尽开",即十五也。陈后主叔宝《宴光璧殿遥咏山灯》、《三善殿夕望山灯》诗,亦当写正月十五夜张灯。至隋,此俗已极盛,有大臣柳彧者,上疏请禁,文帝遂下诏书禁之,而未绝也。柳彧之奏疏,所写张灯之俗云:"窃见京邑,爰及外州,每以正月望夜,充街塞陌,聚戏朋游。鸣鼓聒天,燎炬照地。人戴兽面,男为女服。倡优杂技,诡状异形。以秽嫚为欢娱,用鄙亵为笑乐。内外共观,曾不相避。高棚跨路,广幕凌云。绚服靓妆,车马填噎。肴醑肆陈,丝竹繁会。……浸以成俗,实有由来。因循敝风,曾无先觉。"(见《隋书·柳彧传》)。隋炀帝不禁张灯,又作诗称之。此后,此俗遂广为流传,历代皆然。

唐代上元,张灯三夜,为十四、十五、十六夜。诗歌而外,张文成《朝野佥载》卷三,王仁裕《开元天宝遗事》等,于唐代张灯之盛,皆有记载。宋代张灯,承唐俗而增加十七、十八二夜,而各地又有增损,不尽一致。宋代张灯,就承平之日言之,不减有唐(见孟元老《东京梦华录》,朱弁《曲洧旧闻》卷一,陈元靓《岁时广记》卷十,蔡绦之《铁围山丛谈》卷五,吴自牧《梦粱录》,周密《武林

闹元宵

旧事》，无名氏《西湖老人繁胜录》等）。南宋杭州张灯，或为古代张灯之最，东都之时，或有不逮。元明清张灯之俗，各地不一，或三夜，或五夜，或竟有十余夜者（见明徐应秋《玉芝堂谈荟》卷八）。灯品极多。又烟火、龙灯、马灯等，皆由张灯扩而成之。古书中所记载灯、烟火的式样极多，今从事灯具、焰火等研究开发者，可参考焉。

要之，张灯之俗，亦不尽张灯，实灯下之游乐或狂欢耳。

（2）灯谜。谜字始见于《说文》，然谜语实际上先秦时就有之。春秋时，吴国大夫申叔仪向鲁国大夫公孙有山氏借粮食，公孙有山氏回答："梁则无矣，粗则有之。若登首山以呼：'庚癸乎！'则诺。"（《左传·哀公十三年》）在传统文化中，庚，西方，主谷；癸，北方，主水。在这里，"庚癸"是谜面，谜底就是"吃的和喝的"。后人以"呼庚呼癸"为告贷的隐语。河鱼之喻（见《左传·宣公十三年》，用"河鱼腹疾"婉转地称消化不良的疾病，因为鱼烂开始于肚子之中。），秦客廋词（见《国语·晋语五》，秦国的外交官在晋国，出了几个谜语，晋在朝大夫没有人能猜出。"廋词"，谜语的别称。），楚王隐语（"隐语"，也是谜语的别称），《荀子·赋篇》，皆谜也。《汉书》之卯金刀（刘字的繁体），后汉之千里草（董字），都是字谜。东汉，邯郸淳为孝女曹娥写了碑文，蔡邕经过那里，读了这篇碑文，在碑的背面写了"黄绢幼妇，外孙齑臼"八字，打"绝妙好辞"四字，这种谜语的格式，后人就称为"曹娥格"。孔融写了首《离合诗》，通篇都是谜语的谜面，谜底打"鲁国孔融文举"六字，文举是他的字。刘勰云："魏代以来，颇非俳优，而君子嘲隐，化为谜语"（《文心雕龙·谐隐》）。

南宋后施谜于灯，即为灯谜（《都城纪胜》，《武林旧事》卷三）。明清吴地灯谜极盛。明人屈冲霄《春音集》卷七《丙午新春和宋人范至能纪吴下上元节物俳谐体三十二韵》、王鏊《姑苏志》、清人蔡云《吴歈》等，皆纪其盛。又顾禄《清嘉录》卷一云："（上元）好事者巧作隐语，粘诸灯。灯一面覆壁，三面贴题，任人商揣，谓之打灯谜。谜头皆经传、诗文、诸子百家、传奇、小说及谚语、什物、羽鳞、虫介、花草、蔬药，随意出之。中者，以隃糜（墨）、陟厘（纸）、不律（笔）、端溪（砚）、巾扇、香囊、果品、事物为赠，谓之谜赠。城中有谜之处，远近辐辏，连肩挨背，夜夜汗漫，入夏乃已。"此则又不限于上元张灯之夜。据梁绍壬《两般秋雨庵随笔》卷二所载，中秋、重阳等节亦有灯谜之设。今节庆时常有猜谜之戏，虽不施之于灯，而惯以灯谜称之。

谜语之制作和竞猜之方式不一。后人将谜语分为二十四格，有曹娥、离合、苏黄、谐声、别字、拆字、皓首、雪帽、围棋、玉代、粉地、正冠、正履、分心、卷帘、登楼、素心、重门、闲珠、垂柳、会心、锦屏风、滑头禅、无底囊之类名目，大抵言制谜语之思维方式，亦提示猜者如何措手。

4．寒食和清明

寒食一般在清明前二天，俗说起于介之推被焚事。介之推事见《左传》僖公二十三、二十四年，《史记·晋世家》无被焚之说。春秋时，晋国发生内乱，公子重耳被迫流亡到其他的诸侯国，跟随他的，有他的一批党羽，介之推就在其中。流亡过程，艰辛而又长达十九年。有一次，在绝粮之时，介之推从自己的大腿上割下一块肉，煮了给重耳吃。后来，重耳回到晋国，当了国君（史称"晋文公"），就提拔、奖赏那些跟随他流亡的党羽，但就是忘记了介之推。介之推由此认为重耳寡恩忘义，就到绵山隐居去了。重耳派人去请，介之推坚持不肯下山。重耳就将绵山附近的一些田，封给介之推。介之推死后，这些田就作为祭田。绵山，后来就被称为介山，现在还是如此。介山所在的那个县，也因介之推而被称为介休县。刘向《新序·节士》云，介之推不肯下山，重耳就命人放火烧山，想用此法逼他下山。但是，介之推宁可被烧死，也不愿下山，结果被烧死了。因介之推被焚而晋地于其死日禁火，见蔡邕《琴操》卷下。然事作五月五日。后汉周举官并州刺史，曾革太原因介推被焚隆冬寒食一月之俗（见《后汉书》之本传）。时已有介推庙。曹操曾禁太原等地冬至后百五日寒食之俗（见其《明罚令》）。晋陆翙《邺中记》云："并州俗，于冬至后一百五日，为子推断火，冷食三日。"诸说不同如此。①

唐冬至后一百四日始禁火三天，有大、小寒食，官、私寒食诸名，为全国性节日。唐代寒食，火禁犹严。宋承此俗而不严火禁。明代始不规定寒食。寒食节俗，除消失者如禁火等外，余则俱归清明。

寒食禁火三日，故须预备熟食。禁火前一天，俗谓之炊熟。熟食多美食。宋有"懒妇思正月，馋妇思寒食"之谚。

寒食有祭墓之俗。古至墓行礼，俱非吉祥。奔丧者不及殡，乃至墓行礼，见《礼记·奔丧》。去国则哭于墓而后行，见《礼记·檀弓》。盖其时士大夫以上，皆有家庙。行祭在庙，不于墓，取其便也。后无庙阶层兴，遂有墓祭

---

① 节日风俗中，确实有这样的现象。西方关于圣诞节的日期问题，也是众说纷纭的，到1752年以后，才确定于十二月二十五日。见柔纳尔德·胡敦：《太阳的驿站——英国岁时礼俗的历史》(The Station of the Sun, A History of the Ritual Year in Britain, Ronald Hutton, Published in the United States by Oxford University Press Inc, New York, 1996)。

之俗。平王东迁,过伊川,大夫辛有见有披发而祭于野者,乃叹礼之亡。孟子时代墓祭之俗已盛,《孟子·离娄下》"齐人有一妻一妾"中有"墦间乞食"故事,可为之证。

寒食祭墓,约起于隋、初唐,而开元二十年四月十九日有诏令行,云:"寒食上墓,礼经无文。近代相传,浸以成俗。士庶既不庙享,何以用展孝思?宜许上墓,同拜扫礼。于茔门外奠祭。撤馔讫,泣辞,食余胙,仍于他处,不得作乐。若士人身在乡曲,准敕墓祭,以当春祠为善。游官远方,则准礼望墓以祭可也。有使子弟皂隶上墓,或求余胙,随延亲知,不敬之甚。"因故不行祭祖墓者,或派人代祭,或登山临水而祭。唐代诗人王建《寒食行》,即写当时墓祭之俗。

祭墓之礼不外罗列祭品,置挂纸钱(禁火不焚),致哀,芟除宿草,修坟,辞暮归。《周氏祭录》言其仪式云:"寒食,掌事设位于茔门左百步,西面。于

祭墓

茔南门外,设主人位于东,西面。主人至,换公服。无官,常服。就位再拜。赞者引主人奉行坟茔。情之感慕,有泣无哭。至封树外,展省三周,有摧缺即修补。如荆棘草莽接连,皆芟除,不令火田得及。扫除讫,主人却复茔门外。既设位,办三献,一依家享。主人以下,执笏就罍,洗后执爵奠酒,毕,赞祝。"世人或借祭墓之机行乐。寒食后一月之中,皆可行墓祭,或亦卜日。

寒食节"禁火寒食"之俗,给人们的生活带来许多不便,有损于人们的身体健康,因此,这一寒食节的主要风俗,和寒食节一起,就在我国绝大多数地区消亡了。但这一节日前后的墓祭之俗,则一直保留到今天,只是不再叫"寒食祭墓",而是叫"清明祭墓"而已。这无疑与我国重宗法、遵孝道、敬祖宗、信鬼神的传统观念有关。祭墓时置挂纸钱而不焚,犹承寒食遗风。顾禄《清嘉录》卷三云:"土俗,墓祭皆焚化纸锭。纸以白阡,切而为陌,俗呼'白纸锭'。有满金、直串之分,以金银纸箔糊成。其有挂于墓者,则彩笺剪长缕,俗呼'挂钱',亦曰'墓挂'。"张光藻《龙江纪事七绝》有自注云:"满洲清明墓祭,新坟插佛朵,旧坟插柳枝。佛朵之式,粘五色纸条为幡,汉名佛花。江南剪成钱样,谓之五色纸钱。"此期祭墓,人们实兼诸便:游春,祈求,芟草,培土。

清明除墓祭外,俗尚行家祭,今农村仍多行之者。

5. 上巳节

《后汉书·礼仪志》上云:"(三月)是月上巳,官民皆禊于东流水上,曰洗濯祓除,去宿垢疢,为大禊。"上巳指三月上巳,魏以后不用巳日,而于三月三行上巳诸俗,而仍称上巳,虽初三未必巳日亦然。上巳诸俗,意祓除不祥。一是祓除。二是祓禊及游戏水滨。祓禊之俗甚古,《周礼》即有之。《论语·先进篇》之《侍坐章》中,曾点言志,有云:"暮春者,春服既成,冠者五六人,童子六七人,浴乎沂,风乎舞雩,咏而归",或即其类。此俗乃于江河湖泉处洗濯,洗去污垢并晦气。祓者祓除,禊者洁也。暮春尚寒,冷浴之后,须饮酒驱寒湿之气,遂有饮禊之俗。即浴后在水边饮酒,由此更生行乐之俗。如《诗经·郑风·溱洧》中郑国士女溱洧之游,或亦是其类。后世上巳(三月三),浴于水者不多见,唯饮禊即于水滨游乐之俗极盛,人们以为如此亦可将晦气抛于水也。然行乐意味已远过巫术意味矣。晋朝王羲之等四十二人兰亭曲水流觞,其最著者也,王有名帖《兰亭集序》言其事。杜甫《丽人行》所写,亦是该俗。

第二节　夏季节日风俗

一、夏季节日风俗概览

立夏：防止注夏，有不少风俗活动。所谓注夏，乃夏日消瘦乏力，神倦气虚，食欲不振，睡眠不佳等症状。防止注夏的活动主要有：吃李子，头上戴麦穗，试着葛衣，戒坐门槛，饮七家茶，小孩吃猫狗吃过的饭，吃梅子，用秤称人等，各地有不同。北方亲友相互赠送煎食，说是吃了"宜夏"，这是防止注夏的反面说法。立夏时令食品为"三烧五腊九时新"。三烧为烧饼、烧鹅和烧酒（甜酒酿，非烈性白酒）。五腊为黄鱼、腊肉、咸鸭蛋、海狮和清明狗（清明日买的狗肉）。"九时新"为樱桃、梅子、鲥鱼、蚕豆、苋菜、黄豆芽、玫瑰花、乌饭糕、莴苣笋。

四月初八佛生日，见本书第二章有关部分。

四月十二蛇王生日：也叫毒蛇生日。俗于是日到蛇王庙烧香求符。人们认为，贴所求得的符于门，毒物不敢来侵犯。又，是日如雨，麦子收成不好。

四月十四神仙生日，见本书第四章有关部分。

四月十八泰山娘娘生日，见本书第三章有关部分。

四月廿八药王生日：旧时吴地有庆祝活动，是从事医药业者组织、参加的，而燕地到药王庙拜庙进香的，则不限于从事医药业者，有的甚至纯粹是去游乐的。据说，是日若晴，是年生病的人就少，反之则多。所谓药王，有不同的说法，如伏羲、神农、黄帝、扁鹊、孙思邈、韦慈藏、韦道古、韦善俊和佛教中的药王等。

夏至：吃面条。此日为夏九九的第一天。俗有《夏九九歌》，唱此后八十一天中天气的变化："一九二九，扇子不离手；三九二十七，冰水甜如蜜；四九三十六，汗出如洗浴；五九四十五，头戴秋叶舞；六九五十四，乘凉入佛寺；七九六十三，床头寻被单；八九七十二，思量添夹被；九九八十一，阶前鸣促织。"

五月初五端午节，见下文。

五月十三竹醉日：据说竹子戒酒，一年只有此日开戒，故烂醉，移植容易成活。

五月十三关帝生日：有祭祀关帝之俗。是日多雨，叫做"磨刀雨"。

六月初六崔府君生日：有祭赛之俗。崔府君是幽冥世界中一个地位很高的神灵，几乎与东岳泰山帝君相似。

六月初六：浴猫犬。

六月初六虫王节：北方许多地区，于此日祭祀虫王。或以为此日为虫王的生日。

六月初六晒衣节：于此日晒各种衣物，包括图书等。

六月初六祭神：各地所祭不同。浙江白岩山地区，祭祀白鲞神，此神能摄谷物；北方有些地区，于此日祭祀河神；北方有些地区，祭祀圆场神，此为打谷场的神灵；北方有些地区，祭祀农神或谷神；北方有些地区，祭祀山神。

六月廿三火神生日：在火神庙祭赛火神。火神为黎，或云重黎，他在颛顼时当过管理火的官员，即火正，也叫祝融，死后被奉为火神。吴回是黎的弟弟，黎死后，吴回继任火正。陆终，吴回的儿子，也当过火正。"陆"与"禄"同音。所以，火神有黎、吴回、回禄、祝融等说。又，相传炎帝发明了用火，死后，也被人奉为火神。

六月廿三马王生日：北方有些地区，旧有祭赛马王之俗。

六月廿四雷神生日：见本书第三章有关部分。

六月廿四二郎神生日：旧有祭赛之俗。相传二郎神为战国时秦国水利专家李冰的次子，称李二郎。一说是修道得道后在四川做官期间入江斩蛟的赵昱。

六月廿四荷花生日：也称观莲节，有观赏荷花之俗。

六月廿四祭祀灶神：见本书第四章有关部分。

二、重要的节日风俗

1. 端午

端午，又称端五、端阳、重五等。端者，始也，故正月也亦称"端月"。"午"与"五"通。端五即初五，故唐人非五月之初五，亦称端五，后世端五，乃为五月初五之专称。

粽子。粽子之起源有诸说：（1）西周周昭王年间，东瓯地方，将两个美女名延娟、延娱者送给昭王，深得昭王的喜爱。昭王二十四年，这两个女子

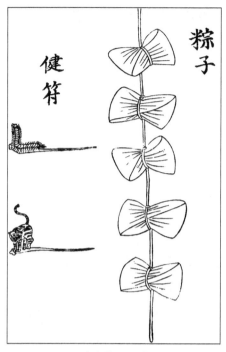

清代的端午节物

随昭王出巡南方。此时的昭王,年老德衰,荒于国政,遭到人们的痛恨。他们渡汉水时,当地人们让他们乘用一艘粘合起来的船渡江,船到江心解体,而昭王等溺死,延娟、延娱也同时溺死。此后,人们在江边建造一庙供奉这一行溺死的人们。暮春上巳,人以时鲜甘味,采兰杜包裹,以沉水中,祭祀他们。或以五彩纱囊盛食,或用金铁之器并沉水中,以惊蛟龙水虫(《拾遗记》卷二)。(2)于五月五日祭屈原,以竹筒贮米投水而祭。或又系以楝叶、彩丝,以拒蛟龙(《续齐谐记》)。(3)屈原妇作粽(《太平御览·饮食部》)。(4)人以五谷囊祭伯夷、叔齐。他们是商朝孤竹国国君的儿子。入周,他们不食周粟,拒绝与周王室合作,隐居在首阳山,后来饿死(见俞樾《茶香室丛钞》卷十)。诸说以祭屈原最流行。南朝时有"九子粽",为美食。粽子制法,式样繁多。

竞渡。竞渡起源之说,以拯屈原为最著。然此戏在屈原之前已有之。或云越王勾践欲练水军伐吴,恐为吴所侦,乃托为水嬉。竞渡实乃源于对水

端午龙舟

族能力之崇拜与模仿，亦为生活、生产、军事技能之比试。盖南方之舟楫，犹北方之车马。此外，亦有行乐之意在。拯屈之说，可作如此推测：某年五月初五屈原投汨罗，其地居民竞驾舟救之。此与竞渡，其事异，其景同。故以后于此期竞渡时，人们自然会由此想念屈原，渐而有纪念屈原之说。继而此说随竞渡之俗，扩至南方其他地区。

竞渡除纪念屈原之说外，还有纪念伍胥、曹娥之说。屈、伍为忠，曹为孝。闽人又以竞渡为驱疫。后世竞渡，主要在于竞技、行乐。或斗龙舟之华

端午龙舟竞渡

美精巧,或又有于龙舟竞行戏剧、杂技表演者。北方少竞渡俗,或踏青,或击球,或射柳。

避恶辟恶。古以五月恶月①,五日更恶,禁忌甚多,有忌上任,忌盖屋,忌搬迁,忌理发,忌晒席,忌育五日生儿等俗,乃避恶也。辟恶之俗,或有科学成分,或有巫术成分,或有美的成分。如有科学性的风俗有:浴兰汤,饮用或喷洒、涂抹蒲酒、雄黄酒(按:有毒,以不饮为好)、艾酒,插艾叶;既有科学性又美观的风俗有:挂雄黄袋,挂独囊网蒜,焚烧辟瘟丹;科学而又兼巫术的风俗如:佩带或粘贴艾人、艾虎、蒲人、蒲葫芦,以艾、蒜、蒲等做张天师像,挂蒜拳蒲剑;巫术而又兼美观的风俗如:用虎形饰物,如穿老虎肚兜等、带五色缕,穿五毒衣,带五色饰物,如五色猴、五色花纸、五色钗头符(用彩色丝绸、金属丝、金箔等作成禽鸟、虫鱼、百兽、花叶之形,作为头饰)、五色符号(用彩色绒布包若干个铜钱,带在身上辟邪),挂钟馗图;纯粹是巫术类的节俗如:带道理袋,或云赤百囊(用红白两种颜色的绸布,做成小口袋,内装一些稻谷和一两个李子,谐音"道理",以避免"赤口白舌",也就是口舌是非),钉赤口(写"赤口"二字贴壁上,然后在"口"字中钉一钉子,意思是消灭了口舌之事),贴符(用生朱砂写"五月五日天中节,赤口白舌消灭尽"字样,贴在室内,以消灭口舌之祸),写"凤烟"二字贴在昆虫出入之处以镇压它们,写"仪方"二字倒贴壁间以辟虫蛇等。

古代端午期间又有斗草之俗。斗草有"文斗"、"武斗"之分。"文斗"为比赛所掌握草种类之多,"武斗"为双方以草相扣对拉,草断者为负。此外,还有踏青、射柳、击球、斗力等俗。

2. 星回节

星回节,又称火把节、火节,乃云南的传统节日。因地域之异,或在六月二十四日,或在六月二十五日,或在六月二十八日。古籍中有不少有关这个节日的记载,对这一节日风俗的描写大致相同:入夜,家家门外点高达七八尺,甚至一丈多的火炬,杀牲祭祀祖先,又将肉细切如脍,和以盐醢生食之,举家老少围坐火下,饮酒达旦。但有关这节日的起源,则有多种不同的说法。

一说起于阿南夫人自焚。光绪六年云南书局刊本胡蔚整理本杨慎《南

---

① 在西方,公历的五月,有不少禁忌。例如,玛格利特·本内特《苏格兰风俗:从摇篮到坟墓》中说,五月结婚不吉利,其地古有"五月结婚,一世悔恨"之谚语。大不列颠出版社,1992年版。

诏野史》卷上胡蔚引《大理郡志》云："汉元封间，叶榆妇阿南者，为酋长曼阿娜之妻。娜为汉将郭世忠所杀。欲妻南。南曰：'能从三事，当许汝。一作幕次祭故夫；一焚故夫衣，易君新衣；一令国人皆知我以礼嫁。'忠如其言。明日聚国人，张松幕祭其夫。下置火。南藏刃，俟火炽，焚夫衣，即引刃自断其颈，仆火中。时六月二十五日也。国人哀之，故岁以是日燃炬吊之，名为星回节。"这是星回节起源故事中年代最早的一个。民国二十九年重印本康熙间编《大理府志》卷二十一所载相同。谈孺木《枣林杂俎》义集所载较为简明，但大致相同。沈德符《万历野获编》卷二十四钱尔载按语引《南诏通纪》亦载此事，情节完全相同，但时间则作腊月二十四日。人们感阿南夫人之贞烈而立举火燃炬之节俗，正如楚湘等地感屈原之忠烈，而立端午竞龙舟、食粽子诸俗，于情于理，都可以成立。

一说起于诸葛亮。沈德符《万历野获编》卷二十四钱尔载按语云："云贵总督丁广宁泰岩（思孔）于六月二十八日入省城，余在其幕中，是夕无所闻。后见人言诸葛武侯抵滇已昏暮，百姓喜，因执火把迎之，因沿以为节。惜未询其为何日也。"谈孺木《枣林杂俎》义集引《滇程记》则又稍异："一云，孔明是夕擒孟获，侵夜入城，父老欢呼，设庭燎迎之。"遂沿为此节俗。诸葛亮于滇恩惠卓著，滇中有关纪念之俗不少，如为其立祠之类，颂扬他的传说也很多。或为纪念其入滇，或为纪念其擒孟获，而立星回节，都有道理。

一说起于南诏王皮罗阁设计焚四诏首领。许贺来《赐砚堂诗集》卷八《星回节山亭即事》描绘六月二十五日星回节诸俗，并云："此节何曾载《月令》，豪酋昔日谋吞并。蛮妇几先识祸兴，灰中铁钏犹堪认。野史流传是耶非？毕竟此俗寰中稀。""豪酋"指皮罗阁，"蛮妇"指邆赕诏王夫人慈善（一名白节）。此事杨慎《南诏野史》卷上言之甚详。唐代开元年间，南诏王皮罗阁"赂剑川节度使王昱，求合六诏为一。昱奏于朝，许之。皮罗阁乃预建松明楼，祀祖于上。使人谕五诏曰：六月二十四日乃星回节，当祭祖，不赴者罪。"五诏之中，越析诏首领因路程远未赴会。邆赕诏首领之妻慈善劝其夫勿赴会，其夫不听。慈善不得已，以铁钏穿于其夫之臂。二十四日，四诏首领至皮罗阁所。皮罗阁与他们一起登楼祭祀祖先，然后在楼上饮酒。入夜，四诏尽醉。皮罗阁独自下楼焚纸钱，乘机纵火，火发，四诏全部被烧死。皮罗阁遣使至四诏，说是焚纸钱失火，四诏首领遇难，请他们来收死者遗骨。四诏首领妻子至，莫辨其骨，独慈善据铁钏得认出其夫之骨，收而归葬之。杨慎仅言此事发生在星回节，并未言星回节之俗因此而起。沈德符《万历野获编》卷二十四钱尔载按语引袁懋功《滇记》则云此事为星回节之起源，与许贺来所言同。此说流传最广。南诏王设此计策，乃是利用星回节祭祀祖先之机会，则星回节在此前早已有之甚明。

一说起于明代大臣王祎被害事。沈德符《万历野获编》卷二十四云："今滇中以六月廿八日为火把节。……问其原，则是日为洪武间遣待制王忠文祎说梁王纳款不从，为其所醢，以此立节。亦晋人禁寒食、楚人投角黍之意也。"其《敝帚轩剩语》卷上所载同。此说似乎不近情理。《明史》中的《王祎传》、《把匝剌瓦尔密传》都载王祎被害事，言梁王为元使脱脱所胁，于十二月二十四日杀王祎，但并未言醢。"被醢"之说，或是"被害"之讹，或出于当时传闻，或为脱脱之流为挑拨明廷与梁王关系而造的谣言。王祎即使被醢，又与星回节举火燃炬之俗有什么关系呢？或云，星回节有人们"用牲肉细缕如脍，和以盐醢生食之"之节俗，"细缕如脍"与醢相似，此或由王祎被醢而来。这更是不通。孔子闻子路被醢而不忍心食醢，命人将醢倒掉，事载经传。滇人若如沈德符所言感佩王祎之忠义，仿"晋人禁寒食、楚人投角黍之意"而立此俗，因为王祎被醢而于此节大吃"细缕如脍"的牲肉来纪念他，就很难使人理解了。若说梁王为元廷所封，当时的滇人与明廷为敌，滇人立此节俗食如醢之脍，乃是出于对明廷、对王祎之恨，这也说不通。王祎被害后，梁王以礼收敛之，并遣使致祭。梁王尚且如此，滇民就更不会对王祎恨到"食其醢"的地步了。再说，王祎事在明代，而星回节食"细缕如脍"的牲肉，亦称"食生"，这一风俗，早在唐代就已经有了。

一说起于剿灭天神所遣虫害。传说古代一力士阿提八拉，与天上力士斯热阿比比武，斯热阿比败北。为了报复，斯热阿比怂恿天神遣虫害降地面害民。人们遂于六月二十五日举火燃炬，赴田间驱除杀灭害虫，大获全胜。此后遂以此为俗。此说虽然事属神异，但反映人与自然之间的矛盾，表现人定胜天的思想。民俗起源故事，固多此类者。

一民俗有多种起源故事，并不奇怪，或以地域之异，或以传闻之不同，或出于种种附会，这都是民俗中常见的现象。如端午之龙舟竞渡，或云纪念屈原，或云纪念伍子胥，或云纪念曹娥，也是如此。人们不妨各行其俗，各作不同的理解，各为不同的目的。如星回节之举火燃炬，人们不妨或为纪念阿南夫人，或为纪念孔明，或为纪念四诏首领被焚事，或为纪念驱除天神所遣虫害。我们不必执一而否认其余。就民俗起源故事本身而言，某故事开启某民俗，虽然此故事或出于想象、牵扯，或竟然本末倒置，依托此民俗附会而成,但是总应该合情入理。若该故事所言与该民俗完全不合,或未能自圆其说,则必不能令人信服。若以此探究该民俗的意蕴,就会误入歧途。

　　星回节在六月二十四日或二十五日、二十八日,而其起源故事之日期,则有六月二十四日、二十五日,腊月二十四日诸说,即使同一故事,所传日期也有不同。我们不必将这些故事的日期一一考证确实,也不能以日期论定某故事确实为星回节起源故事而某故事不是。节俗之日期,固非严格按此节俗起源故事之日期而定,即使有史籍可征之实事也是如此。至于有史事而日期失考者,俗传附会,更属平常。如伍子胥未必死于五月五日,而吴地民间不妨于五月五日划龙舟纪念他。那些虚空结构、实属神异的故事,其日期就更无准确性可言了。

　　星回节起源诸故事中,驱除虫害、孔明入滇是好事,而阿南自杀、四诏被焚是悲剧。现在的星回节,无疑充满了欢乐的喜剧气氛,我们不能据此而否认此节起源于阿南自杀这一悲剧。如介子推、屈原之死,无疑具有强烈的悲剧性。后世行寒食禁火之俗纪念介子推,而宋代有"谗妇思寒食"之谚语:人们于寒食节大嚼前几天煮就的诸般美食,寒食禁火也早已成为一个喜剧性的节俗。端午竞渡,人们注意的是龙舟之华美,比赛之胜负,采物之多寡,谁还会为三闾大夫拍浪撼天地招魂?节俗即使起源于悲剧,随着时间的推移,人事的变迁,节俗的悲剧性会渐趋淡化,直到消失,并往往会被喜剧性所取代。所以,喜剧性的星回节,有悲剧性的起源故事,也就毫不奇怪了。

第三节　秋季节日风俗

一、秋季节日风俗概览

　　立秋:妇女儿童头上戴用树叶或花剪成的花样。广东有些地方,妇女用红布剪成葫芦形状,缝在儿童的衣服上,以祛疾病。是日宜吃瓜,据说可以少些痱子等皮肤疾病。是日雨,主丰收。是日雷,主歉收。立秋时辰在早晨,主秋季气候清凉,反之,主炎热。

　　七月初七七夕,见下文。

　　七月初七魁星生日:是日有祭魁星之俗。魁星为主科名之神(见顾炎武

《日知录》卷三十二,钱大昕《十驾斋养新录》卷十九,赵翼《瓯北全集》卷四十四《戏题魁星像》,钱琦《澄碧斋诗钞》卷八《台湾竹枝词》等)。

七月十五中元节:见下文。

七月二十棉花生日:雨,主棉花收成不好。

七月晦日地藏菩萨生日:见本书第二章有关部分。

秋分:北方有些地区,用米糕或米饭祭祀风神;制作来丰米糕;采马齿苋晒干,次年元日食之,名长寿菜。是日雨,主自冬天到次年春多旱,麦子歉收。

八月初一天医节:古有祭祀黄帝、岐伯之俗。用干净的露水洗目。

八月初三灶君生日:见本书第四章。

八月初八八字娘娘生日:旧苏州城中北寺内,供奉一女神,名八字娘娘,据说她的职能是给人造八字。是日有祭赛之俗。

八月十五中秋节,见下文。

八月十六掠刷神降:掠刷神的职能是掠去人们的非分之财。

八月十八潮神生日:古浙江等地沿江地区如杭州等有祭祀潮神和观潮等俗,今在此前后仍有观潮之俗。

八月廿四水稻生日:是日雨,主水稻收获时常雨,稻草容易腐烂。

八月廿七孔子生日:旧有祭祀等俗。俗以八月二十七日为孔子生日。清《礼部则例》卷一百二十一规定,王公百官于此日致斋一日,衙门不理刑名,民间禁止屠宰。乡间书塾也举"圣人会"致祭(见清代陈豪《东暄草堂遗诗》卷上《绝句》)。而钱大昕《十驾斋养新录》卷二据《春秋》诸传考证,孔子实生于晋襄公廿一年十月二十二日,非八月廿七日也。

霜降:旧时军队中有祭祀旗纛神之俗。

九月九日重阳节:见下文。

九月初九斗母生日:有祭赛之俗。斗母为道教中地位很高的女神,天皇大帝、紫微大帝和北斗七星都是她的儿子。

九月初九狐仙生日:北方许多地方,有于此日祭赛狐仙之俗。

九月十三钉靴生日:是日如晴,主是年冬节天气晴暖。钉靴是旧时的雨鞋,鞋帮涂抹桐油防水,底装尖头铁疙瘩防滑。

二、重要的节日风俗

1. 七夕

七夕乞巧,源于牛、女故事,牵牛、织女,乃世俗之名,暗示了一种男耕女织的生活,已有故事化之迹。《诗·小雅·大东》已有与它们名称相应的简单形象,且并列咏之。《史记·天官书》:"织女,天女孙也。"注意,这是天帝的孙女的意思,并不是天女的孙

牛郎织女

女的意思。女孙,就是孙女的意思。此则当时已有有关织女之故事。西汉已有以牛女相匹的艺术造型。班固《两都赋》云:"临乎昆明之池,左牵牛而右织女。"张衡《西京赋》云:"乃有昆明灵沼,黑水玄址。……牵牛立其左,织女处其右。"昆明池为汉武帝时所作,而池畔已有牵牛织女之造型。西汉之墓壁,亦有牵牛织女之像(见《考古》1965年第二期)。牛女悲剧故事,至晚在汉已形成(《古诗十九首》)。牛女七夕相会,最早见于曹植、傅玄诗赋等。牛、女故事,妇孺皆知。然古籍所载,颇有与俗传不同者。(1)牛郎欠债说。牵牛为娶织女,向天帝借了两万钱作财礼。结婚后,牵牛久久不还,天帝怒,乃将他们分开。(2)织女婚后废织说。河东织女忙于织布,没有时间打扮。天帝很怜悯她,把她嫁给河西牵牛郎。结婚后,织女就不再织布。天帝大怒,责令她回到河东继续工作,只让她和牵牛郎一年相会一次。

乞巧之俗,因时地之异,其法甚多。如穿针、验蜘网、丢针、祭拜等。唐人又有祭机杼之俗。乞巧而外,又有求子、祈愿、宴饮、玩微型艺术品之俗。

随着女性社会角色的改变,女红技能已不再重要,因而乞巧的意义也就被淡化了。然而,爱情之树长春,牛郎织女故事的爱情主题仍为世人注重,于是,七夕这传统的乞巧节,也就成了中国的情人节。

2. 中元节与盂兰盆节

七月十五中元节,其名称来源于道教故事,是所谓上元、中元、下元"三元"中的一元。盂兰盆节的名称,则来源于佛教。这一节日的主要活动是祭祀祖先和孤魂野鬼。这些活动,与道教影响没有什么关系,而与佛教有直接的关系。

盂兰盆节的名称和祭祀祖先的活动,导源于佛教中的《佛说盂兰盆经》。此经篇幅不长,全文云:

> 闻如是,一时佛在舍卫国祇树给孤独园,大目乾连始得六通,欲度父母,报乳哺之恩,即以道眼观视世间,见其亡母生饿鬼中,不见饮食,皮骨连立。目连悲哀,即钵盛饭往饷其母。母得钵饭,便以左手障饭,右手抟饭。食未入口,化成火炭,遂不得食。目连大叫,悲号啼泣,驰还白佛,具陈如此。佛言,汝母罪根深结,非汝一人力所奈何。汝虽孝顺,声动天地,天神地神、邪魔、外道、道士、四天王神,亦不能奈何,当须十方众僧威神之力,乃得解脱。吾今当为汝说救济之法,令一切难皆离,忧苦罪障消除。佛告目连,十方众僧于七月十五日僧自恣时,当为七世父母及现在父母厄难中者具饭百味五果,汲灌盆器,香油锭烛,床敷卧具,尽世甘美,尽着盆中供养。十方大德众僧,当此之日,一切圣众,或在山间禅定,或得四道果,或树下经行,或六通自在,教化声闻缘觉,或十地菩萨大人权现比丘在大众中,皆同一心,受钵和罗饭,具清净戒。圣众之道,其德汪洋,其有供养此等自恣僧者,现在父母、七世父母,六种亲属,得出三涂之苦,应时解脱,衣食自然。若复有人父母现在者,福乐百年,若已亡,七世父母生天,自在化生,入天华光,受无量快乐。时佛敕十方众僧,皆先为施主家咒愿七世父母,行禅定意,然后受食。先受盆时,先安在佛塔前,众僧咒愿竟,便自受食。尔时目连比丘及此大会大菩萨众皆大欢喜,尔目连悲啼泣声释然除灭。是时目连其母即于是日得脱一劫饿鬼之苦。

目连的母亲在饿鬼地狱中,目连给他母亲送食物,他母亲还是吃不到。目连没有办法,求教于佛,佛说,目连的母亲罪孽深重,不是目连一人的力量能救。目连应该供养诸佛僧众,请他们一起作法事,来救他的母亲,这样,他的母亲才有希望得救。盛纳这些供养物的器具,就叫做"盂兰盆"。"盂兰盆"在印度语中为"解倒悬之器"的意思。宋朝陈元靓《岁时广记》卷二十九引《窦氏音训》云:"天竺所谓盂兰盆者,乃解倒悬之器,言目连救母饥厄,如解倒悬,故谓之盂兰盆。"我国中元节盂兰盆之俗,齐梁间即有之。颜之推《颜氏家训·终制篇》:"若报罔极之德,霜露之悲,有时斋供,及七月半盂兰盆,望于汝也。"唐宋而下,一直到清代,中元节于寺庙设盂兰盆供养僧人作法事以超度亡故亲人之俗,古书中时有记载。

在七月半期间,家家都到寺院中设盂兰盆,实际上是不可行的。早在宋代,盂兰盆就不仅仅用于供养僧人,而是还用来祭祀祖先。这种用于祭祀祖先的盂兰盆,有许多式样:

> 以竹为圆架,加其首以荷叶,中贮杂馔,陈《目连救母》画像,致之祭祀之所。(宋朝高承《事物纪原》卷八)

> 以竹竿斫成三脚,高三五尺,上织灯窝之状,谓之盂兰盆。挂搭衣服、冥钱在上焚之。(宋朝孟元老《东京梦华录》卷八)

> 取麻谷长本者,维之几案四角。又以竹一本,分为四五足,中置竹圈,谓之盂兰盆。画目连尊者之像插其上。祭毕,加纸币焚之。(宋朝陈元靓《岁时广记》卷三十)

> 俗以七月望日具素馔享先。织作盆盎状,贮纸钱,承以一竹焚之。视盆所倒向以占气候,谓向北则冬寒,向南则冬温,向东西则寒温得中。谓之盂兰盆。盖里俗老媪辈之言也。(宋朝陆游《老学庵笔记》卷七)

目连以盂兰盆供养诸佛僧众,其目的是使其母亲能饱食所供,脱离饿鬼之苦。事在七月半,则七月半祭祀祖先,就有了依据。以盂兰盆供养诸佛僧众和祭祀祖先,二者都是解死亡的亲人饥饿之苦,二者容易混淆。人们不可能了然其间的曲折,也不可能都到寺院去行盂兰盆之礼。祭祀祖先,或家祭,或墓祭,一般都很方便。以俗理度之,与其像目连那样以盂兰盆供养诸佛僧众来解亡故的亲人饿鬼之苦,不如以盂兰盆祭祀亡亲那样直接爽快,简单有效。人们也容易理解,容易施行。况且,谁都不愿意承认自己的亡亲会像目连的母亲那样,罪孽深重,在冥间为饿鬼,无法吃到亲人在阳世所供养的食物。于是,七月半祭祀祖先的风俗,就这样形成了。盂兰盆也就失去了"解倒悬之器"的意思,而成为一种祭祀用品。祭祀祖先时,供品罗列于桌子,已经没有必要装入盂兰盆中,故除了《事物纪原》外,《东京梦华录》等所载祭祀祖先的盂兰盆,都不装食品,而代之以冥器纸钱之类。

七月半期间祭祀祖先的风俗,直到今天,还在许多地方盛行。当然,其中绝大部分地方,在祭祀时,已经早就没有了盂兰盆,只是一般的祭祀了。祭祀的日期,一般在七月半前十天和后十天中选择。如果没有什么特别的情况,人们总是选择在七月半之前。

七月半期间,除了家祭外,北方许多地区,还行墓祭。南方有些地区,也是如此,如南宋时杭州地区(见吴自牧《梦粱录》卷四)、清代江苏南通地区(见清代诗人姜湄《璜溪遗诗》)。

七月半期间,人们还以盂兰盆祭祀那些没有人祭祀的孤魂野鬼。后来,以盂兰盆供养诸佛僧众以解冥间亡故亲人之厄的风俗、以盂兰盆祭祀祖先的风俗,都逐渐消失了,于是,人们就以为盂兰盆乃是专门用来祭祀孤魂野鬼的,盂兰盆会也就成了专门祭祀孤魂野鬼的风俗。明清二代,人们所说的盂兰盆会,几乎都是指这种风俗。这种风俗,以民间集体活动为多。村社乡里,收聚一些经费或物品,给那些孤魂野鬼施食、焚纸钱和冥器,甚至请一些和尚道士举行法事,来超度这些孤魂野鬼。祭祀时,有的用盂兰盆,有的不用,但一般都称为盂兰盆会。兹举几例:

(苏州)中元,好事之徒,敛钱纠会,集僧众,设坛礼忏诵经,摄孤判斛,施放焰口。纸糊方相长丈余,纸锭累数百万,香亭幡盖,击鼓鸣锣,杂以盂兰盆冥器之属,于街头城隅焚化,名曰盂兰盆会。(顾禄《清嘉录》卷七)

(天津)每年中元令节,众善循例,延致僧道,建醮设坛,赈济孤魂。烧法船,放河灯,铙钹喧阗,旃檀馥郁。或谓之水陆道场,或谓之盂兰胜会。(张焘《津门杂记》卷中)

台湾的这种盂兰盆会,又叫"抢孤"(见钱琦《碧澄斋诗抄》卷八《台湾竹枝词》)。当地举行盂兰盆会,所供祭品,人人都可以去抢,所以就称为"抢孤"。

有的地方,相当于盂兰盆会的那种活动,整个七月,夜夜都可以办,而且,人家可以单独为之,并不一定要集体活动。明人谢在杭《五杂俎》卷二云:"(七月)之夜,(闽中)家家具斋馄饨、纸钱,延巫于市口,祝而散之,以施无祀鬼神,谓之施食。家贫不能办,有延至八九月者。"清代常州等地,在七月半前后,人家总要买些纸钱,夜间在门口烧化,就算施舍给那些孤魂野鬼了。当地把这种风俗叫做"结鬼缘"。

此外，还有"放河灯"之俗：

> 中元黄昏以后，街巷儿童以河叶燃灯，沿街唱曰："荷叶灯，荷叶灯，今日点了明日扔。"又以青蒿粘香而燃之，恍如万点流萤，谓之蒿子灯。市人之巧者，又以各色彩灯制成莲花、莲叶、花篮、鹤、鹭之形，谓之莲花灯。……中元日，例有盂兰会，扮演秧歌、狮子诸杂技。晚间沿河燃灯，谓之放河灯。（清代富察敦崇《燕京岁时记》）

> 刳西瓜去其瓤，中空外朗，凉碧莹然，更有雕刻花木鱼鸟诗句者。……都城少河者，其早莲灯，则晚用莲灯施于陆地，即当水上也。（杨锺羲《雪桥诗话三集》）

南方也有于中元前后放河灯之俗。杭州地区，在西湖、钱塘江以及其他水域放河灯，有人还在宝塔上放灯，谓之"照冥"（见明人田汝成《西湖游览志余》卷二十）。苏州所放的河灯，以用彩色纸所制的莲花灯为多，叫做"水旱灯"，说是"照幽明之苦"（见顾禄《清嘉录》卷七）。上海风俗，以纸箔做成亭、船之状，玻璃作窗，点燃如手臂一般粗细的巨大蜡烛，拥行街市，辉耀一街（见王韬《瀛壖杂志》卷一）。台湾俗，中元节晚上起，在水边放灯，金鼓喧阗，士女杂沓，一直到七月底方停止（见清人钱琦《台湾竹枝词》和连横《台湾诗乘》所载彭廷选《盂兰竹枝词》等）。

中元节期间祭祀孤魂野鬼的风俗，主要原因有：一是儒家"老吾老以及人之老，幼吾幼以及人之幼"的思想；二是众生平等、因果报应等佛家思想；三是怕孤魂野鬼作祟的思想；四是游乐意识。

3. 中秋

八月十五，三秋恰半，故谓中秋，有馈节、团聚、玩月、祭月诸俗。此俗唐时尚未有之，而南宋时已极盛。吴自牧《梦粱录》卷四描绘当时杭州之俗云：

> 王孙公子，富家巨室，莫不登危楼，临轩玩月。或开广榭，玳筵罗列，琴瑟铿锵，酌酒高歌，以卜竟夕之欢。至如铺席之家，亦登小小月台，安排家宴，团圆子女，以酬佳节。虽陋巷贫窭之人，解衣市酒，勉强欢迎，不肯虚度。

宋有拜月祈愿之俗，少男祈科名发达，少女求容貌之美（见宋代金盈之《醉翁谈录》卷四）。盖前者与月中桂树之传说有关，而后者与月中有美貌的嫦娥之传说有关。俗又云起于古齐国女子无盐事。无盐相貌丑陋，幼年时就虔诚地拜月,长大后,以德被选入宫,但长期得不到天子的宠幸。某个八月十五,天子在月光下见到她,觉得她很美丽,就宠幸了她,后又立她为后。此亦小说家之言耳。

南方中秋,亦常设灯。明末清初,吴江曾以灯饰龙舟,清代苏、扬,有灯船之饰(见朱鹤龄《愚庵小集》卷六,钮玉樵《觚賸》卷一,顾禄《清嘉录》卷八,袁景澜《吴郡岁华纪丽》卷八,厉秀芳《真州风土记》,范述祖《杭俗遗风》,屈大均《广东新语》卷二十七等)。

吴地有走月亮、走三桥之俗,就是在月光下出游,走过至少三座桥(见顾禄《清嘉录》卷八)。上海也有此俗(见玉魫生《海陬冶游录》)。所谓走三桥者,明显有度厄之意味在。

偷瓜求子之俗,则流行范围较广。清人郑珍《巢经巢遗诗》有《中秋送瓜词》六首,盖写其乡之风俗。蔡云《吴歈》亦咏此俗云:"早烧斗香视团圆,蜡炬生花未肯残。偷得番瓜藏绣被,更无情绪倚阑干。"是则吴地亦有此俗矣。"番瓜",即南瓜。"南"谐音"男"也。郑珍云此俗乃根据《诗经·大雅·绵》"绵绵瓜瓞"一语而来。盖以瓜类藤藤蔓蔓之延伸,象征宗族世世代代之繁衍。

关于月饼,则难明其起源。南宋周密《武林旧事》卷六《蒸作从食》之食单中,即有"月饼"之名,然未详其制,亦未详其为何时节物,抑为普通美食,更未详其说。该书卷三写中秋节物与风俗,亦未提及月饼。说者云月饼起源于元朝末年,亦俗说而已。明沈榜《宛署杂记》卷十七云八月间:"士庶家俱以是月造面饼相遗,大小不等,呼为月饼。市肆至以果为馅,巧名异状,有一饼值数百钱者。"其时已为明万历年间矣。

中秋玩具,则有兔儿爷,即兔子的造型,五花八门。此乃起于月中有兔子的传说。

4. 重阳

九月九日,称为重九,亦称重阳,俗以九为阳数故也。亦常称"九日",如端五亦称"五日"例。

重阳之俗,或言起于后汉费长房。梁宗懔《荆楚岁时记》:"九月九日,四民乃藉野饮宴。按杜公瞻云:'九月九日宴会,未知起于何代,然自汉至宋未改。今北人亦重此节。佩茱萸,食饵,饮菊花酒,云令人长寿。近代皆宴设于台榭。'又《续齐谐记》云,汝南桓景随费长房游学,长房谓之曰,九月九日,汝南当有大灾厄。急令家人缝囊,盛茱萸系臂上,登山饮菊花酒,此祸可消。

景如言,举家登山。夕还,见鸡犬牛羊一时暴死。长房闻之曰:'此可代也。'今世人登高饮酒,妇人带茱萸囊,盖始于此。"然或云汉初已有九日佩茱萸、饮菊花酒之俗(《西京杂记》)。

饮菊花酒、茱萸酒。菊花酒以菊花茎叶杂麦米,以特殊方法酿成,有药用作用。或仅于酒中泛菊而已。古称菊花为"延寿客"。又或于酒中泛茱萸。茱萸称"辟邪翁"。菊花和茱萸,都有祛风邪、除秽毒的药物作用。俗多以饮菊花酒为名,举宴庆节,持螯酌酒对菊,称为盛事。

佩茱萸。或佩于臂,或作囊盛之以佩。亦有插于头者,亦有插菊花者,谓之簪菊。

赏菊。或效陶渊明于九月九日赏菊饮酒故事。宋时酒家常于重阳前后罗列菊花,以招顾客。或有菊花会,殆同今之菊花展览。

登高。高山高阁高塔,高处即可,常与宴饮相结合。登高之举,乃祝吉之意。

食糕。此日食糕之俗,隋即有之。唐代刘禹锡作九日诗,以五经无糕字,遂不复作。食糕亦祝吉之意,盖谐"高"也。重阳糕之名色极多,如狮蛮糕、花糕、五色糕、食鹿糕、牡丹糕等。

此外,旧时北京等地还有辞青、打围等风俗。所谓辞青,实际上就是郊游野餐,因此时百草树叶正由青变黄,所以,就叫做辞青。朱彝尊《日下旧闻考》卷三十八云:"辽俗,九月九日打围斗射虎,少者为负,输重九筵一席。射罢,于地高处卓帐,饮菊花酒,出兔肝生切,以鹿舌酱拌食之。"此合射猎、登高、饮菊花酒为一,乃少数民族风俗与汉族风俗的融合。

第四节　冬季节日风俗

一、冬季节日风俗概览

立冬:用各色香草以及菊花、金银花等煎汤沐浴,叫做"扫疥"。

十月初一烧衣节:祭祀祖先,将纸钱、包括纸衣等的冥器焚化给祖先。

十月初一靴生日:是日晴,此冬天暖;是日阴,此冬天寒。

十月初一菠菜生日:旧时江苏镇江等地,此日必吃菠菜。

十月初一祭祀牛王：是日，旧时祭祀牛王，善待耕牛。

十月初五五风生日：旧时江苏太湖中船户有祭祀风神之俗。

十月初十牛马王会：北方某些地区，有祭赛牛王、马王的风俗。

十月十五下元节：下元节的释义见上文元宵节部分。在此前后，有到道观建醮求福或超度亡故亲人的风俗。

十月十六盘古氏生日：此说在湖南、湖北等地流传。

十月十六寒婆生日：寒婆是主寒暖之神，煤炭业者的行业神韩婆神，就是这位"寒婆"，只是把"韩"代替了"寒"。是日晴，主是冬暖。

冬至：见下文。

十一月十七弥陀生日：是日东南风，主米贵；西北风，主米贱。

腊日：举行腊祭，祭祀祖宗。举行蜡祭，祭祀八种与农业有关的神灵，如能吃田鼠的猫，能吃野猪的虎，还有虫王等等，也叫八蜡。成群结队的人们头戴神灵或野兽面具，手拿武器和敲击乐器，挥舞跳动，大声叫嚷，到处驱逐疫鬼，叫做驱傩。

十二月初五吃五豆：早晨，吃五种豆，俗以为如此可以解除"五毒"。有些地方，将豆少许抛洒在路边，以禳儿童痘症。有些地方，炒谷类豆类嚼之，称为"咬鬼"等，说是可以"却百病"。

十二月初八腊八粥：用多种干果、豆类、谷类、果仁等煮粥，叫做腊八粥，食之健身。

十二月十二蚕生日：某些养蚕地区，有祭祀蚕神之俗。祭品是南瓜和糯米做的食品。

十二月十五点天灯：从是日晚上起，于庭院中高挂一灯，至次年正月半止，叫挂天灯，俗谓如此则一家不生眼病。

十二月廿四交年节：有送灶神上天、打扫卫生等风俗。江南有些地方，有烧田间杂草等风俗，谓之放茅柴。"茅柴"者，"茅草"也。

十二月廿五照田蚕：也叫"照田财"，并不限于此日，正月半也行之，类于"放茅柴"。其俗：把秃扫帚、麻秸、竹枝等物，缚于长竹竿之端，点燃成火炬，一枝枝插在田间，或举之在田间奔跑，遍照田间。或于正月十五夜为之。①

---

① 爱尔兰等西方国家，有些地方，于公历六月二十九日夜，在十字路口生火堆，从火堆中拿起小木棍扔往农田里，说如此则宜田。见《爱尔兰民俗学会杂志》1928 年版(The Journal of The Folklore of Ireland Society, Edited by Seamus O Duilearga, Published by The Society at Room 78, University College, Dublin, 1928)。

十二月晦日除夕：见下。

二、重要的节日风俗

1. 冬至

冬至为古三大节之一。有"亚岁"之称。前夕称"冬除"或"二除"，甚至称"除夜"，有云冬至一如年节者，甚至有"肥冬瘦年"、"冬至大如年"之说。孟元老《东京梦华录》卷十云："冬至，京师最重此节。虽至贫者，一年之间，积累假借，至此日，更易新衣，备办饮食，享祀祖先，官放关扑，一如年节。"金盈之《醉翁谈录》卷四云："自寒食至冬至，久无节序，故民间多相问遗。至除岁，或财力不及，不复讲此俗。谚有'肥冬瘦年'之语，盖谓冬至人多馈遗，除夜则不然也。"冬至有馈节、团冬、祭祖先、守冬（如守岁那样）、贺冬（如贺年那样）、献履（儿媳妇给公婆或其他长辈送鞋子）诸俗。节食有冬至团、圆子、馄饨、赤豆粥等。

冬至日为"九九"第一天，谚谓"连冬起九"是也。将冬至后八十一天分为九个九天，依次分别为一九至九九，九九尽而天暖。九九歌，或称九九词，述九九节候之变化。语言通俗，形象性强，当出于里巷集体创作。宋已有之。因地域之异，九九歌歌词有多种。如："一九二九，相唤不出手；三九二十七，篱头吹觱篥；四九三十六，夜眠如露宿；五九四十五，太阳开门户；六九五十四，贫儿争意气；七九六十三，布衲两肩摊；八九七十二，猫狗寻阴地；九九八十一，犁耙一齐出。"或五九以下有变化："五九四十五，家家堆盐虎（雪的别称）；六九五十四，口中嘘暖气；七九六十三，行人把衣单；八九七十二，猫狗寻阴地；九九八十一，穷汉受罪毕，才要伸脚睡，蚊虫跳蚤出。"

将某图案分为八十一部分，自冬至后起，日画其一，或又纪每日天气。冬至后八十一天尽，寒去暖来而此图成，故名"九九消寒图"。宋以前未见，元以后历代有之，式样极多，有画梅者，有画圈者，上阴下晴，左风右雨雪当中。有以九笔之字九个粗成文句者，日画一画，如"庭前垂柳珍重待春风"。文人雅士又有"九九消寒会"之举，九人每九天举行一次文化集会，如作诗、画画等，当然也聚餐，每人轮流做东，九人都轮遍而九九到。

2. 除夕

腊月最后一天，谓之除夕，亦谓大年夜。前一天称小除夕，亦谓小年夜（宋称腊月廿四为小年夜）。唐又称除夕为大尽，前一日为小尽。《诗·唐风·蟋蟀》云："蟋蟀在堂，岁聿其莫，今我不乐，日月其除。"因此，一年的最后

一天,就叫做"除夕"。此日风俗很多,主要有:

1. 祭祀诸神

(1) 送玉皇:玉皇大帝于腊月廿五下界,检查灶神的汇报是否属实,完毕,于除夕上天,故送之。

(2) 接灶神等神:灶神等神于腊月廿四上天汇报,此日下凡,故要迎接。

(3) 祭祀路神、床神、井神、石敢当(用来抵挡不好的风水的小石碑样的石头)等。

2. 祝吉

(1) 把青树枝、芝麻秸、甘蔗等插在门窗上,取富有生命力、芝麻花开节节高、渐入佳境等意思。

(2) 商店把黄色的纸条连成一串,与财神像和纸糊的金银元宝等,一起挂在招牌上,叫"富贵弗断头"。

(3) 取一根松枝或柏枝,插在瓶子或盆中,树枝上挂些钱币和象形的元宝之类,叫做"摇钱树"。

(4) 在火炉中加足燃料,控制火力,使之通宵不熄灭,叫做"财火"。但此举明显有酿成祸患的危险。

(5) 年夜饭丰盛而外,一些菜名字要好听,如豆芽叫做"如意菜"之类。还有,饭一定要烧得多,新年里还能吃,叫做"宿岁饭",乃"有余"的意思。

(6) 在门前画种种图形,如金钱、元宝、米囤等,中称为"画米囤",总是祈祷丰年,祝愿发财。

3. 辟邪

(1) 在庭院或门口架起火堆,以消除这一年里的晦气,以免带到次年,叫做"岁火"。有人认为,这也有祝吉的意思。不过,明火容易酿成火灾。

(2) 将炭放在大门的旁边,叫做"撑门炭",可以驱除鬼魅。

(3) 用灰在门口画弓箭,叫做"射祟"。此俗旧时广东等地有之。

(4) 以红纸作一老虎,老虎的嘴上涂些鸭血,烧在门外,叫做"压煞"。旧时台湾等地有此俗。

(5) 在新旧岁交替之时,大人抱小儿睡在厨房,身盖红巾,过了一会才回床。将小儿抱到养猪处走走。在小儿所睡床的蚊帐顶上放几颗黄豆,或用红绿线串黄豆三颗,挂在蚊帐上。这些风俗,据说能禳痘症。

(6) 把芝麻秸撒在行走之处踩,叫做"踩岁"。盖"岁"与"祟"同音。

(7) 长辈给小孩"压岁钱"、"压岁果子"等。"压岁"本来也是"压祟"的意思,旨在禳灾驱邪,但是,后来,这一风俗的含义,纯粹是吉庆、爱幼,而没有禳灾驱邪的意思了。

4. 其他

(1) 守岁:除夕之夜,过了夜半才睡觉,甚至天亮后才睡觉,叫做"守岁"。或云,此乃"惜阴"之意。宋代,又有"守冬(冬至夜过了半夜才睡觉)爷长命,守岁娘长命"之谚。

(2) 在守岁时,贴春联,贴门神,制作大年初一和此后几天中吃的美食等。①

---

① 西方有些国家,在公历年的除夕,也有守年的风俗。大家坐着,等着年的到来。在子夜,家里最受尊敬的人,被派出门,把新年领进家来。人们相信,一个好人带来好运气,一个坏人带来坏运气。见《爱尔兰民俗学会杂志》1928年版(The Journal of The Folklore of Ireland Society, Edited by Seamus O Duilearga, Published by The Society at Room 78, University College, Dublin, 1928)。

第七章　社会组织民俗

第一节　婚　姻

一、婚姻释义

古书中,婚姻有二义。一是嫁娶。《毛诗·郑·丰·序》孔疏云:"论其男女之身,谓之嫁娶;指其好合之际,谓之婚姻。嫁娶、婚姻,其事是一。"二是亲家。《尔雅·释亲》:"婿之父为姻,妇之父为婚。……妇之父母,婿之父母,相谓婚姻。"又,妻之父亲亦可称姻。有婚姻关系的亲戚,谓之姻亲,或云姻戚。姻亲中的同辈,可称姻兄弟,如亲家的雅称可为姻兄弟。

婚姻的这两个释义表明:婚姻是构成家庭、家族并产生亲族的基础。

在人类社会中,家庭、家族、宗族的构成与延续,亲族的扩展,都源于婚姻。婚姻的形式,直接决定了家庭、家族、宗族、亲族的结构,与家庭、家族、宗族、亲族成员的关系之间,也有密切的联系。因此,我们探讨家庭、家族、宗族、亲族等,就要从婚姻开始,从婚姻的形式着手。

二、婚姻的形式

婚姻的形式,指婚姻构成的形式,而不是指婚姻的仪式。现举若干种婚姻的形式。

1. 买卖婚

男子不能在自己的氏族里找对象结婚,因为,自己氏族里的女子,都与自己有血缘关系。因此,他们只能到其他的氏族去找对象。其他氏族的姑娘,是她们所在的氏族辛辛苦苦养育大的,凭什么让人家娶去呢?因此,谁想娶,得支付一定的身价。男子用一定的财物为代价,到其他的部落里,换取女子为配偶,这就叫买卖婚。现在有些地方,买卖婚依然存在。婚礼中,也有买卖婚的痕迹。例如,几乎是古今中外,彩礼在议婚中,是普遍存在的。古时候皇帝娶妻子,也要出彩礼。"彩礼"也作"财礼",是一回事。王楙《野客丛书》卷三十云:"汉高制聘皇后仪:黄金二百斤,马十二匹;夫人黄金五十斤,马四匹。晋宋纳后,皆尝引以为言。而平帝纳王莽女,有司奏汉故事,聘皇后黄金二万斤,为钱二百万。莽深辞,受四千万,而以其三千三百万予十一媵家。有诏复益二千三百万,合为三千万。成帝纳梁冀女弟,有司奏案汉仪,依孝惠帝纳后故事,金二万斤。视汉高初制,顿增百倍,其悬绝如此。"再看我国少数民族婚礼中的彩礼。清朝沈寿榕《迤南种人四十咏》注云:"夷女与人偕奔,其家追之,多不及而返。生子后,其女携所生子并婿往见之,乃议聘钱。女家随拾土块石子堆室中,曰:'银必若是大。'亲友劝减,随手去之,不过十余金,即了矣。"清朝福格《听雨丛谈》卷六云:"今乡中小民娶妇,妇家索赀具妆,藉以余润,谓之财礼,且以千金之聘自解,实陋俗也。往见《辍耕录》载,涅古伯经历尝娶湖州角妓汪怜怜为侧室,遣媒妁,备财礼云云。是财礼二字,古已行之矣。"聘礼、财礼、彩礼,名称不同而其实则一。

2. 交换婚

男子到别的氏族去找对象,要付钱去买。如果没有足够的钱,怎么办呢?还是有办法的,那就是用本氏族的女子去和别的氏族交换。两个来自不同氏族的男子,协议互相交换姊妹为配偶,或者互相交换女儿为儿媳妇,有时也表现为两代人之间的交换,这样构成婚姻的方式,就叫做交换婚。后来,这种婚姻风俗,只是在比较贫困的家庭中实行,为的是节约财礼。现代有些地方"换亲"的风俗,就是如此。民俗中认为,换亲不吉利,有"姑娘换嫂嫂,一世烧行灶(一种用泥糊的简陋的灶,容易搬迁,所以叫做'行灶'。旧时贫困人家用之)"之谚语。这也是有道理的。因为这些人家本来就贫困,夫妇婚前没有感情基础,结婚是出于无奈,婚后自然就很难同心同德,贫困的家庭就越发不可收拾。换亲酿成的悲剧,现代社会也时见报道。

3. 掠夺婚

也叫抢婚。男子要结婚,但是,既没有足够的钱到其他氏族去买姑娘,自己的氏族也没有姑娘去跟人家换,怎么办呢?那就只好去抢了。用战争等暴力手段俘获妇女作配偶,这种野蛮的强制婚姻形式,就叫做掠夺婚。

历代战争中对妇女的掠夺,是掠夺婚的继续。息夫人、蔡文姬、甄后(曹丕的皇后)、花蕊夫人,都是被敌方在战争中掳去作配偶的。清初诗人施闰章的名篇《兔丝浮萍篇》,也是写的掠夺婚的故事。不过,这些事情,与古代氏族外婚时期的掠夺婚是不同的。前者只是在战争中的顺手牵羊，而后者则是以掠夺女性作配偶为目的的。以掠夺女性作配偶为目的的战争，文学作品中有之，如马致远的《汉宫秋》等，但历史上毕竟是极少的。

实际上，抢婚一直到20世纪的50年代还存在。但这种抢婚，虽然也是真的抢，也是一种掠夺婚，但毕竟在民俗中受到了严格的限制，只有在特殊的情况下才能抢。一是寡妇可以被抢，二是在女方不愿意履行有婚约的情况下才能抢。《笑府》云："有婚家女富男贫，男家恐其赖婚也，择日率男抢女。误背小姨以出。女家追呼曰：'抢差了！'小姨在背上曰：'莫听他，不差不差，快走！'"事实上，在旧时确实有抢小姨子的事。

真正的抢婚，自从进入文明社会后，早已不是正常的婚姻方式了。但婚礼中的某些仪式，还带有抢婚的痕迹。《易经》中云："屯如邅如，乘马班如，匪寇，婚媾。女子贞不字，十年乃字。"陆游《老学庵笔记》卷四云："辰沅靖州蛮，……嫁娶先密约，乃伺女于路，劫缚以归，亦愤争叫号求救，其实皆伪也。生子乃持牛酒拜父母，初亦佯怒却之，邻里共劝，乃受。"舒位《黔苗竹枝词》注云："将嫁，男家遣人往迎，女家则率亲党摇楚之，谓之夺亲。"这些，其实只是假抢，只是模拟掠夺婚的形式，成为一种仪式，倒也具有热烈、浓重的喜剧气氛。

掠夺婚还可以从汉语词汇中找到痕迹。《老学庵笔记》卷十云："今人谓娶妇为'索妇'，古语也。孙权欲为子索关羽女，袁术欲为子索吕布女，皆见《三国志》。""索"就带有强硬的意味。

4. 服役婚

没有足够的钱到别的氏族去买，没有姑娘到别的氏族去交换，也没有那种本事或勇气去抢，或者知道抢是不好的，不愿意去抢，那还有一条路，就是先到女方氏族或家中去服劳役，同时，与那女子成婚。劳役等于是男子向女方支付妻子的身价。等到劳役与妻子的身价相等了，或被认为是相等了，足够了，男子就带上妻子，或许还有他们的孩子，一起回到自己的氏族或家中。这种风俗，主要存在于某些少数民族中，如拉祜族、鄂温克族、苦聪族等少数民族中。如果男子在女方继承了家产，不回自己的氏族或家中了，那就是入赘了。

5. 转房婚

一名"逆缘婚"，这是一个人与亲族中丧偶的人结婚。这包括两种情况。一种是同辈分的，如兄死，弟娶寡嫂，也就是所谓的"叔接嫂"。姐姐死了，妹妹嫁给姐夫。另一种是不同辈分的。如嫡子继承父妾等。同辈分之间的转房婚,从先秦到当代,一直存在。据说欧阳修在妻子死后娶他的小姨子为继室,是有"旧女婿为新女婿,大姨夫作小姨夫"之谑(见宋朝邵雍《邵氏闻见后录》卷八。明朝陆容《椒园杂记》卷三则力辩其无)。清朝钱泳《履园丛话》卷二十一云:"吾邑吴承濂、黄蛟起,皆名诸生。黄继娶即前妻之妹,而不睦于昆季。一日,两君各送子院试,同一寓。既出场,询知试题为《兄弟怡怡》。黄讲题义作法。吴曰:'子毋但顾怡怡,忘却兄弟也。'黄面赤不言者半日。"清朝陆敬安《冷庐杂识》卷一云:"明义乌虞凤娘姊嫁徐明辉而卒。明辉闻凤娘贤,恳其父欲聘为继室。女知,泣谓父母曰:'兄弟未尝同妻,姊妹可知。'父执不听。女绝口不言,自经死。"此事又见《明史》。

不同辈分之间的转房婚,在秦汉以后的汉族中,逐渐被淘汰,只有偶尔有之。某些少数民族中则仍有之,史书中也有一些记载。例如,王昭君在呼韩邪单于死后,嫁给呼韩邪单于的儿子。唐代,唐高宗娶了"尝以更衣入侍"太宗的武则天。

转房婚也可以说是一种财产继承、转移和子女归属的变异形式。它能继承和维护原有的亲族系统,又使死者的子女、财产等不外流,不被外人占有。

6. 表亲婚

表亲婚就是男子与其表姐或表妹结婚。"亲上加亲",是旧时民间在谈婚论嫁时所推许的。兄弟姐妹之间在财产继承方面,所享受到的权利,是不公平的,也许他们心中要有某种不平衡,从这个角度看,表亲婚还可以看成是对上一次财产继承的一种再分配。还有,张家的姑娘嫁给李家做媳妇了,张家不是吃亏了吗?不要紧,张家的这位姑娘嫁给李家后,生个女儿,让这个女儿长大后,嫁给张家的某位公子,也就是她的表兄或表弟。张家在上一代有位姑娘嫁给李家,这一代,李家一位姑娘嫁给张家,两家不是平了吗?还有,旧时男女授受不亲,男女交往受到很大的限制。不管是青年男子还是青年女子,接触得比较多的年龄相仿的异性,一般总以表亲为多,所以也容易生情。正因为这些原因,表亲婚在我国历史上一直是很流行的,古典小说中也特别多。当然,有时只有以上提到的一两个原因在起作用。我国某些少数民族中,表亲婚也曾经很流行。舒位《黔苗竹枝词》中就云,姑之子一定为舅舅的儿媳妇。如果舅舅没有儿子,姑娘必给舅舅一笔重礼,谓之"外甥钱",否则,该女子终身不能嫁。又林河《九歌与沅湘民俗》也详细写了其地20世纪50年代还盛行的表亲婚。

表亲婚不利于优生,现代中国以法律的形式禁止了。

7. 入赘婚

女子不出嫁,男子从妻居,居住在妻子家里,这就是入赘婚。赘婿的地位,是比较低下的。赘,意为"以物质钱,以身为质"。男子要娶妻子,但是又付不起财礼,也无法用姐妹去换,又不能去抢,就以身作抵押,自己"嫁"到女方去。《汉书·贾谊传》有《陈政事疏》:"家贫子壮则出赘。"《集解》:"家贫,无有聘财,以身为质也。"又《史记·滑稽列传》云:"淳于髡者,齐之赘婿也。"《索隐》:"女之夫也,比于子,如人赘疣,是剩余之物也。"秦汉时,又多战俘为赘婿者。

后代,也多没有办法才为赘婿者,而女方,则也一般是没有儿子继承家业并养老的情况下,才招赘婿上门的,家庭条件则至少要比男方好一些。因此,赘婿在女方家中的地位,一般是不太高的。宋朝范镇《东斋纪事》卷一云:"刘尚书汉尚言,宣祖(赵匡胤和赵匡义的父亲赵弘殷)自河朔南来,至杜家庄院。雪盛,避于门下。久之,看庄院人私窃饭之。数日,见其状貌奇伟,兼勤谨,乃白主人。主人出见,而亦爱之,遂留于庄院。累月,家人商议,欲以为四娘子舍居之婿。四娘子,即昭宪皇太后也。其后生两天子,为天下母,定宗庙大计。"这是以流浪汉为赘婿。陆游《老学庵笔记》卷二云:"秦会之(桧)以孙女嫁郭知运,自答聘书曰:'某人东第华宗,南宫妙选,乃肯不卑于作赘,何辞可拒于盟言。'其夫人欲去'作赘'字,曰:'太恶模样。'秦公曰:'必如此,乃束缚得定。'闻者笑之。"这是故意把女婿当赘婿,代女婿作愿意入赘的婚书,这样有利于控制女婿。这也说明赘婿地位不高。赘婿又名"补代",盖其家无子,用以补一代,家族得以延续。或谐谑称为"布袋",受气包。此外,赘婿异名甚多,见赵翼《陔馀丛考》卷三十八、俞樾《茶香室三钞》卷五、平步青《霞外捃屑》卷十等。后来,在文化层次较高的阶层中,赘婿的地位,也并不低。清代文人学者朱彝尊、孙星衍、金埴等,都当过赘婿。不过,就一般情况而言,赘婿还是以家庭生活困难、无力娶女子回家成亲的人为多,亦即汉代贾谊所说"家贫子壮则出赘"。

8. 招夫养夫婚

这是一种重婚的"一妻多夫"的变异形式。已婚女子原来的丈夫,因病或残疾等不能养妻儿老人,家境贫困,只得另招一夫,挑起全家生活的重担,包括养原来的丈夫,所以就叫"招夫养夫"。这样,这女子就有了两个丈夫。这种婚俗,现在有的地方仍然有之。对当事女子来说,这当然也是一种无可奈何的选择。贾平凹小说《天狗》，就是写的这种婚俗。当然，现代的招夫养夫婚，女子必须在与原夫履行离婚手续后，才能与新的丈夫结婚。

9. 承典婚

一名典妻婚。这是旧时由买卖婚派生出来的婚姻形式。男方用财物租用已婚女子或未婚女子为妻子，有双方约定的期限，期限一到，就结束婚姻关系。一般情况是，男方有些家产，但无子嗣，又出于种种原因，不能娶妾，遂出钱典个女子生子，延续香火。女方生活困难，以此得些钱财。此俗宋代已有之，元代又渐多，政府禁止而未能禁绝，明、清、民国都有之。俞樾《右台仙馆笔记》卷四云："律载将妻妾典雇与人者，杖八十。而宁波乡间，往往有此事，亦恶俗也。有唐某者，以采樵为业。一母一妻，以捆履织席佐之，而常苦不给。值岁歉，饔飧缺焉。闻邻村有王姓者，无子，欲典人妻以生子。唐谋于母，将以妻典焉。妻不可，唐曰：'妇人失节，固是大事，然使母饿死，事更大矣。'妇乃诺之。典与王，以一年为期。而妇有姿，王嬖之。及期往赎，王将典契中一字改为十字，唐不能争。妇告众曰：'吾隐忍为此者，以为日无多而可活姑与夫之命也。若迟至十年，吾行且就木矣，其奚赎为，乃投水死。'"元朝孔齐《至正直记》卷二："浙西风俗之薄者，莫甚于以女质于人。年满归，又质而之他。或至再三然后嫁。其俗之弊，以为不若是，则众诮之曰无人要者。盖多质则得物多也。"柔石《为奴隶的母亲》亦写其俗。

10. 童养婚

女子在成年以前，甚至是儿童时，就被送到男家作媳妇。分两种情况。一是婆家有子，领一女子为童养媳在家，等两人长大后，让他们结婚。一是婆家竟然还没有儿子，却领一女子到家抚养，待婆婆生子长大后，让他们结婚。这叫"等郎婚"。如果等不来这郎，其家或将此女作为女儿嫁出，或招赘一婿到家，延续此家香火。一般说来，女方家庭生活困难，将女儿早早送到男方去，可以免除其生活费用，也可以省去嫁妆等结婚时的费用。就男方来说，可以省去财礼，同时，也往往可以添个辅助劳力。童养媳往往在男家地位低下，受到虐待。民间文学作品中，童养媳题材者甚多，几乎都是诉说童养媳之苦的。关汉卿《窦娥冤》中的窦娥，蒲松龄《聊斋志异》卷一的真定女，都是童养媳。现代文学作品写20世纪50年代之前社会题材者，写到童养媳现象的，不胜枚举。

11. 娃娃亲

这是封建时代家长包办子女婚姻的极端形式。定娃娃亲，旧时较多，

《金瓶梅》第四十一回有割衫襟定娃娃亲的情节。又《笑府》："一人新育女，有以二岁儿来作媒者，其人怒曰：'我女一岁，渠儿二岁。若吾女十岁，渠儿二十岁矣。安得许此老婿？'妻闻之曰：'汝误矣，吾女今年岁一岁，明年与彼儿同庆，如何不许？'"

12. 指腹婚

此乃指两女子怀孕，孩子尚未出世，其家长就为他们订婚约。如果这两个女子生的孩子果然是一男一女，这两个孩子长大后，就结婚；如果这两个孩子都是男孩或都是女孩，那就结成异姓兄弟或姐妹。此俗六朝时就有之，多行于亲朋好友之间。宋代，此俗颇盛，元代禁而未绝。民国间仍有之。小说《哑妻》就有此类情节。

13. 冥婚

又称嫁殇婚，男方女方为双方已经死去了的儿女举行婚礼，两家联姻。《周礼·地官》："禁迁葬者与嫁殇者。"可见当时就有此俗，并已经加以限制了，但历代不绝。曹操就为他死去的儿子舒苍成婚。宋代更是出现了所谓"鬼媒人"，专门为鬼做媒。宋康与之《昨梦录》云："北俗，男女年当嫁娶，未婚而死，两家命媒互求之，谓之鬼媒人。"（见《说郛》卷二十一）。又明代陆容《椒园杂记》卷五："山西石州风俗，凡男子未娶而死，其父母俟乡人有女死，必求以配之。议婚，定礼，纳币，率如生者。葬日亦复宴会亲戚。女死，父母欲为赘婿，礼亦如之。"这是死人与死人结婚，当代某些僻远之处，仍然有这样的风俗，例如，小说家李锐的《厚土》系列小说就有描写这样的题材的。还有的是让死者与虚拟的人结婚，这带有浓厚的巫术色彩。俞樾《茶香室丛钞》卷十引《岭外代答》云："钦廉子未娶而死，则束茅为妇于郊，备鼓乐迎归，而以合葬，谓之迎茅娘。"这也是冥婚的风俗。

另一种情形是活人与死人结婚。清朝梁绍壬《两般秋雨庵随笔》卷八云："今俗男女已聘未婚而死者，女或抱主成亲，男或迎柩归葬。"女子抱主成亲后，就生活在男家，男家为她立嗣子，以承这一房的香火。男子和已死的未婚妻结婚后，仍然能和别的女子结婚，生育子女，类于续娶。还有一种情况是，男子娶不起妻子，便娶个已故的未婚女子，将她的棺材迎到祖坟埋葬，算是告慰祖宗。有部电视剧《黄河在这里拐了个弯》，其中就有这样的情节。

14. 共妻婚

这是群婚的变异形式，多以兄弟共妻为特点。古代有此俗。明代陆容《椒园杂记》卷十一云："温州乐清县近海有村落，曰三山黄渡。其民兄弟共娶一妻。无兄弟者,女家多不克与,以其孤立,恐不能养也。既娶后,兄弟各以手巾为记。日暮,兄先悬一巾,则弟不敢入,或弟先悬之,则兄不入。故又名其为手巾香。成化间,太州府开设太平县,割其地属焉。予初闻此风,未信。后按行太平,访之果然。盖岛夷之俗,自前代以来,因袭久矣。弘治四年,予始陈言于朝,请禁之。有弗悛者,徙诸化外。法司议,拟先令所司出榜禁约,后有犯者,以如奸兄弟之妻者律。上可之,有例见行。"①很明显,这种风俗,是与生产力极不发达、人们生活贫困、男子难以独自养活妻子儿女的状况有密切的关系。老舍《茶馆》中,有两个逃兵,欲共购买一女子为妻子,如果成为事实,则也就是共妻婚了。

第二节 离婚与改嫁

在我国封建时代,离婚叫"出妻"或"休妻"。离了婚的女子,叫"弃妇"或"出妇"。古代文学作品中,这一类女主人公的形象是很多的。从"弃妇"、"出妇"等词语就可以看出,离婚与否的权力,全在男子手中,当事的女子,全无主动权。

不过,离婚也是有条件的,并不是男子想离就离。这条件就是"七出"和"三不去"。"七出"是从正面提的,"三不去"是从反面提的。一个作妻子的,七出中占上一条或一条以上,而三不去中一条也没有占上,丈夫就可以与她离婚。所谓"七出",即:无子、淫佚、不事舅姑、口舌、盗窃、妒忌、恶疾(见《仪礼·丧服》),《大戴礼·本命》和《列女传》卷二《宋鲍女宗》中也有之,称"七去"。《公羊传》庄公二十七年注中,称为"七弃"。这"七出"中的条款,完全是从维护封建家长制和封建夫权出发的,对女子是极不公正的。"三不去"算是对妇女权益的保护,对丈夫作些限制:"虽有弃状,有三不去:一、经持姑舅之丧;二、娶时贱,后贵;三、有所受,无所归。"这三条中的任何一条,都是不容易做到的。况且,这三条的保护,也是虚伪的。即使不离婚,夫妻关系,也是名存实亡了。

---

① Willian A. Lessa 著 *Tales from Ulithi Atoll* 中,有共妻和乱伦故事多个,都是蛮荒海岛上的故事。美国加利福尼亚大学出版社,1961年版。

旧式婚书

我国自古重妇节，嘉节妇。息夫人被迫失节，终日伤心，以不言相抗争，云：“我以一妇人而事二夫，夫复何言！”张文成《朝野佥载》补辑："卢夫人，房玄龄妻也。玄龄微时，病且死，诿曰：'吾病革，君年少，不可寡居，善事后人。'卢泣，入帏中，剔一目示玄龄，明无他。会玄龄良愈，礼之终身。"唐朝刘餗《隋唐嘉话》卷中："梁公夫人至妒。太宗将赐公美人，屡辞不受。帝乃令皇后召夫人，告以媵妾之流，今有常制，且司空年暮，帝欲有所优诏之意。夫人执心不回。帝乃令谓之曰：'若宁不妒而生，宁妒而死？'曰：'妾宁妒而死。'乃遣酌卮酒而与之曰：'若然，可饮此鸩。'一举便尽，无所留难。帝曰：'我见尚畏，何况玄龄！'"《朝野佥载》卷三："沧州弓高邓濂妻李氏女，嫁未周年而濂卒。李年十八，守志，设灵几，每日三上食临哭。布衣疏食六七年。忽夜梦一男子，容止甚都，欲求李氏为偶。李氏睡中不许之。自后每夜梦见。李氏竟不受。以为精魅，书符咒禁，终莫能绝。李氏叹曰：'吾誓不移节，而为此所挠，盖吾容貌未衰故也。'乃拔刀截发，麻衣不濯，蓬鬓不理，垢面灰身。其鬼又谢李氏曰：'夫人竹柏之操，不可夺也。'自是不复梦见。郡守旌其门闾。至今尚有节妇里。"同卷："文昌左丞卢献女第二，先适郑氏，其夫早亡，誓不再醮。姿容端秀，言辞甚高。姊夫羽林将军李思冲，姊亡之后，奏请续亲，许之。兄弟并不敢白。思冲择日备礼，赘币甚盛，执贽就宅。卢氏拒关，抗声詈曰：'老奴，我非汝匹也。'乃逾垣至所亲家截发。思冲奏之，敕不夺其志。后为尼，甚精进。"

对于女子改嫁，虽然也有人反对，如五代孙光宪《北梦琐言》卷五："大凡士族女郎,无改醮之礼。……乱伦再醮,自河东始也。"但一般来说,大抵在宋以前不以为非。宋以后,由于理学家的竭力宣扬,才渐以为耻。

先秦以上不论,汉代以下,女子改嫁而不为人诟病,有的甚至还被人传为美谈的例子很多。陈平的妻子,在嫁给陈平之前,嫁一个丈夫死一个,一共死了五个。卓文君嫁给司马相如时,是个寡妇。魏文帝曹丕的皇后甄氏,本是袁绍的儿子袁熙的妻子。蔡文姬被曹操赎回后,嫁给董祀。宋朝刘处厚《青箱杂记》卷五云:"范文正公幼孤,随母适朱氏。因冒朱姓,名说。后复本姓,以启谢时宰曰:志在投秦,入境遂称于张禄;名非霸越,乘舟乃效于陶朱。以范雎、范蠡亦尝改姓名故也。"王安石的儿子有神经病,经常折磨他的妻子。王安石很可怜这位儿媳妇,就让她离婚以后嫁人(见魏泰《东轩笔录》卷七)。陆以湉《冷庐杂识》卷一:"墓志,妇人之书再适也,见于宋子京之志张景妻唐氏,及陈了斋之为太令人黄氏墓志铭。女之书再适也,见于陈了斋之为仁寿县高氏墓志铭。盖宋世士大夫家妇女再适者,不以为异。故范文正公年谱直书其母谢氏再适长山朱氏。"《宋人小说类编》卷一《殃庆类》:"(南宋孝宗)乾道间,有一媵随嫁单氏而生尚书夔,又往耿氏生侍郎延年。及死,尚书、侍郎争葬其母。事达朝廷,寿皇曰:'二子无争,朕为葬之。'衣冠家至今为美谈。"李清照、陆游之前妻,都再适。①

宋代理学家程伊川(颐)云,妇人宁可饿死,不可失节。所谓"饿死事小,失节事大。"而其兄明道(颢)之子妇亦改嫁,见钱泳《履园丛话》卷二十三。

在南宋以前,女子改嫁,无论是其娘家或前夫、后夫之家,都不觉得有什么耻辱感,也没有什么忌讳,很是自然。但理学家已经在鼓吹反对改嫁了。不过,从他们鼓吹到社会普遍以女子改嫁为耻辱,还有个很长的过程。再说,社会各阶层接受的速度也不同。

周密《癸辛杂识》别集卷上《刘朔斋再娶》云:"魏鹤山之女,初适安子文家,既寡,谋再适人。乡人以其兼二氏之撰,争欲得之,而率归于朔斋。以故不得者嫉之,朔斋以是多啧言。"魏鹤山和刘朔斋(名震孙),都是士大夫阶层的人,刘还是个小官员。元人无名氏《湖海新闻夷坚续志》卷一《陆氏再嫁》云,郑朝仪从子娶陆氏,夫死,陆携资改嫁曾工曹。后陆氏见前夫书札,责其

---

① 《罗马的时髦生活》(Fashionable Life in Rome as Portrayed by Seneca, Marjorie Josephine Rivenburg, Philadelphia, 1939)第二章《家庭和个人事务的社会性》中说,没有妇女有必要为离婚脸红,因为她在罗马贵族妇女中有着榜样。有些贵族妇女,计算时间,不是以年计算的,而是以丈夫的数目来计算的!可见在古罗马,也是不以离婚和再婚为耻辱的。

无情、不义,而不言其失节。同书《去妻复回》云:"向丰之,……才调绝高,贫窘则甚。有'人情甚似吴江冷,世路真如蜀道难'之句。诚斋杨少监奇之。一日,妇翁恶其穷,夺其妻以嫁别人。丰之听其去,作《卜算子》小调在其箧中。……后其妻见其词,毅然而归,与之偕老。亦可谓义妇欤!"也没有在节字上做文章。

元人《西厢记》中,老夫人云:"俺家无犯法之男、再婚之女,怎舍得你献与贼汉,却不辱没了俺家谱!"将"再婚之女"与"犯法之男"相提并论了。而元人孔齐《至正直记》卷二云:"五叔逊道,丧妻厉氏,后议再娶,堕于媒妁之言,俄而与湖州市牛家寡妇濮氏成姻,意其田产资装之盛,弗耻其失节也。"逊道官绩溪县尹,濮氏随任,为官太太。可见在当时,妇女再嫁,耻与不耻,尚在过渡时期。

明人就普遍认为女子改嫁为耻辱了。这与明人崇尚理学有关。陆容《椒园杂记》卷三:"华亭民有母再醮后生一子,母殁之日,二子争欲葬之,质之官。知县某判其状云:'生前再醮,终无恋子之心;死后归坟,难见先夫之

节孝坊

面。宜令后子收葬。'"这与宋孝宗解决类似的事件来,就完全不同了。

到了清代中叶,统治者更是大力反对女子改嫁。明文规定,凡是改嫁的女子,儿孙即使做了大官,也不得请封。可见改嫁的女子,在人们的观念中,道德地位低下。雍正元年,诏直省州县,各见里节孝祠,有司春秋祭祀(见陆敬安《冷庐杂识》卷一)。以妇女改嫁为耻辱的观念,深入到社会基层,成为一个牢固的民俗观念。

在这样的观念统治人们思想之时,一些思想开通的人,也持有开明的观点。如沈起凤《谐铎》卷九《醮妇冰心》和《节母死时箴》二文,为再嫁的妇女说了几句公道话,反映了守节的残酷和对人性的压抑,形象地阐述了再嫁的合理性。钱泳《履园丛话》卷二十三云:"沈圭有云,兄弟以不分家为义,不若分之,以全其义;妇人以不再嫁为节,不若嫁之,以全其节。"但坐而论道是轻松的,挨到自己头上,就难了。如袁枚之妹,年轻时守寡,没有改嫁。袁枚之女,年十七就守寡,也没有改嫁。

现代民俗中,以改嫁为不光彩的观念,依然存在,当然,正在以较快的速度消除。丧偶女子,如出于对丈夫感情等原因,不愿意再婚,当然也是很好的,可以理解的。但丧偶女子再婚,追求自己的幸福,同样是可以理解的,也没有什么不光彩。

第三节 家 庭

一、家庭的概念和职能

人们常把家庭称为社会的细胞。家庭是构成社会的基本单位,是由夫妻关系和子女关系结成的最小的社会生产和生活的共同体。若干个血缘关系较近的家庭,谓之家族。异姓的家族、同姓的家族,大致分别与异姓的亲族、同姓的亲族差不多。一般所说的家族,是指同姓亲族,或小于亲族的近血缘同姓家族。因此,有关家族的民俗,也大致跟亲族的民俗差不多。

家庭的规模,有大有小。我国封建社会中,有不少大家庭,几世、甚至十几世同居,不分家(见之于《新唐书·孝友传》《宋史·孝义传》等)。宋人文莹《湘山野录》卷上云:"伪吴故国五世同居者七家,先主为之旌门闾,免征役。尤著者江州陈氏,乃唐元和给事中陈京之后,长幼七百口,不蓄仆妾,上下雍睦,凡巾栉椸架及男女授受,通问婚丧,悉有规制。食必群坐广器,未成人者别一席。犬百馀只,一巨船共食。一犬不至,则群犬不食。别墅建家塾,聚书延四方学者,伏腊皆资焉。江南名士,皆肄业于其家。"

像《红楼梦》、《家》中所写那样的大家庭,在封建社会中普遍存在。就家庭规模而言,现代家庭要比封建社会中的家庭为小。

家庭的职能主要有:(1)家庭经济职能。家庭必须能维持家庭成员的生计,如果一个家庭丧失了这一职能,它就无法存在于社会。在可能的情况下,家庭还要力求扩大收入,积累财富。同时,家庭作为社会的经济实体,它的经济活动,也对社会经济起作用。当然,作用的性质如何,要具体分析。(2)家庭延续职能。家庭必须延续家庭的血缘或世系。一个家庭如果丧失了这一职能,就意味着它即将消亡。家庭的这一职能,使人类能延续和繁衍。因此,生儿育女,不仅仅是家庭自己的事,也是社会的事,也是对社会的发展作贡献。(3)教育职能。家庭的教育职能,表现在教育家庭成员,当然以教育后代为主。教育的内容,包括伦理道德的教育和一般知识、生产技能的传授。此外,还包括为家庭成员,特别是青少年,向社会购买教育。(4)协调职能。家庭要协调家庭成员之间的关系,包括伦理关系和经济关系等。(5)保护职能。家庭要尽可能地保护自己的整体利益,保护每个成员的利益,不让他们受到来自家庭内外的力量的损害。(6)公益职能。家庭要尽可能地为社会公益事务作贡献。

家庭的这些职能,使家庭成员之间、家庭之间、家庭与社会之间,产生了物质生活的相互依存性,同时也必然产生了精神生活的相互依存性。物质生活方面,正如《汉书·食货志》所云:"一夫不耕,或受之饥;一女不织,或受之寒。"这说明家庭的物质生产,是和社会密切相联系的。某个家庭成员的经济收入,影响到整个家庭所有成员的生活。精神生活方面,许多祭赛、娱乐,是许多家庭一起举行的。家庭成员精神文明水准的高下,当然和社会精神文明水准高下密切相关。家庭成员在精神上的联系,当然更是显而易见的。

二、家庭成员间的基本关系

家庭关系的构成,基本者有二,一为血缘关系,一为姻缘关系。这是连接家庭成员的两条纽带。

血缘关系,存在于父母与子女之间、祖辈与孙辈之间、兄弟姐妹之间、叔伯与侄儿女之间等等。也就是说,这些人之间,有着血的联系,他们身上所流的血,有相同的来源。

以血统论言之。对子女而言,父母平等,谁也不能说自己身上父亲或母亲的血多一点,一般的人都是同样爱父亲,也同样爱母亲。然在父系家族中,子女之延续,都以父系血统为依据,也就是说,子女都姓父亲的姓,而母亲的姓,则不管了。一般的人,能知道祖母、外祖母的姓名,就不错了,再往上的母系祖先的姓名,就不是很了然了,尽管他们身上,也流着她们的血!兄弟姐妹,亦应平等,谁也不能说兄弟姐妹之间的血统有什么不同。然而,在旧式家庭中,兄弟姐妹之间的地位和权利都是不同的,一个家庭姓氏的继承,也只以男性为依据。因而旧式家庭中,重父系,轻母系,重男轻女。诸男之中,又以长者为重。财产继承方面,亦一致。汉乐府诗《孤儿行》,民间"两兄弟"型故事,即反映兄弟间之不平等。

同父异母或同母异父的兄弟姐妹,在家庭中的地位,往往是不同的,原因是他们的血缘关系之不同。有时在财产继承上,也有差别。我国乃至世界的民间故事中,大量的"恶后母"型故事,就是反映母亲对非血缘关系子女的排斥与迫害。

在财产继承方面,与谱系继承相一致。在传统的父系家族中,只有儿子有继承权,女儿没有继承权,或者说,起码没有与儿子同等的继承权。

有的地方,兄弟之间,长子继承权起有支配作用。长子继承较多的财产,在家庭中的地位也比较高。

所以这些,都是血缘关系与父系家庭形式之间的矛盾。

一个家庭中没有儿子,该房父系血缘无人继承,在这样的情况下,这种矛盾就更为明显。在封建社会中,某家庭无子,最常用的方法,就是在父系家族的近支中,选一个或两个子辈,作为儿子,以继承宗祧,俗称"承嗣",继承这一房的世系。当然,被选择上的子辈,还有赡养嗣父母的义务和继承嗣父母的财产的权利。

在没有儿子的情况下,立嗣子、招赘婿、领养子这三种继承家庭世系的形式,宗法社会只承认立嗣子一种。原因在于,父系家庭作为父系血统延续的形式,是不管延续母系血统的,只看父系血统。因此,嗣子与所嗣母亲之间,尽管没有血缘关系,但他与所嗣父亲之间,有父系血缘关系,只是旁系的父系血缘关系，但就凭这一点，他就有权继承这家庭的世系和财产。也就是说，作为父系家庭的继承人，应是有父系血缘的男子，在没有亲生儿子的情况下，符合这样的条件的，只能是父系血缘亲族中的侄辈，这样又与宗族世系相一致。赘婿和养子，都不符合这样的条件，因此，宗法社会就不承认他们继承人的地位。

如何在父系亲族的侄辈中选择嗣子，民俗中也有规定，许多家谱都将此作为很重要的宗法条款，每遇家庭乏嗣，就照此选择嗣子。一般的规定是尽量选择父系血缘关系最近的。就宗法社会观念而言，这是有道理的。孔齐《至正直记》卷二云："壮年无子，但当置妾，未可便立嗣。或过四旬之后，自觉精力稍衰，则选兄弟之子，无则从兄弟之子，以至近族或远族，必欲取同宗同源，又当择其贤谨者可也。"所谓"同宗同源"，就是指有父系血缘关系。选择嗣子，由近及远，但"又当择其贤谨者"，如果二者发生矛盾，怎么办？按照血缘关系和宗族中的宗法规定应入嗣的嗣子，叫做"应嗣"，所嗣父母喜欢而入嗣的嗣子，叫做"爱嗣"。立嗣子时，立应嗣者，还是立爱嗣者，这常会闹出矛盾，最终如何，往往由诸方的力量决定。清朝纪昀《阅微草堂笔记》卷十四云："东昌有兄弟三人，仲先死，无后。兄欲以其子继，弟亦曰以其子继。兄曰：弟当让兄。弟曰：兄子幼而其子长，弟又当让兄。讼经年，卒为兄夺。弟恚甚，郁结成疾。疾甚时，语其子曰：吾必求直于地下。既而昏眩，经半日复苏，曰：岂特阳官悖哉，阴官之悖乃更甚！顷魂游冥司，陈诉此事。一阴官诘我曰：汝为汝兄无后耶？汝兄已有后矣。汝特为资产争耳。见兽于野，两人并逐，捷足者先得。汝何讼焉？意不理也。夫争继原为资产，乃瞋目与我讲宗祀，何不解事至此耶？多置纸笔于棺中，我且诉诸上帝也。此真至死不悟者欤！"这是宗法规定不明确而引起的矛盾。"应嗣"和"爱嗣"引起的矛盾，当更多。其实，争入嗣大多是为了争继承财产而已。一人而继承两房甚至两房以上的财产和世系，叫做"兼祧"。

宗法社会中，对养子和赘婿是排斥的。《至正直记》卷二云："凡异姓之子，皆不得为后。北溪陈先生云，阳若有继，阴已绝矣。"民间还有故事，说收养子或招赘婿家举行祭祀，来享用的，只是养子或赘婿自己的生身父母和祖宗，养父或岳父家的祖宗只能坐下位，甚至不来享用祭祀（故事见《癸辛杂识》等）。另一方面，当养子或赘婿者，往往总有点不得已。他们一旦见时机成熟，就会"归宗"。在宗法社会中，出门当养子或赘婿，总不大光彩，而"归宗"则是件光荣的事。①

总之,家庭成员基本关系之一的血缘关系中,父系血缘和母系血缘,二者虽然是平等的,但由于是父系家庭社会,因此,在传统观念中,父系血缘及其延续,至关重要。相比之下,母系血缘,就显得无足轻重。在封建社会里,尤其是如此。

家庭成员基本关系之二是姻缘关系,即婚姻关系、夫妻关系。血缘关系,本身是一种自然属性,在此之上,才产生了社会属性。姻缘关系,没有自然属性,纯粹是一种社会关系。因此,其社会属性,比血缘关系远为鲜明。两个家庭联姻,结成一亲族集团,在一定程度或某些方面,共同对社会起作用。出于政治、经济等原因联姻者,历史上不乏其例。例如"秦晋"、"朱陈"等即是。

两姓联姻,本乃平等。然父系家庭中,旧时丈夫的地位一般在妻子之上。封建夫权,便是指此。然具体情况,又较复杂,夫妻地位孰高,尚受彼此家族力量、感情、能力诸因素影响。②

血缘关系与姻缘关系,是一对矛盾。在传统观念中,血缘关系重于姻缘关系。《诗·邶风·谷风》:"燕尔新婚,如兄如弟。"《左传·桓公十五年》:"祭仲专,郑伯患之,使其婿雍纠杀之。"雍纠之妻"雍姬知之,谓其母曰:'父与夫孰亲?'其母曰:'人尽夫也,父一而已,胡可比也?'"雍姬遂将秘密告诉

---

① 《古希腊人的家庭生活》(The Home Life of the Ancient Greeks, H. Blumner 著, Alice Zimmern 译, Cassell and Company, Ltd. London, New York, Toronto and Melbourne, 1910)第二章《生育》中说,一个富翁结婚多年,没有生育,生了个女儿,固然欢喜,但是想到财产不免落入陌生人之手,就不高兴。后来生了个儿子,方才高兴起来。所谓"陌生人",应该就是指女婿了。

② 怕老婆的故事,在很多民族的故事中,是比较流行的一类。有的民间故事中,甚至有"男子都怕老婆"的说法(A Dictionary of British Folk-tales in English Language, Incorporating the F. J. Norton Collection, Katharine M. Briggs, Part A, Folk Narratives, Volume 2, London, Rout ledge and kegan Paul, 1970. P110)。爱德华·西进《早期信仰及其社会影响》(Early Beliefs and Their Social Influence, by Edward Westenmarch, Macmillan and Ca, Limited ST. Martin's Street, London, 1932)中说,在摩洛哥婚礼上,新郎要用剑在新娘身上拍三下,或者在新娘头上或肩膀上拍七下,或者用匕首在新娘的两肩膀之间打三下,或者轻轻地捆或踢她。在克罗地亚(Croatia),新郎打新娘三拳,意在告诉她,从今以后,他就是她的主人。在许多斯拉夫人中,新郎轻打新娘三下,意在告诉她,她必须服从他,或者是说,她应该忘记她先前的情人,而惧怕她的丈夫。新娘帮新郎脱靴子,也是婚俗之一。在俄罗斯,新郎用靴子敲新娘的头。而在斯拉夫人中,是新娘用靴子统打新郎,让他明白,她并不总是准备着给他脱靴子的!在威尔斯,结婚后,新娘应该尽早抢在新郎前面买东西,说是这样,她以后就能在家里做主。在德国的大部分地方的婚礼上,司仪将新郎新娘的手放在一起的时候,他们都要争着将自己的手放到对方的手上面,谁都不让,最后只好司仪出面,将新郎的手放在上面结束。

父亲祭仲。祭仲马上采取行动,杀了雍纠。唐代李华《吊古战场文》:"谁无兄弟,如足如手?谁无妻子,如宾如友?"曹禺所作剧本《原野》中,主角花金子与婆婆的关系非常不好,某天,花金子问丈夫焦大新,要是她和他的母亲都掉到河里去了,无人救就要马上淹死,大新只能救其中的一个,会救谁?大新是个非常窝囊的丈夫,但是,他竟然没有回答这个问题,而是答非所问。

　　血缘关系和姻缘关系,是联结家庭成员的纽带,有直接联结者,亦有间接联结者。

三、避讳

　　旧时家庭中有避讳的风俗。子女不能说、写直系长辈的名字,不能做与这些名字或与这些名字谐音的字有关的事。这些名字或与这些名字谐音的字,就叫"家讳"。扩展开去,社交之中,不能触犯对方的"家讳"。皇帝的"讳"与"家讳"当然任何人不能犯,上级的"讳"与"家讳"也不能犯。这就造成了许多荒唐的事和某些文化现象。如司马迁的父亲名"谈",所以,《史记》中没有"谈"字,"赵谈"就写成了"赵同"。范晔的父亲名"泰",他写的《后汉书》中就没有"泰"字,"郭泰"、"郑泰"等"泰"就写为"太"。杜甫的父亲名"闲",母亲名"海棠",所以,他诗歌中没有"闲"字和"海棠"。有人父亲名"岳",他就终身不听音乐,不上以"岳"名的山。有人父亲名"石",他就终身不踏石,过河遇到石桥,就叫人背过去。吕希纯的父亲名"著",他就辞"著作郎"的官。李贺的父亲名"晋",按照礼俗,他连进士都不能考,韩愈还为他抱不平。梁章钜《浪迹丛谈》卷六云:"宋殷淑卒,谢超宗作诔,帝大嗟赏,谓谢庄曰:'超宗殊有凤毛。'谓灵运有后也(灵运子凤,早卒,超宗父也)。时右卫将军刘道隆在座,出候超宗,曰:'闻君有异物,可见乎?'超宗曰:'悬罄之室,复有异物耶?'曰:'且侍宴,至尊说君有凤毛。'超宗以触讳,遽还内。道隆谓检觅凤毛,至暗乃去。及超宗候王僧虔,因往东斋诣其子慈。慈正学书,超宗曰:'卿书何如虎公?'慈曰:'慈书比大人,如鸡比凤。'超宗狼狈而还。"可见在社交中,对方的家讳,也是应该讳言的。有关避讳的记载,还见《邵氏闻见后录》卷十四,《青箱杂记》卷二,《铁围山丛谈》卷三,《老学庵笔记》卷三卷六和《续》卷一,《野客丛书》卷五和卷十五,《古今笑史》卷一和卷十七,梁章钜《浪迹丛谈》卷六,《三谈》卷三(二条),陆以湉《冷庐杂识》卷七等。

第四节 亲　　族

一、亲族的范围

亲族是由家庭扩展成的社会集团。血缘关系发展出血亲,姻缘关系发展出姻亲。《笑府》云,一老人庆百岁生日,场面盛大。老人忽然不乐,人问其故,他说,他在想,当他庆两百岁生日时,亲戚肯定会有许许多多,这场面如何得了? 这就是说,家庭延续扩展,必使亲族无限扩大。因此,民俗中自然形成了有关限制。超出某个范围,尽管是有血缘关系的人之间,或是有姻缘关系连结着的人之间,也不是亲戚关系了。在我国古代,表示亲族关系的概念有"六亲"、"五服"与"九族"等。

1. 六亲

(1)《左传·昭公二十五年》:父子、兄弟、姑姊、甥舅、婚媾、姻娅为六亲。

(2) 贾谊《新书·六术》:父子、兄弟、从父兄弟、从祖兄弟、从曾祖兄弟、同族兄弟。

(3)《易·家人》"王假有家"王弼注:父、子、兄、弟、夫、妇。

(4)《汉书·贾谊传》"以奉六亲"颜师古注引应劭语:父母、兄弟、妻子。

(5)《史记·管晏列传》"上服度则六亲固"张守节《正义》:外祖父母、父母、姊妹、妻兄弟之子、从母之子、女之子。

2. 九族

(1) 父族四、母族三、妻族二。这是异姓亲族。(2) 上至高祖,下至玄孙,即与其人同高祖的所有亲族成员和其人的后代至玄孙。这是同姓亲族。明清法律,均以后者为准。

3. 五服

本是丧服,以亲族关系之近远,分别服五种相应丧服:斩衰、齐衰、大功、小功、缌麻。后指亲族范围,即五代,与九族制之后一种相一致。

4. 现代亲族范围

以个人为基点,从血缘关系和姻缘关系两方面推导,在九族和五服范围内排定。

从血缘关系推寻血亲。血亲又有直系、旁系之分。

直系血亲,以本人为基准,垂直向上推直系长辈四代,向下推直系晚辈四代,为直系血亲,即上至高祖父母,下至玄孙、玄孙女。高祖父母之上的直系长辈,则作祖宗。玄孙之后的子孙,还有种种称谓,见王勉夫《野客丛书》卷二十二等,但不常用。

旁系血亲分四等:

第一旁系血亲:本人兄弟姐妹及其后三代人;

第二旁系血亲:父之兄弟姐妹及其后三代人;

第三旁系血亲:祖父之兄弟姐妹及其后三代人;

第四旁系血亲:曾祖父之兄弟姐妹及其后三代人。

注意:父系母系相同,男女相同。

姻亲亦有直系、旁系之分。

直系姻亲包括:(1) 直系血亲中晚辈的配偶;(2) 配偶的直系血亲中的长辈。

旁系姻亲包括:(1) 旁系血亲的配偶;(2) 配偶的旁系血亲及其配偶。

夫妇在同一亲族中,父子所属亲族不同,兄弟姐妹所属亲族各不同。

这样的亲族范围,事实上大于现行的亲族范围。即使是在古代,实际上的亲族范围也未必有这么大。不过,就父系而言,也就是同姓亲族而言,范围确实是这么大。即使是现在,许多地方,婚丧喜庆,来往的同姓亲族范围,还是这样。我们通常说的"没有出五服",也就是没有出这样的范围。当然,农村地区的百姓,要比城市居民来得讲究,其亲族观念远为浓厚,其亲族的实际范围,要比城市居民的来得大。①

二、亲族的称谓

亲族称谓,乃表示亲族成员之间关系的名称。

旁系称谓有两种系统,一为类分法,二为叙述法。

---

① 唐纳尔德·马肯锡《苏格兰民俗和民间生活》的前言中说:"一个农村居民也许会记得他好几代的祖先,而一个城市居民也许会承认他忽略了他祖母的名字。"(Scottish Folk-lore and Folk Life, by Donald A. Mackenzie, Blackie and Son Limited, London and Glasgow, 1935) 在我国其实也是这样。农村同姓亲族多聚族而居,异姓亲族也多相去不远,多来往。城市居民流动性大,所以亲族成员之间的来往就相对地少了,对宗族、对祖先的概念也就比较淡薄了。

世界上大部分民族的称谓用类分法，尤以欧美为典型。类分法称谓，只明男女、辈分，不分父系、母系、血亲、姻亲，实际上也无法分排行等。这种称谓系统，只是将亲族成员分分类别而已。例如，一个"uncle"，就可以指汉语中的舅舅、伯父、叔父、姨夫、姑夫，总之，亲族中与父亲同辈的男性，都可以叫"uncle"，没有办法表示是母亲一方的，还是父亲一方的，是血亲，还是姻亲，也没有办法将他们分排行，六舅舅还是三姑夫、四叔叔。因此，实际上，如果不是在特定的场合，称呼他们，只能将称谓加上他们的名字来称呼，这样才不至于混淆。叙述法称谓，则男女、辈分、父系、母系、血亲、姻亲、排行俱明。父亲的姐妹不加区分，统统称姑母；母亲的兄弟不加区分，统统称舅舅；母亲的姐妹也不加区分，统统称姨妈；独独父亲的兄弟有叔伯之分，这是为什么呢？这与财产继承有关。男子有继承权，女子起码没有与男子同等的继承权，因此，舅舅、姨妈与母亲哪个长哪个幼，姑妈与父亲哪个长哪个幼，都没有关系，而父亲的兄弟，比父亲大的和比父亲小的，就要区分清楚，因为男子有继承权，而且，年长者在继承方面，有一定的特权。因此，是叔叔还是伯伯，在宗法社会中，不可不分。我国汉族称谓用叙述法。古代文献如《尔雅·释亲》、贾谊《新书·六术》、《白虎通·三纲六纪》都有详细的记载，而清梁章钜《称谓录》，录称谓最多。

第五节　宗　　族

同一父系祖宗之若干家庭，谓之宗族。宗族之大小，以该宗族父系祖宗之远近和人口繁衍情况而异。《尔雅》等书中云同高祖之第五世孙称宗族，这是小宗族，若干同一父系祖宗之宗族，组成一较大宗族。若干同一父系祖先之大宗族，组成一更大宗族。一直推到同一始祖之宗族。大宗族内，分为保持上下统属关系的世数不同、大小各异之若干支派，形同封建上层建筑。

宗族都有各自的祠堂。大宗族有宗祠，其中的支派即小宗族有支祠。祠堂是祭祀祖先的地方。明清以后，除了始祖外，本族一些已故的名人，也可以入祠，享受祭祀。祠堂也是处理宗族事务的机关，如宗族议事，解决纠纷，施行赏罚等。在封建时代，宗族大权由该族辈分较高的人掌管，称为族长。高辈分的人，在宗族中有某些特权。实际上，宗族的领导权多为宗族中有财有势的封建人物所把持,他们实行封建宗法统治,剥削、压迫同族劳动人民,或利用宗族力量,和不同宗族的豪绅相争。封建宗族组织,作为地方封建势力,和封建地方政权相配合,成为封建社会的基础。正如毛泽东在《湖南农民运动考察报告》中所指出的,封建族权,是套在中国农民身上的四大绳索之一。

一、宗族姓氏

姓氏乃宗族父系血缘标志,对宗族至关重要。并非同宗之人,同姓亦感亲切。虽然远祖遥遥,无法追寻,也无法确定同宗族以外的同姓,是否真的出于同一祖先,但"同姓一家"的观念,还是很普遍的。例如黄巢,古籍称他杀人放火,屠戮无算,而独厚同姓。黄姓之家,甚至黄岗、黄梅等地,皆以黄得免(见梁绍壬《两般秋雨庵随笔》卷五)。

父系家族中,子女之姓,皆从父亲。然姓实始于母系社会,由女性祖先传下。《说文解字》云:"姓,人所生也。"也就是说,姓是表示一个人出生在什么地方,或什么氏族、部落。在甲骨文中,"姓"也常被写成"生"。最早的部落当然是母系部落,因此,最早的姓,当然也是母亲的姓了。姬、姚、姜、姒、嬴、妘、姞、妫等古老之姓,皆有"女"字。姓字本由"女生"二字和成,起源于母系社会之痕迹,宛然可见。妫河、姬水、姚虚(墟)、姜水这些地方,或因其地母系氏族而得名。姓主要起明血缘、别婚姻的作用。《左传·僖公二十三年》云:"男女同姓,其生不蕃。"《国语·晋语》云:"同姓不婚,恶不殖也。"氏则由父而来。北宋刘恕《通鉴外纪》注云:"姓者,统其祖考之所自出;氏者,别其子孙之所自分。"氏最初表示部落支系,往往借用地名等作为标志。男子称氏,氏由父亲来。姓是整个的部落的标志,而氏则从属于姓,是较小的、派生的氏族。如黄帝轩辕氏,出于姬姓部落;炎帝神农氏,出于姜姓部落。神农氏之母亲为女登,创始农耕。还有颛顼氏、共工氏等,无不是男性。

后又以氏别贵贱。郑樵《通志·氏族略序》云:"三代前,姓氏分为二。男子称氏,妇人称姓。氏所以别贵贱。贵者有氏,贱者有名无氏。故姓不可呼为氏,氏不可呼为姓。姓可以别婚姻,故有同姓、异姓、庶姓之别。氏同姓不同者,婚姻可通;姓同氏不同者,婚姻不可通。三代之后,姓氏合而为一,皆所以别婚姻,而以地望(按:也就是郡望)明贵贱。"姓氏之分较复杂,至汉混同于一。顾炎武《日知录·氏族》云:"姓氏之称,自太史公始混而为一。"《史记》中,说刘邦"姓刘氏",说项羽"姓项氏",姓和氏不分了。现在排名,常

"以姓氏笔画为序",姓和氏完全是一回事了。

《全唐文》卷三百七十二柳芳《姓系论》云:"诸侯以字为氏,以谥为族。昔尧赐伯禹姓曰姒,氏曰有夏;伯夷姓曰姜,氏曰有吕。下及三代,官有世功,则有官族,邑亦如之。后世或氏于国,则齐鲁秦吴;氏于谥,则文武成宣;氏于官,则司马司徒;氏于爵,则王孙公孙;氏于字,则孟孙叔孙;氏于居,则东门北郭;氏于地,则三乌五鹿;氏于事,则巫乙(卜)匠陶。于是受姓名氏,粲然众矣。"此外,还有来源于:祖先族号,如唐虞夏殷。亲属排行,如孟伯仲季。

现将常见姓氏的起源列于下。据《风俗通义》、《潜夫论》和《姓氏考略》所载,择要另行分类。同一个姓氏,很可能有几个不同的起源,这里列举的,只是其中较为通常的说法。

1. 祖先谥号

丁:齐太公之子伋,谥号为丁,其后为氏。望出济阳与济阴。

文:周文王的后代中,有以文王的谥号为氏。

武:以谥号为氏。如宋武公的后代就以此为氏。

宣:如周宣王之后,有以宣为氏者。

康:卫康叔之后。

庄:如楚庄王之后以此为氏。也有出于宋者,《左传》所谓戴武庄之族是也。望出天水、会稽、东海。

穆:如宋穆公之支孙,有以此为氏者。

戴:宋戴公之后,以谥号为氏。

严:楚庄王后,以谥号为氏。避汉明帝讳,改为严。魏晋时,有恢复本姓者,遂有庄、严二姓。望出天水、华阴等。

2. 祖先所获赐姓

张:黄帝之子少昊青阳氏第五子挥为弓正(管理制弓等事务的官员。),赐姓张。

3. 祖先族号

汪:古汪芒氏之后。

金:古金天氏之后。又,汉匈奴、北朝羌族贵族,有改姓金者。

唐:古陶唐氏之后。

夏:古夏后氏之后。

桑:古穷桑氏之后。

4. 祖先官职

上官：楚庄王少子兰为上官大夫，他的后代就以此为氏。望出天水。

工：春秋时，鲁宋齐楚都有工正一官，他们的子孙，有的就以此为氏。

王：派别极多，大抵子孙因是王者之后，就以此为氏族，而称王者，历史上是极多的。《广韵》所载，王姓郡望，有二十一。其中最有名的，是太原和琅邪。

令狐：出自姬姓。毕万曾孙颗，以功别封令狐，后代以此为氏族。

史：古代史官的后代，就以史为氏。

司空、司马、司徒、司寇：都是官职为氏族。

羊：出于周官羊人之后。

李：古皋陶之后，世为大理，也就是大法官，以官命族，为理氏。理、李古通，故为李。

凌：周有官名为凌人，子孙以此为氏。如卫康叔支子曾为此官，其后代就以此为氏。望出渤海。

乌：古少昊氏以鸟命官，有乌鸟氏，其后以此为氏。

符：鲁顷公孙公雅，仕秦为符节令，因以为氏。

庾：尧时有掌庾大夫，因以为氏。

粟：汉有治粟内史，以官为氏。望出江陵。

钱：彭祖之孙孚，为周钱府上士，因以官为氏。望出彭城、下邳、吴兴。

5. 祖先职业

卜：《风俗通义》云："氏于事者，巫卜陶匠是也。"

相：相士之后，以此为氏。一云，故殷城，人以地为氏。

6. 祖先封国等封地

于：周武王第三子邘叔，邘就是他的封地。他的后代就以封国为氏，后去掉邑旁，成了于。

五鹿：五鹿本是春秋时晋国的地名，晋文公把这块地方封给了他的舅舅子犯，子犯的子孙就以此为氏。

六：皋陶之后，封于六，遂以为氏。

毛：周文王第八子郑封于毛，后代以毛为氏。望出西河、荥阳。

申：神农氏之后，有名昌者封于申，称申昌，其后代以申为氏。

任：黄帝少子禹阳封于任，以国为氏。

朱：本高阳氏后裔，周时封于邾，子孙以此为氏而去邑（阝）。望出沛国、义阳、吴郡和河南。

江：伯益之后，封于江陵，子孙以此为氏。

何：周武王弟叔虞封于韩。韩灭，其子孙分散江淮间，转音为何氏。望出庐江、东海、陈郡。

吕：古共工氏从孙伯夷辅佐尧掌四岳，又辅佐大禹治水，封为吕侯，子孙以吕为氏。望出河东、东平。

宋：周武王封商纣王庶兄微子于宋，其子孙以此为氏。望出西河、广平、敦煌、河南、扶风。

汪：鲁成公某子被封于汪地，子孙因以为氏。

沈：周文王子聃季，受封于沈，以其地为氏。又，楚国有公族子孙，受封于沈鹿，其子孙遂以沈为姓。

谷：古有贵族，受封于秦谷，故以此为氏。

辛：夏启封支子于莘，后代以此为氏而演变为辛。

邢：晋大夫韩宣之族食采于邢，后以为氏。

阮：殷有阮国，在泾渭之间。有国者子孙以此为氏。

屈：楚武王子瑕，食采于屈，因以为氏。屈原就是其后代。

柳：鲁国展禽食采于柳，因以为氏。望出河东。

纪：出于姜姓，炎帝之后，封为纪侯，子孙以地为氏。

郁：古有郁国，有其地或居其地者，或以为氏。

范：尧的后裔，在周为唐杜氏，周宣王灭杜，杜伯之子子隰逃到晋国为官，其曾孙士会，食采于范，子孙因以为氏。

徐：伯益辅佐大禹有功，天子封其子若木于徐，因以为氏。望出东海、高平、东莞、琅邪、濮阳。

秦：秦国亡，秦皇室支庶以秦为氏。一云，伯禽封于鲁，其后裔有食采于秦地者，乃以为氏。望出太原。

翁：周昭王庶子有食采于翁地者，因以为氏。

高：齐太公后人食采于高，因以为氏。望出渤海等。

商：黄帝之后人，以封地得氏。

常：卫康叔之后，食采于常，以此为氏。

梁：秦仲有功，周封其少子康于夏阳梁山，因以为氏。望出安定、天水、河南。

梅：商纣王时有梅伯，以国为氏。出于商王室之姓。

章：齐太公支孙封于鄣地，后为齐所灭，子孙去邑为章氏。

许：姜姓，尧四岳伯夷之后，有文叔者，周武王时封于许，子孙以国为氏。望出高阳、汝南。

陆：田完后裔齐宣王少子通，封于平原般县陆乡，因以为氏族。望出平原、河内、吴郡。

单：周成王封少子臻于单邑，因以为氏。

嵇：夏少康封子季杼于会稽，遂以稽为氏。汉初徙嵇山，遂改氏。

彭：颛顼曾孙祝融之弟吴回，生陆终。陆终子六人，其三曰籛，封于大彭，乃以为姓。望出宜春。

曾：夏少康封少子曲列于鄫，其后人去邑旁（阝）而为氏。

焦：一为神农之后，一为周之同姓，都是以国为氏。

舒：古舒子之后，以国为氏。

华：出子姓。周宋正考父食采于华，后以为氏。

项：本姬姓诸侯国，为齐桓公所灭，子孙以国为氏。

冯：毕公高之后，食采于冯城，因以为氏。望出杜城、长乐。

黄：嬴姓，陆终之后，封于黄，子孙以国为氏。

杨：周宣王少子尚父封于杨，号曰杨侯。后杨并于晋，因为氏。望出弘农、天水。

楚：熊绎封于楚，后人遂以国为氏。

温：晋大夫郤至，食采于温，因以为氏。

叶：楚沈诸梁，食采于叶，因以为氏。

贾：出于姬姓。康王封唐叔虞少子公明于贾，其子孙以为氏。

赵：周穆王时，伯益之孙造父封于赵城，因以为氏。望出天水、南阳等地。

齐：太公望封于齐，子孙以国为氏。

刘：帝尧陶唐氏之后，封于刘地。又周成王封王季之子于刘邑，其后人因以为氏。二刘不同。

欧阳：越王句践之后，封于乌程欧阳亭，因以为氏。

潘：毕公子季孙食采于潘地，子孙因以为氏。

蒋：周公第三子伯龄封于蒋，子孙因以为氏。

蔡：周文王子叔度封于蔡，子孙因以为氏。

邓：殷武丁封叔父于河北，是为邓侯，后以为氏。望出南阳、安定。

鲁：周公子伯禽封于鲁。至鲁顷公，灭于楚。后子孙或以鲁为氏。

燕：出于姬姓。召公奭封于北燕，子孙以国为氏。黄帝之后裔某，封于南燕，其国先亡，也以国为氏。二燕异姓而同氏。

诸：春秋时，鲁有诸邑，大夫食采其地者，遂以为氏。

谢：周宣王时，申伯作邑于谢地，后以为氏。望出陈留、会稽。

韩：韩之祖先与周同姓。武子事晋献公，封于韩原，因以为氏。

魏：毕公高后毕万为晋大夫，封于魏，以为氏。

罗：颛顼后代，受封罗国，因以为氏。又，后魏少数民族有改姓罗者。

苏：祝融之后，封于苏，因以为氏。望出扶风、蓝田、洛阳、武功、武邑。

7. 祖先封号

邢：周公第四子被封为邢侯，子孙以此为氏。

侯：以祖先爵号为氏。一云，夏后氏之苗裔，封于侯，因以为氏。

马：战国时赵王之子奢封为马服君，子孙以为氏，后改为单姓。望出扶风。

8. 祖先的名、字或排行

刁：齐国大夫竖刁之后，以刁为氏。

包：战国时楚大夫申包胥之后，以包为氏。望出丹阳。

皮：周卿士樊仲皮之后。或云，春秋时郑国大夫子皮之后。

印：郑穆公之子，有字子印者，其后代以此为氏族。

伯：出于祖先的排行，古伯益之后、伯夷之后，都有以伯为氏者。

仲：祖先排行老二。

余：秦由余之后。望出下邳、吴兴。

孟：排行老大，子孙遂以为氏。如鲁桓公子庆父之后，号孟孙，后为孟氏。

季：鲁桓公子季友之后为季孙氏，又曰季氏。

段：段氏姬姓。郑武公少子共叔段，其孙以其字为氏。

时：楚大夫申叔时之后。望出陇西、陈留。

袁：胡公满后人诸，字伯爰，其孙涛塗，以祖父之字为氏。"爰"与"袁"通。望出陈郡、汝南、彭城。

鱼：宋公子鱼之后，以祖先字为氏。

游：郑公子偃，字子游，后人乃以游为氏。

童：颛顼子老童之后。望出渤海。

万：晋毕万之后。一云，芮伯万之后，以字为氏。望出扶风、河南。

鞠：后稷孙鞠陶，生而有文在手曰鞠，因以为名，其支裔以为氏。

9. 祖先居住地

姚：舜生于姚墟，因以为姓。

姜：炎帝神农氏，生于姜水，因以为姓。

姬：黄帝生于寿丘，长于姬水，因以为姓。

匡：春秋时鲁国地名。句须曾为此地行政长官，其子孙以此为氏族。

城、郭、园、池：都是以居住地为氏，见《风俗通》。郭望出太原等地。

北郭、东郭、南郭、西郭：出姜姓。齐公族大夫住北郭、东郭、南郭、西郭者，各以其地为氏。东门、西门，亦以居住地为氏。

林：周平王次子避难长林之山，因以为氏。

莫：颛顼造城名莫而有右耳朵旁，（邑）后人去右耳朵旁而为姓。

屠：轩辕逐蚩尤，迁其民善者于邹屠之地，后其民为邹氏、屠氏。屠氏望出广平。

盛：周穆王时有盛国。

10. 其他

宇文：其祖先为鲜卑族的贵族，有名普回者，因狩猎得玉玺，有文曰皇帝，以为天授。其俗谓天子为宇，因以为氏。

冷：古伶伦之后，音误为冷。望出新蔡、临安。

车：汉代丞相田千秋以年老，得乘小车入省中，时称车丞相（见《汉书》）。后其子孙以车为氏。

孙：周卫康叔之后，或云孙叔敖之后，或云殷王子比干之后。

陈：舜后胡公满之后。公子完奔齐，为陈氏。望出汝南、广陵、东海等地。

贺：本为庆氏，后汉庆纯避安帝父孝德皇帝讳，改为贺氏。望出河南、会稽。

诸葛：琅邪诸县有葛氏，阳都也有姓葛者。琅邪诸县葛氏，有移居阳都者，被称为诸葛。

何：战国韩国灭亡后，韩国国君家族子孙散居江淮间，当地读"韩"如"何"，遂改何姓。

简：三国时简雍，原姓耿，原籍涿郡，其地读"耿"如"简"，于是随音变为简姓。今吴地呼简姓人，也读"简"为"耿"。

《风俗通义·姓氏》列姓氏 475 个,其中双姓 119 个。北宋百家姓,列常用姓约 500 个,双音姓约 60 个。今实际使用者近三千。双姓百余。

二、姓氏的变更

姓氏也会发生变化的。以上所举姓氏的若干种来源,除了少数外,其实也是姓氏的变化。此外,姓氏的变化主要还有:

1. 灭族

如"若敖"这个家族,在楚国曾经是个巨族,世代为大官,后来,有个叫若敖越椒的谋反,这个家族就被灭掉了,世界上也就没有姓这个姓的人了。有句成语,叫"若敖氏之鬼",就是没有后代、无人祭祀的饿鬼的意思。

2. 避讳、避难改

严:严子陵,本姓庄,避汉明帝刘庄讳,改姓严。

于:唐代永贞元年,双姓淳于改为于,避宪宗李纯之讳。

康:宋代,因避讳,改匡姓为主,后来,又以此为嫌,遂改康。

文:北宋文彦博祖先姓敬,因避讳改。

万:南宋方岳,为丞相赵葵幕客,赵葵父名方,方岳乃改姓为万。见《齐东野语》。

六:江阴有六氏,相传为明方孝孺之后,因避难改姓六。

木:端木赐的后代中,有的为了避仇改姓木。

包:或云,丹阳包氏,本姓鲍,避王莽之乱而改。

田:陈公子完奔齐,以陈氏为田氏(见《史记·田完世家》)。田、陈古音相近。又,明黄子澄之子,为避难,改姓田。

陆敬安《冷庐杂识》卷二云:"姓有去字之偏旁而改者。鄌之为曾,由来远矣。王莽末,疏广孙孟达避难,去疏之足而为束。王审知据闽时,人避其讳,去沈之水而为尤。文彦博生世本敬氏,以避讳改(按:其曾祖在后晋,避后晋高祖石敬瑭讳,改姓文。后晋灭,复敬氏。入宋,又避宋太祖之祖父赵敬讳,又改文,遂不复改)。金履祥(按:金,元理学家。吴越,指钱镠)先世姓刘,避吴越讳而改。黄子澄死靖难,子易其姓为田,名经。魏忠贤时,魏氏有去鬼而为委者。又如熊为能,慎为真,敬为苟,谢为射之类,不可悉举。"

3. 因赐姓而改姓

韦:《朝野佥载》卷三载隋开皇中,京兆韦衮,赐其家奴桃符韦姓。

李:唐代,许多少数民族氏族以功被赐姓为李氏。

史：唐代史继先,本夏后氏之苗裔,肃宗时赐姓史。

其他：谢在杭《五杂俎》卷十四云："又历代有赐姓者,如项伯、娄敬皆从刘,徐勣、安抱玉皆从李之类。"郑成功也为明朝赐姓朱。

4. 稀有姓入常见姓

令狐：唐代,有狐氏者,改为令狐。

谷：郤姓为了书写等的方便,改为谷。

杨：蜀地有扬姓,汉之扬雄即是。但宋代时,蜀地就无扬姓,而已杂于杨姓了(见《梁溪漫志》卷三)。

5. 双姓改单姓

因为书写和称呼的方便,双姓被改为单姓。如司马为司、为马,诸葛为诸、为葛,欧阳为欧、为阳,夏侯为夏、为侯,鲜于为鲜、为于等即是。豆卢为唐代大族,钦望、琢、革,皆尝为相,而此姓后杂于卢(见《梁溪漫志》卷三)。

6. 少数民族改汉姓,或创为汉姓

东汉时,匈奴入塞十九种,改为汉姓。呼韩邪单于的子孙,至魏,改为刘姓。匈奴贵族,还有呼延、卜、兰、乔等姓。

丁：西域人多名丁者,既入汉族地区,就以丁为姓,如丁鹤年就是(见明人杨士奇《东里文集》)。

毛：南北朝时,北方少数民族中的某些贵族,以毛为氏族。王：王世充本西域胡支氏,后改王。

史：唐代有阿史那氏,改为史氏。朱：后魏渴浊浑氏、可朱浑氏,并改为朱氏。

刘：汉高祖以公主妻匈奴单于冒顿,其俗贵者皆从其母为刘氏。

满族人改汉姓,如爱新觉罗改为罗,或金；关尔佳氏改为关；钮古禄氏改为钮；叶赫那拉氏改为叶等。

或创为汉字姓,如：朴(朝鲜族),召(傣族),刀(苗族),盘、蓝(畲族),以及拓拔、宇文、慕容、呼延、长孙等,其祖先都是少数民族。

7. 衍生

因人口增殖、家族迁徙、贵族分封等,一姓氏就衍生出多个姓氏。如蒋、邢、茅都是周公的后代,韩愈也说过"徐与秦俱出,韩与何同姓"之类,见《梁溪漫志》卷三。《五杂俎》卷十四云："姚、陈、胡、田,皆舜之后。姬、周、鲁、卫、曹、郑,皆武王之后。""赵括之后,因马服而为马。李陵之后,因丙殿而为丙。"姬、姜、娄等古老的姓氏,都不是大姓,这是因为这些姓都衍生出许多姓的缘故。

8. 其他原因

《五杂俎》卷十四云,京房推律而定为京氏,鸿渐筮《易》而定为陆氏。《阅微草堂笔记》云:"沧州画工伯魁,字起瞻,其姓是此伯字,自称伯州犁之裔。友人或戏之曰:君乃不称二世祖太宰公?近其子孙不识字,竟自称白氏矣。"

同姓者本未必同姓,异姓者本未必不同姓。宗族之祖宗,本是否该姓,实不一定。

三、祖宗

祖宗有很多,直系祖宗,每世两个。始祖,或称鼻祖,乃该大宗族之最早祖先,多出附会,如唐王朝之于老子、张献忠之于张亚子是也。旧时为自高门第,遂攀附古代名人,托为其子孙。若祖宗名声不好,亦有讳而另托者。陆容《椒园杂记》卷七云:"今世富家,有起自微贱者,往往依附名族,诬人以及子孙,而不知逆理忘亲,其犯不讳甚矣。吴中此风尤盛。如太仓有孔渊字世升者,孔子五十三世孙。其六世祖端越仕宋南渡。至其父之敬,任元通州监税,徙家昆山。元祐初,州治迁太仓,新作学宫,世升多所经画,遂摄学事,号莘野老人。子克让,孙士学,皆能世其业。士学家甚贫。常州某县一富家欲求通谱,士学力拒之。殁后无子,家人不能自存,富家乃以米一船易谱去。以此观之,则圣贤之后,为小人妄冒以欺世者多矣。"李诩《戒庵老人漫笔》卷七云:"今人家买得赝谱,便诧曰:我亦华胄也。是最可笑。此事起于袁铉。铉以积学多藏书,贫不能自养,业此以惊愚贾利耳。"梁绍壬《两般秋雨庵随笔》卷三云:"文丞相云,莆田有二蔡,一派出君谟,一派出京、卞。京、卞之子孙,惭其先人,多自诡为君谟后。犹今无锡秦氏,的系会之(桧)之后,然无不诡为淮海(秦观)裔孙也。"按无锡秦氏,确实出于淮海。梁氏说误。又卷四云:"狄襄武不祖仁杰,郭崇韬哭拜汾阳。人之贤否,自是不同。张献忠僭号于蜀,追尊梓潼帝君为始祖,盗贼之行,悖谬固不足责。若唐有天下,以老子为始祖,何亦诞妄乃尔耶?余家旧遭回禄,谱牒无存。先胄遥遥,已不可考。忆在京时,有人以梁鸿、梁灏为问者,余笑应之曰:硕德巍科,不敢扳扯,惟绿珠红玉,千古风流,当认为远代闺秀耳!"

四、族产

族产乃宗族共有之产业，一般来源于族人的捐赠和族中无子者的遗产等。其收入一般用于族中祭祀或福利事业，有祭田、义田、义庄、义学、义冢、义仓等。

五、家谱

家谱，也叫"宗谱"、"家乘"、"族谱"等。一般的家谱全名是地方再加上姓氏，因为这样才能表示有效的范围。例如，不能只是《王氏家谱》，因为天下王氏，实在太多，名叫《王氏家谱》，不确切。《昆山王氏家谱》、《东筑塘王氏家谱》，就确切了，表示他们是昆山王氏、东筑塘王氏，家谱就记载昆山王氏、东筑塘王氏的事。

家谱的内容和体例，没有一定的标准，但大致的规范还是有的。这里简单讲一些：

序言：一般请当时名人写序言。序言的内容，一般是赞扬该宗族，赞扬修家谱之举，揭示此举的意义等等。

体例：确定编写该家谱的体例，使编写有章可循。

旧序：该宗族以前历次所编家谱的序言。由此可以看出历次编撰的情况。

宗族源流志：用文字叙述的方法，或辅之以图表，记录宗族发展、迁徙等的大致情况。有的家谱要追索到炎帝、黄帝，有的比较实事求是，从可以考证出的祖宗算起。

名人志：宗族中名人的传记。凡是有现成的传记的，可以用现成的，也可以重新写作。写作传记时，既要公允，又要考虑到家谱的特点，尽量妥帖。除了传记外，还可以加上图像和出自比较有名的人物之手的像赞或图赞等题咏。

世系志：这是家谱的主要部分，用图表加文字的方法，叙述该宗族的世系。当然，世系的叙述，是以宗族男性成员为依据的。就一般来说，一个男性成员，在世系志中，应该有这些信息：名，某某（其父亲的名字）第几子，字某某，号某某，生于某年某月某日某时，某年为某生（如廪生、监生等，统称诸生，俗称秀才）；某年中第几名举人，某年中某甲某名进士（或某某大学毕业，供职于某某部门等）；任某某官某某官，有某某著作；某年某月某日某时卒，寿若干；葬某地祖坟或某地另立之新墓地，棺材朝向如何；配偶某氏，继配某氏（妾某氏等）；子若干，长某某，某氏出，娶某地某氏，或某某第几女；次某某，某氏出，聘某地某某女（尚未结婚，但已订婚）；女若干，长某某，某氏出，嫁某地某某子（前可加官名、科名、职务名等等，也可不加）；次某某，某氏出，许聘某地某某子；幼某某，某氏出，待字闺中。接下来是对配偶的介绍，包括某地某官员第几女，生于某年某月，卒于某年某月某时，寿若干，葬于某处，棺材朝向如何。

如果其人有兄弟，其叔父或伯父无子，他继承叔父或伯父的世系，不再继承他生身父亲的世系，就要写明：某某第几子，某某（其所嗣叔父或伯父）嗣子。如果他自己没有兄弟，要他继承两房的世系，除了他父亲的一房还，还要继承叔父或伯父这一房，这就叫"兼祧"，要写明：某某第几子，兼祧某某。兼祧的房数，没有限制，多的可达四五房或更多。如果出嗣，此人就放在所嗣父亲世系下介绍，在其本生父亲的世系下，就没有他的位置了，只是在他父亲的介绍中，写明：第几子某，某氏出，出嗣某某。如果出嗣后兼祧其他叔父或伯父，就在所嗣的世系下介绍，在其所兼祧的世系下，只是有个名字而已，注明"兼祧"，表示他延续这一房的世系。

世系志是家谱的主体，最为繁富，因此，必须分"支"和"派"，才容易理清头绪，便于编撰。支和派的命名，可以用地名，如某地支、某地派等，也可以用该支或该派的第一个祖宗的名号。

族产志：宗族公有的财产有多少，分别记录。经营这些族产的规定，使用这些族产或赢利的规定，接受族内外捐赠的规定等，都要列出。

族规志：开列族规。族规包括奖赏、补助、惩罚、祭祀、取名排行、家谱的编撰、家谱的管理等等。例如，族中青少年考取学校，族中资助若干钱物，供其上学等，确实是善法。

艺文志：宗族中成员的著作目录或介绍。有的还直接全文登载宗族成员的作品。

坟茔志：宗族成员所葬墓地的记载，特别是宗族祖坟的记载，非常详细，有的还有图画。

养子和赘婿如何处理？在旧时就有许多不同。现代家谱如何处理，这要根据该宗族成员的意见，不能全照古法。我们认为，似乎应该和宗族中其他男性成员一视同仁，只是要注明他们的身份和原来的姓氏。既照顾到家谱的特点，又体现出实事求是的精神。

第六节　余论:村落和其他

一、村落的类型

村落是由地缘关系联结起来的若干家庭的生活与生产共同体。有的村落是由一个家庭衍生而成,一村一姓,同一宗族。有的村落由两个姓氏甚至多个姓氏的家庭组成,这些姓氏之间,有血缘或姻缘关系,这样的村落,叫亲族联合体村落。追根溯源,实际上多由单一家族村落接纳姻亲入村而成。杂姓移民聚居村落,则是由移民流民而成,他们之间的关系,开始时纯为地缘关系,后来则很有可能发展为姻亲关系。明朝王士性《广志绎》卷三云:"宛洛淮汝睢陈汴卫,自古为戎马之场。胜国以来,杀戮殆尽。郡邑无二百年耆旧之家。除缙绅巨室外,民间俱不立祠堂,不置宗谱。争嗣续者,止以葬敛时作佛超度所烧瘗纸姓名为质。庶民服之外,同宗不相敦睦,惟以同户当差为亲。同姓为婚,多不避忌。同宗子姓,有力者蓄之为奴。此皆国初徙民实中守时各带其五方之土俗而来故也。"这是典型的杂姓移民聚居村落。村落的职能主要有:维护本村利益;协调本村家庭或成员之间的关系;在生活和生产方面互相帮助;管理共同生活和生产秩序;管理公共财产和公共事业;对社会承担义务。现代村落逐渐减少,但作为生活共同体的居民小区,也有与村落相仿的职能。

二、结义

结义超越了地缘、血缘和姻缘等关系,纯粹是一种社会组织,连结其成员的纽带,是志向、情谊。但志向和情谊是多种多样的,结义也是多种多样的。有杀人越货的盗贼结义,有精忠报国的英雄结义,有揭竿而起的农民结义,有路见不平、拔刀相助的侠客结义等等。《金瓶梅》第一回有对结拜兄弟仪式的描写。梁绍壬《两般秋雨庵随笔》卷四有女子结金兰会的描写。清诗人乐钧《岭南乐府·联袂轻生》,也是写女子结义轻生。顺德县少女多订为异姓姐妹,少者数人,多者十余人。或相约不嫁,或依次而嫁,或同日嫁,一女见梗,则众女皆自杀。当代有小说《五个女子和一条绳子》也是写这种风俗。

三、帮会

帮会与结义,有所不同。从规模上说,结义的规模较小,帮会的规模较大。再者,结义带有很大的随意性,没有严密的组织和严明的纪律,合则合,不合则离去。帮会则组织严密,纪律严明,在约束、管理、体制上,如同封建家族,但远比封建家族严酷。其惩罚之严酷,或远远超过国家的法律。帮会性质各异。有的是经济性的,如"劫富济贫"等组织即是;有的是政治性的;有的是宗教性的;当然,也有的是综合性的。帮会的性质,也会发生变化。帮会的产生和发展,归根到底,社会原因最为重要。特别是一个帮会发展成一定的规模,社会原因就更加明显。"盗亦有道",有"道"之"盗",才会发展成一定的规模。

四、职业集团

职业集团是以技术师承关系联结起来的社会组织。其中的辈分也很清楚。同一职业,因师承不同,会有许多集团。一集团又会分成若干小集团,形同家族之延续、扩大、变化,也有与家庭或家族相联系者,如张家木匠、李家裁缝等。职业集团中,由长辈处理有关职业、技术事宜,如与主人家商谈业务等;协调成员关系,评定成员的资格与能力,如该成员能不能带徒弟,该徒弟能不能按时满师等;主持有关仪式,如接收新成员和徒弟满师的仪式,工程的典礼等等。某些职业集团,有其独特信仰、仪式、禁忌等,如信奉祖师等。

五、互助团体

这些互助团体中,成员之间的关系,是建立在互相帮助的基础上的。结义、帮会中的人,也互相帮助,亲族中的人,也互相帮助,但互助团体中的互相帮助,有其特点,即几乎是一种等价的帮助,是有条件的帮助。明朝王士性《广志绎》卷三云:"中州俗醇厚质直,……其俗又有告助、吃会。告助者,亲朋或征逋追负而贫不能办,则为草具,召诸友善者分各助以数十百脱之。吃会者,每约会同志十数人,朔望饮于社庙,各以余钱百十交于会长蓄之,以为会中人父母棺衾缓急之备,免借贷也。父死子继,愈久愈蓄。此二者皆善俗也。"陆敬安《冷庐杂识》卷六云:"浙西淹葬之风,由来已久。国初德清唐灏儒先生举亲葬社,约吾邑张杨园先生履祥推广之。分八宗,宗八人,立宗首宗副。凡社中有葬亲者,宗首副传之各宗首副,汇八宗吊仪,人三星(银子三钱),致葬家。八宗宗人之子俱会聚,即登社约曰:某年月日,某人某亲已葬。使未葬者惕然。以七年为期,过期不葬者,不吊,所以示罚也。后又增一条:八年葬者,亦酬其半,以存厚也。自后续行者少,淹葬之风仍然。道光辛丑年,吾里邱雨樵茂才青选复举葬会,纠同志四十人,于四月望日,各赍钱五百赴会所,拈阄以定。应得之人,即予钱二十千为葬赀。如愿让他人先得,亦听其便。钱存公所,预备砖灰等物,不得携归。砖瓦等购自窑所,价视肆家特廉。岁推二人司其事。每岁人各出钱二千,给四人葬事。费不耗而事可久,其法最良。倡始于西栅,而东、南、北皆效行之。"

这一类互助形式,是可以提倡的。参加互助的人之间,是平等的,相互帮助,谁也不依赖谁,谁也不欠谁的。独立和互助,都是和谐社会不可缺少的。只有少数人对人提供帮助,这样的社会是冷漠的社会。太多的人缺乏独立性而总是依赖人家的帮助,这样的社会是没有希望的社会。有能力帮助别人的人冷漠,而需要帮助的人有太高的受帮助期望和太强的依赖性,这样的社会就等而下之了。

第八章 人生礼仪

第一节 诞生礼

广义的诞生礼指求子至周岁的一系列礼仪。狭义的诞生礼指婴儿出生后的庆祝活动。

1. 求子

求子的风俗，据古书记载，上古就有之，而在当代社会，可以说还没有绝迹。古书中，有关求子的故事很多。孔子，就是他父母在尼丘山求子后怀上的，因此，他的名是"丘"，字为"仲尼"，"仲"表示排行，"尼"与名"丘"合起来，就是"尼丘"这山名。中秋夜偷瓜求子的风俗，曾经行于西南和江南。如民国二十六年铅印本安徽《繁昌县志》云当地中秋节风俗，"妇女联袂出游，遇菜圃，辄窃南瓜，为宜男兆，名曰'摸秋'。其有中年乏嗣者，亲友于是夕亦取南瓜，用鼓吹爆竹饷之，谓之'送子'。"又见本书第六章有关部分。北京等地，旧时元宵节妇女出游，有到城门口摸城门上钉的风俗，就叫"摸钉"，这也是取宜男之兆（见沈榜《宛署杂记》卷十七、刘侗、于奕正《帝京景物略》卷二、彭蕴章《幽州风土吟》等）。"钉"者，"丁"也。龚炜《巢林笔谈》卷二记载有照井求子的风俗。《蜀都碎事》卷三云三月二十一日，成都百姓游海云山，到山上一小池中摸石，以为宜子之兆。方信孺《南海百咏》有《花山寺》诗，自注云："在扶胥北五里，漫山皆杜鹃花。俗传方春时，妇女往往就撷其花，以为熊罴之兆。"屈大均《广东新语》卷九云："海丰之俗，元夕于江干放水灯，竞拾之，得白者喜为男兆，得红者谓为女兆。"民间信仰中，向神灵求子，在古代也是很平常的风俗，小说、戏曲中，有关的情节不少。很多神灵，如某些山岳之神等，就有保佑人生子的神通。还有，封演《封氏闻见记》卷一记载妇女在孔庙向孔子求子的风俗。屈大均《广东新语》卷九云："广州灯夕，士女多向东行祈子，以百宝灯供神。夜则祈灯取采头。凡三筹皆胜者为神许，许则持灯

雕花木床上五子登科图案

多子碗

而返。逾岁酬灯,生子者盛为酒馔庆社庙,谓之灯头。群称其祖父曰灯公。""灯"与"丁"音近,故俗如此。龚炜《巢林笔谈》卷二记载了苏州到韦苏州(唐朝诗人韦应物,曾经官苏州刺史)庙求子的风俗。佛经中说,观音有许多神通,保佑信仰他的人能生孩子,就是其中的一项。"送子观音"的信仰,就是这样产生的。当然,这与我国观音的女性化,也有很大的关系。

2. 怀孕

孕妇必须遵守许多宜忌规定。我国自古就有"胎教"的说法,就是孩子还没有出生的时候,人们就对他进行教育。如何教育呢？这就是属于孕妇"宜忌"的内容。孕妇应多听优美平和的音乐,而不能听暴烈、忧伤、悲愤、大起大落的音乐;应多听人朗读优美的诗歌、文章,而不能听感情低沉、消极、激烈的诗歌、文章;应多听美言,不要听恶言或思想内容不健康的言论;自己的情绪和思想,都要健康平和等等。在饮食方面,营养必须均衡。还有一些迷信观念,现在看来很可笑,但确实存在过,例如,说是孕妇不能吃生姜,否则,所生小孩的手会畸形;不能吃兔肉,否则,小孩会兔唇;不能吃青蛙,否则,小孩会夜啼等等。当然,孕妇在饮食方面确实应该注意,不能吃对胎儿不利的东西,有病用药就更要注意了。①

3. 催生

预产期早就到了,怎么还不生?当然会有生理方面的种种原因。这些原因,古人怎么理解得了?于是,就产生了催生的风俗。宋孟元老《东京梦华录》卷五即载此俗:"凡孕妇入月,于初一日,父母家以银盆或彩画盆,盛粟杆一束,上以锦绣或生色帕覆盖之,上插花朵及通草帖罗五男六女花样,用盘合装送馒头,谓之分痛。并作眠羊卧鹿、羊(象)生果实,取其眠卧之义,并牙儿衣物、绷籍等,谓之催生。"又吴自牧《梦粱录》卷二十云:"杭城人家育子,如孕妇入月,期将届,外舅姑家以银盆或彩盆,盛粟杆一束,上以锦或纸盖之,……并以彩画鸭蛋一百二十枚、膳食羊、生枣、栗果,及孩儿绣绷彩衣,送至婿家,名'催生礼'。"很明显,宋室南渡,把在北宋京师的风俗,带到了南方。这类风俗,在有些地方,现在很可能仍然有之,也可能有别的形态,但孕妇的娘家或其他亲戚家给孕妇送小儿用品和产后营养品等,则是共同的内容。

4. 临产

临产之俗,《礼记》中即有。这一类风俗,大多具有催生的性质,希望孕妇顺利地把孩子生下来。例如,福州旧时就有临产时烧纸钱的风俗,意为:妇女临产,来投胎的鬼魂和来找麻烦的鬼魂很多,他们使孕妇生产不顺利,甚至有可能是难产,其家烧纸钱,就是让他们拿了纸钱离开,让产妇顺利生产。清人姚燮《西沪棹歌》写浙江象山风俗,有云:"催生石在塔岭旁,下如柱,高三四尺许,承以石盘,其侧凿土龛祀女神。有产难者,翻石盘至地,祷于神,其产即速。即制女鞋,安神座,置石原处,并以牲醴侑之。此俗已久,不知始于何时,谓甚灵验云。"广东有神名"金花夫人",是专门保佑妇女生育

---

① 在西方,有这样的说法,母亲在孩子出生前咒骂他,他将属于魔鬼,生一副能以一瞥害人的毒眼。怀孕女子如果看到野兔,应速将泪水擦在衬裙上,否则,生出的小孩会兔唇。见《爱尔兰民俗学会杂志》,1936年版(The Journal of The Folklore of Ireland Society, Published for The Society by the educational Company of Ireland, 89 Talbot Street, Dublin, 1936)。

顺利的神灵(见屈大均《广东新语》和梁绍壬《两般秋雨庵随笔》卷二)。①

5. 洗儿

旧时有将新生儿放入盆中洗的风俗。②

6. 禁忌等

汉代到六朝,有抛弃五月五日所生孩子的风俗。见本书第六章民间节日风俗部分。③

7. 诞生礼

此为狭义诞生礼,一般在婴儿诞生后第三天举行。俗称"三朝",或有于五、七、九、十二等数目举行者,亦称三朝。古称"洗三"、"洗儿会"等,亲友称贺。宋朝孟元老《东京梦华录》卷五云:"就蓐分娩讫,人争送粟米碳醋之类,二日落脐灸囟,七日谓之一腊,至满月,则生色及绷绣钱,富贵家金银犀玉为之,并果子,大展洗儿会。亲宾盛集。煎香汤于盆中,下果子、彩线、葱、蒜等,用数丈彩绕之,名曰'围盆'。以钗子搅水,谓之搅盆。观者各撒钱于水中,谓之添盆。盆中枣子直立者,妇人争取食之,以为生男之征。浴儿毕,落胎发,遍谢座客,抱牙儿入他人房,谓之移窠。"南宋吴自牧《梦粱录》卷二十云:"三朝与儿落脐灸囟。七日名一腊,十四日谓之二腊,二十一日名曰三腊,女家与亲朋俱送膳食,如猪腰肚蹄脚之物。至满月,则外家以彩画线或金银线杂果,以及彩缎珠翠囟角儿食物等,送往其家,大展洗儿会。亲朋俱集,煎香汤于银盆内,下洗儿果彩线等,仍用色彩绕盆,谓之围盆红。尊长以金银钗搅水,名曰搅盆钗。亲宾亦以金钱银钗撒于盆中,谓之添盆。盆内有立枣儿,少年妇争食之,以为生男征。浴儿落胎发毕,以发入金银小合,盛以色线结绦络之,抱儿遍谢诸亲座客,及抱入姆婶房中,谓之'移窠'。若富室

---

① 《罗马的时髦生活》(Fashionable Life in Rome as Portrayed by Seneca, Marjorie Josephine Rivenburg, Philadelphia, 1939)第二章《家庭和个人事务的社会性》中说,在当时的罗马,朱诺·卢喀那是保护生育的女神,丈夫们喜欢在祭祀此神的节日,送礼物给妻子们,目的是让她们生孩子时,得到神的保佑,顺利分娩。

② 瓦尔特·格雷高《苏格兰渔家的孩子》中,也写到苏格兰的洗新生儿的风俗:男孩要轻轻地擦洗,这能使他的脾气变得柔顺;女孩要用力擦洗,这能使她的意志变得坚强。如果这孩子出生时哭得太厉害,就在他手腕上刺点血出来,这样,"天生劣血"就跑掉了,如果不这样做,这小孩的脾气就会不好。见 1891 年《民俗》第二卷(Folk-lore, A Quarterly Review, Vol. 2. London, Published for the Folk-lore Society, By David Nutt, 207 Strand, 1891)。

③ 《苏格兰风俗:从摇篮到坟墓》(Scottish Customs: From the Cradle to the Grave, Margaret Bennett, Published in Great Britain by Polygon, 1992) 说,女子生小孩后,在上教堂举行某些仪式之前,要严防精灵的伤害。因此,有不少有关的风俗,如在床边挂装有面包和奶酪的篮子等。

宦家,则用此礼,贫下之家,则随其俭,法则不如式也。"一般的庆祝三朝,就是生孩子之家,摆几桌酒宴,宴请亲戚朋友。应邀前去的亲戚朋友,根据关系的远近和情谊的深浅,要送轻重不同的礼物,主要是小儿用品和产妇的营养品,还有给小儿的压岁钱。这一风俗,现在还是盛行于民间,城市和乡村都是如此,只是视其家的财力、社会地位等具体情况,丰俭不同而已。①

8. 命名

也许,小孩还没有出生,父母、祖父母等,就会为他取名字了。但是,有的人家,一直到报户口,才会把小孩的名字定下来。古人对命名很重视,古往今来,命名之法甚多。

小名:小名,也叫"乳名",其人还没有成年的时候,人们称呼他的时候,就称呼他的小名。他长大后,他的长辈和与他很亲近的同辈,也可以称呼他的小名。反过来,称呼一个成年人的小名,就意味着两人之间的关系亲密。小名主要有这样几个类别:1. 喜庆吉祥之词。且多为叠词。这与小儿学习语言多从叠词开始有关。这一类例子如:欢欢、喜喜、佳佳、甜甜、蜜蜜等。2. 勇猛无畏之词。如龙龙、虎虎、牛牛等。这带有巫术意味。3. 与某种巫术结合。当然,这些巫术都是没有任何科学依据的,而且对孩子的身体不利。这一类例子如:本大(孩子刚出生,在畚箕里放一下,意为这孩子如垃圾一样,鬼神就不喜欢,这孩子也就容易长大了,"本"与"畚"同音而雅,故用"本"。)、淋大(或"林大",孩子刚出生,象征性地用水淋一下,人们就认为他容易长大了。)、拴住、锁住、金锁、铁锁等。4. 以贱物为小名。这在现代社会还很流行的,也带有巫术的意味;这小孩如此的贱,鬼神就不喜欢了,他也就会没有病没有灾地成长了。这一类例子如:猫猫、狗狗、阿猫、阿狗等。

当然,有的人没有小名,只是取大名中的一个字,或是前面加上"阿",或是重复这个字,就相当于小名了。如大名为"李佳"者,"阿佳"或"佳佳",就相当于他的小名。还有的人,根本就没有什么大名,只有小名,后来成了个人物,小名不雅,或略改而作大名用,或竟然不改。隋朝大将麦铁杖,"铁杖"

---

① 《古希腊人的家庭生活》(The Home Life of the Ancient Greeks, H. Blumner 著, Alice Zimmern 译, Cassell and Company, Ltd. London, New York, Toronto and Melbourne, 1910)第二章《生育》中说,古希腊,小孩生下来第十天,举行庆祝活动,也有于第五天庆祝的,但第十天会再庆祝一次,举行宴会和祭祀。按照旧家之习惯,孩子的爷爷给孩子命名。在庆祝那天,亲友们给孩子送许多礼物,特别是头盔。当时,人们认为,天真无辜的小东西暴露在邪恶的魔力的影响之下,容易受到伤害,头盔能使他们免于遭到伤害。将要负责照顾孩子的女子从礼物中选出一串项链,上面挂有精致的小的金银饰品,给孩子挂上,以驱鬼辟邪。

应该就是个小名。南朝将军张敬儿,小名叫狗儿,本没有大名,"狗"字不雅,就写作"苟",但读音如故,发迹后,就改成"敬"了。清朝有个官员,叫"六十七",他是个满族人,满族有用孩子出生那年祖父或祖母的年龄为小名的风俗,"六十七"就是个小名。后来,他改名为"陆世琦",一个很雅的名字,但实际上就是"六十七"的谐音而已。还有一个叫"七十二"的,他就没有改。以数目字命名之俗,福格《听雨丛谈》卷十一言之较详。同书卷五云:"京师人家婴儿、童仆,喜用'儿'字命名,如来升儿、进喜儿、成儿、定儿之类甚多。按六朝时,有大将张敬儿、张猪儿,隋炀帝时,有大将来护儿、甄翟儿。是古之仕宦且有此名,不独闾里之儿矣。又山东乡俗,小儿乳名,惯以某子呼之,如大子、二子、喜子、禄子之类,在在皆是也。按《宋书》中,有沈田子、苟伯子,皆当时显宦。谢混呼其侄弘微为微子,沈约南士,不解此俗,乃谓呼灵运为阿客,呼瞻为阿远,曜为阿多,特敬贵于弘微,号曰微子。岂不误哉!"小名之俗,又见《宋人小说类编》《小名录》《侍儿小名录》《乐府侍儿小名》《清代名人小名录》等。

古代人名中,丑名和反常的名字不少,其中许多当是小名。梁章钜《浪迹丛谈》卷六云:"古人以形体命名,如头、眼、耳、鼻、齿、牙、手、足、掌、指、臀、腹、脐、脾之类皆有之。……至以畜类命名,尤古人所不忌。卫之史狗,与蘧伯玉、史鱼同为君子。卫宣公之臣司马狗,《汉书》人表列之中中。司马相如初名犬子。南齐有小吏亦名犬子。《南齐·张敬儿传》云:父丑,官至节府参军。始其母梦犬子有角舐之,已而有娠,生敬儿,故初名狗儿。后又生一子,因狗儿之名,复为猪儿。《辽史》:懿祖之后,有小将军狗儿。圣宗第五子,南府宰相名狗儿。又有辽将赤狗儿,见《金史》。又金世宗子郑王永蹈,名石狗儿。又《李英传》有兰州西关堡守将王狗儿。又有都统纥石列猪狗。《元史》有石抹狗狗,以武功著。郭狗狗、宁猪狗,皆以孝行闻。又有中书参知政事狗儿,则不知何姓。而《北梦琐言》有李蟆蛆,郝牛屎。《辽史》皇族表有辽西郡王驴粪。《金史·宣宗纪》有四方馆使李瘸驴。《元史·泰定纪》有太尉丑驴,则尤不雅矣。昔欧阳公家有小儿名僧哥者,或戏谓公曰:公素不重佛,安得此名?公曰:人家小儿,要易于长育,往往以贱物为小名,如狗羊犬马之类。僧哥之名,亦此意耳。此自是恶谑。"清朝周寿昌《思益堂日札》卷八所载古人丑名,还有鲁子恶、叔孙虺、卫侯恶、右宰丑、堵狗、海狗、胡沙虎、子猪粪、丑驴、蛮子等。

大名:《左传》云命名用五法:以生名,以德名,以类名,取于物,取于父。

五忌:不以官,不以山川,不以隐疾,不以畜生,不以器币。王渔洋《池北偶谈》卷二十三云:"春秋诸侯公卿大夫之名,犯此者甚众,沿及汉初犹然,如瘜疥、疵痤、虮虱、狗彘、掉尾之类。见诸《史》《汉》者,不可枚举。陆龟蒙《小名录序》云:三代之时,殷尚质直,以生日名之,如太甲、太乙、武丁是也。周以伯仲次之,如泰伯、仲雍、叔达、季历之类是也。自周以降,随事而名之,至有黑臀、黑肱之鄙,羊肩、狐毛之异,负刍之贱,御寇之强,杵臼、蘧篨、髡顽、狂狡、不寿、不臣,皆名不正而言不顺者也。"

秦汉人绝大多数用单名。东汉尤其如此。彭乘《续墨客挥犀》卷八云:"东汉人无复名者,或以问乡贡进士方绚,绚云,王莽时,禁用两字名。盖沿袭所致。"五代、宋人多用"彦"。《说文》:"彦,美士有文,人所言也,"是士之美称,所以,男子名"彦"的不少。现代女性名中,用"彦"的往往有之,且似乎比男性名中常见。明清两代,男子名中用"士"的很多,这与知识分子受到社会的尊崇、知识分子队伍的壮大有密切的关系。

以五行命名。五行见之于《尚书·洪范》。古人以五行说解释世界的形成及其发展,认为世间万物,都是由五行组成的,五行相生相克,事物乃发展变化。以五行命名有两种形式。

一是用名字补其八字中所缺五行中成分。万物及其运动,五行缺一不可,缺了就不圆满。家长给小儿排八字,推算出此儿八字中缺五行中某一或某些部分,便选择具有所缺五行部分之形或意的字来给此小儿命名,作为该小儿八字中所缺五行部分的补偿,使他命中五行皆全,有个好的命运。一般来说,或用所缺的那个字,或用包含有所缺的那个字的字。鲁迅小说《故乡》中的闰土,因为他的八字中缺土,所以名字中有个"土"字。有人缺木,就叫"林森"或"森林","杏根"也是如此。又如,八字中五行缺金,名字就叫"金某"或"某金",或者用包含"金"字的字作名字,例如"鑫"和由"金"作偏旁的字,如"铭"、"铁"、"钢"、"银"等字,在名字中较为常见。如果八字中所缺五行成分不止一种,也可以在名字中都给补上。例如,一个人八字中缺火和木,就可以叫"火根","火"字补火,"根"字补木。这种根据八字中五行情况取名字的方法,在现代还是很常用的。

二是按照五行相生理论取名字,显示辈分。这种取名方法,在古代有的大家族中使用,现代社会中,也许是人口的流动性加大、不再数百年聚族而居的缘故,已经几乎没有了。五行相生的顺序是:金生水,水生木,木生火,火生土,土生金。按照这样的顺序,第一代是"金"字辈,名字中用"金"字或用带有"金"字的字，其余类推，到第五代是"土"字辈。五行相生，永远没有尽的时候，如此取名，也是祝愿本家族人丁兴旺、绵延不绝的意思。钱大昕《十驾斋养新录》卷十九云："今人好以五行偏旁命名，递及子孙，取相生之义，盖盛于宋时。尹源弟洙，源子林，林子焞，洙子构。秦桧兄梓，弟棣，桧子熺，孙埵、堪，曾孙钜，玄孙浚、潓。朱松子熹，孙塾、埜、在，曾孙钜、钧、鉴、铎、铨，玄孙渊、洽、潜、济、浚、澄。李寿子垕、壐、塾、垡、壁、埴，孙铠、锡、鉴、鍊、锬、鐍、镰、铨。陈源子栎，孙照、勋，曾孙垄、圻、基，玄孙鑿是也。予读昌黎集，有《王屋县尉毕坰墓志》，其大父名构，父名炕，弟名增，子四人：镐、钚、鍊、锐。则唐人已有之。东雅堂本'炕'作'杭'。注云，杭本作'炕'。考《唐书·毕构传》亦作'炕'，则杭本是也。唐史崔铉子沆，裴均子锷，……当亦取此义。"梁章钜《浪迹丛谈》卷六也认为此风俗起于唐而盛于宋。这样的命名方法，缺点是明显的。用五行中某个字作偏旁的字，毕竟就那么几个，如果还要避开祖宗名字中用过的字，如果这个家族又人丁兴旺，那么，名字选择，就很困难了。

兄弟连名。兄弟连名，也就是兄弟排名。这有四种形式。如果是单名，兄弟的名字中，有相同的偏旁或组成部分；如果是双名，兄弟名字中在相同的位置上的一个字相同；双名的兄弟的名字中在相同的位置上的一个字相同，另一个字的偏旁或组成部分相同；双名的兄弟的名字中，有一个字的偏旁或组成部分相同。兄弟连名，起源于东汉，例如，荆州刺史刘表的两个儿子，长子叫刘琦，次子叫刘琮，这就是兄弟连名。陆以湉《冷庐杂识》卷一云此俗还可以追溯到先秦，说是"伯达"、"伯适"已是如此。又引明人吕兆祥《东野志》云，周公姬旦的儿子伯禽，有少子东野氏，第三代生二子，长晖，次晞，第六代生二子，长缙，次绅。王渔洋《池北偶谈》卷二十三云："《东野志》世表载：鲁公少子鱼，始以东野为氏。子宗，宗子雷，雷子晖，弟晞。又六代灏，弟淳。七代缙，弟绅。十代绘，弟纯。十四代璋，弟琪、弟璜。十六代辅，弟输、轨、辕。三代无此等名，必出杜撰无疑。"王说是。

宗族字辈。按照宗族定的字辈取名，这是兄弟连名的扩展，扩展到整个宗族同辈之间连名。这种风俗多见于旧时比较有名的宗族中。宗族中，规定一首诗，或者是一副长对联，或者是一段格言。规定后出生的第一辈人，用这段文字的第一个字命名，也就是说，这个宗族中的这一辈人，他们的名字中都有这一个字，而且都是放在相同的位置：要么都是第一个字，要么都是第二个字。第二辈人的名字中，都要在相同的位置用这段文字中的第二个字。其余类推。例如《百官季氏家谱》卷一《谱行字母》云:"窃观巨家世族,其宗谱率用排行字母,使上不犯祖讳,下可辨世系,此法至善也。吾族排行字母,向用祠中联语,今仍其旧。如日后支系繁衍,可再补编。爰将已排字母列于谱首,俾展卷者得以一览了然,而昭穆尊卑之不容紊矣。一至二十世:孝悌忠信兼修仁义道德;诗书礼乐尚诵圣贤文章。"第一世为"孝"字辈,第二世是"悌"字辈,其余类推。两个本来互相不认识的人遇上了,知道对方与自己同姓,还知道对方名字中有一个字与自己名字中的一个字相同,而且又在同一个位置,再问对方父亲的名字,与自己父亲的名字相比,也是如此,再问起对方宗族的字辈排行,与自己宗族中的字辈排行完全一样,那么,就可以肯定,这两个人,是同一个宗族,而且是同辈。例如,小说家查良镛,九叶诗派著名诗人查良铮,与语文教学专家查良圭,他们都是海宁查家的"良字辈",镛、铮、圭,都是礼器。尽管他们彼此并未见过面,但一看名字和籍贯,就可以知道,他们都是同一个宗族的同辈兄弟。

宗族字辈排行还可以与五行相生的取名法结合起来。例如,这个宗族的某一辈都是金字辈,名字中处于相同位置的那个字,都包含个"金"字,一般是"金"字偏旁。下一个辈分的,都是"水"字辈,名字中处于相同位置的那个字,都包含个"水"字,一般是带"三点水"这一偏旁。其余类推。

连姓成义。姓和名字连在一起读,是一个词或词组,或一个词或词组的谐音,具有比较好的意思,至少没有什么不好的意思。例如:"米万钟","莫与俦","时新","陈墨"等等(参见陆以湉《冷庐杂识》卷二等)。

用古人名表示景仰之情。有的是直接用古人的名字作为自己的名字,如司马相如就是因为慕蔺相如之为人,才改名为司马相如的。有的是用"学"、"慕"等字,加上一个古人的名字或这古人的名字中的一个字。最为典型的是张学良,很明显,是学汉朝的张良的意思。

名字有男女之别。一般说来,男子名字多阳刚之美,女子名字多阴柔之美。男子与女子传统上的社会角色的不同等等,也会在名字中反映出来。现代社会,男女平等,绝大部分工作,男女都可以胜任,男女之间社会角色的差异,与旧时相比,远远缩小了。反映在男女的名字上,就是两者的差别也没有旧时那么大。在许多情况下,我们无法根据名字来判断一个人的性别。

9. 满月礼

不少家庭往往将这一个礼节免除,但一般来说,满月礼还是比较通行的。主要的活动有两个,一是剃头。这当然是象征性的,婴儿的头皮很嫩,容易碰破,当然不适宜剃头,更何况,有的婴儿满月时还没有多少头发,所以,实际上只是做做样子罢了。二是摆设筵席请客庆祝。应邀的客人,都要送礼,主要还是送小儿用品,包括玩具和长命锁、饰物等,也有给这小儿压岁钱的。民国三十三年版陕西《洛川县志》云其地满月礼:"乡党亲朋多赠银锁、银牌、项圈、衣服、鞋帽为贺,而外家并特备一大饼作环形,印以花纹,俗称曲栏,祝子将来圆满也。主人则设筵酬客焉。酒菜五,取五子登科意,饭菜十三碗,俗称十三花,祝生子多也。"

10. 做百日

礼俗与做满月差不多。

11. 做周岁

这是小儿第一次过生日,仪式与过平常的生日差不多,但要隆重得多。有的地方还要吃糯米团子庆祝,叫做"吃期到团"。"期"音"鸡",一周年的意思。此外,还有一个活动,就是"抓周",以验前程、志趣、贤愚。《红楼梦》中贾宝玉抓周的故事,是大家都熟知的。这风俗,南北朝时就有之。颜之推《颜氏家训》卷六云:"江南风俗,儿生一期,为制新衣,盥浴装饰,男则用弓矢纸笔,女则刀尺针缕,并加饮食之物,及珍宝服玩,置之儿前,观其发意所取,以验贪廉愚智,名之为试儿,亲表聚集,致燕享焉。"吴自牧《梦梁录》卷二十云:"至来岁得周,名曰周晬,其家罗列锦席于中堂,烧香炳烛,顿果儿饮食及父祖诰敕,金银七宝玩具,文房书籍,道释经卷,秤尺刀剪,升斗等子,彩缎花朵,官楮钱陌,女工针线,应用物件,共儿戏物,却置得周小儿于中座,观其先拈者何物,以为佳谶,谓之拈周试晬。其日诸亲馈送,开筵以待亲朋。"孟元老《东京梦华录》卷五所载,也与此差不多,并云这是"小儿之盛礼也"。当然,所有放上去等待小儿拈的,一定是象征吉祥的东西,至少,象征不吉祥的东西,是不会放上去的。此后,便进入年复一年的生日庆祝了。

有的地方,在孩子还小的时候,其家还要行一些信仰方面的风俗,求孩子安康。这主要是求神灵保佑这个孩子。所求神灵,不尽相同。如1937年版《海城县志》云:"居民生子不育,率皆供奉张仙。其像手执弓以射犬,群儿绕其下,谓能驱除天狗,则婴儿可保也。其神位概设于寝室门后,箭向外射。有子之妇女,或朔望,或朝夕焚香叩拜,年节则设香烛供品,与诸神并祀。据《金台纪闻》:世传张仙像者,乃蜀主孟昶弹图也。初,花蕊夫人费氏入宋宫,念其故主,以此图悬壁上。太祖致诘,跪答曰:此蜀中张神仙也,祀之令人有子。后人不解真意,认为信能保子,遂祀之。相沿至今。"有的地方,将孩子

抓周模型

抓周盘

名义上寄给观音等做儿子或女儿，或是将孩子寄给佛门，这也是请他们保佑的意思。试想，有哪个邪恶的神灵，敢伤害观音的孩子？佛门弟子有佛保护，邪恶的神灵，也是怕他们的。当然，更多的是"认干亲"。"认干亲"也是有讲究的。什么生肖的孩子，必须认什么生肖的女子为干妈，在民间信仰中，是有规定的，但这些规定，各地未必相同。例如，江南有些地方认为，属相为龙的孩子，要认属相为鸡的女子为干妈；属相为牛的孩子，要认属相为鼠的人为干妈等。

诞生礼之俗甚多，各地更有这样那样的不同，然主题大致为：（1）祝小生命顺利来到世界;(2)庆祝婴儿来到这一亲族;(3)祝婴儿健康成长,将来有大出息,长命富贵。

第二节 成 年 礼

男子成年礼亦称成丁礼。在古代称冠礼。《礼记·曲礼上》"二十曰弱,冠。"《仪礼·士冠礼》规定为十九岁。古汉语中以"冠"表示男子年龄。童时不束发,垂髫。少年时束发为两结,可上学,语云:"束发受书"。冠礼后可结婚。行冠礼时,召集宾客,由长辈加冠,并赐字。

"字"也叫"表字","表"是"表明"、"表白"的意思,"字"具有表明、表白的作用。它表明、表白什么？名的意思。一个汉字,有许多意思,取为名字,究竟取其什么意思？如何确定这名字到底是什么意思？此人父母长辈给他取这个名字,用意何在？这些,他的字可以告诉我们。例如,我们凭什么认为"张学良"这个名字的意思是学习张良？因为他的字"汉卿"提醒了我们,把"学良"的意思确定了下来。下文举到的"杨亿",这个"亿"是量词,是一个很大的单位。他的父母或长辈给他取名为"亿",用意何在？这名字中的"亿"是什么意思？是不是希望他成为亿万富翁的意思？不能确定。但是,看了他的字"大年",我们可以知道,这"亿"是指时间的,给他取名的人,希望他能活一亿岁呢。"大年"就是长寿的意思,语出《庄子》。总之,字是用来确定、解释、限制名的意思,或者对名的意思作各种各样的补充的。

名与字之间的关系,有种种不同。有同义的,那是解释性的,这样的字很多,如张碧字太碧,李白字太白,杜甫字子美,张衡子子平,班固字孟坚,诸葛亮字孔明,诸葛瑾字子瑜,周瑜字公瑾,杨亿字大年。有的字的意思,与名的意思正巧相反,这也有确定名的意思的作用,而且对名的意思作补充,中和一下,保持平衡和稳定,如韩愈字退之,晏殊字同叔,曾点字皙。更多的字,无法以同义还是反义来概括,只能说与名出于同一个典故、名句,如顾八代字文起,刘过字改之,钱谦益字受之,王维字摩诘,张养浩字希孟,陈唐字希冯,陈樵字友渔,陈鹏年字北溟,陈祖范字亦韩。

女子的成年礼叫笄礼,于十五岁时行之。该女子盘发于顶成髻,用笄(簪)插住,就表示成年了。因此,古代汉语中,有"及笄"、"未笄"、"已笄"等说法。

由韩愈的文章中可以看出,即使是在当时,即使是当时的汉族士大夫,也早就没有了行成年礼的习惯。但是,在许多地方,民间仍然是行成年礼的。如民国十一年铅印本上海《法华乡志》云:"古人冠而后字,斯礼久废。今则农商子弟弱冠时,具酒食邀里中士人题字,召乡父老食之,谓之称号。尚有古意。"又清道光五年刻本安徽《怀宁县志》云:"凡冠礼,每以人日(正月初七)、上元或中秋举行,家族亲戚书其字额送于冠者之家。主人或父若兄,率冠者衣冠肃客。客入贺,坐定酒行,主人及冠者相继酌客,客酢焉。席毕,冠者衣冠出拜客,客答拜,遂入拜父、母、兄,父、母、兄皆以成人勉之。客能歌,则歌古训诫之曲相勉焉,亦祝雍颂意也。此礼村俗家家举行,但谓之'响号',不知其为冠也。"清道光十年刻本安徽《太湖县志》云:"冠,男十六以上,二十以内,诹吉日出祖先主于堂,父引子祭拜,乃命之冠。既加冠,复命之拜。自父母以下以次拜,而成礼焉。大夫士庶家,各以本等服色,无敢逾,戚友致贺,燕饮答之。笄,女十五以上将嫁,父母命之笄。诹吉日告于寝庙,父母、兄弟以次拜,成礼。有年幼先嫁,而后笄于婿家,非礼也。"福建福清等地,旧俗于结婚前几天择吉日行冠礼和笄礼,仪式比较繁缛(见《福清县志》)。浙江双林镇等地,于结婚那一天的凌晨行冠礼(见民国六年上海商务印书馆铅印本《双林镇志》)。又清朝施鸿保《闽杂记》卷七《贺字礼》云:"古者冠而后字。今冠礼已久不行,而福宁府属,犹有贺字之礼。男子成童以上,亲友绎其名字,择日具红笺或帛,书'恭赠某翁令几君名某,敬字之曰某某'。鼓吹送至其家。其家设席相待。次日,其子各诣谢之。亦有乞字于乡老贤士者。贺字之礼亦同。或贫不能宴客,则俟新岁,或其家有喜寿事日行之,可免别设酒食也。年至五十以上,又有贺号之礼,谓之别号,亦以红笺、帛书曰:'恭赠某翁号曰某某'。此犹古人五十以伯仲相称遗意也。二者皆乡俗之未尽忘古欤!"

近年有些学校,组织是年年满十八岁的学生举行成人仪式,有的还作成人宣誓,当然也少不了师长出席并发言,勉以成人之道。这是古代成人礼的继续。社会尽管与古代已经大不相同了,但是,勉励一个刚成年或即将成年的人在社会中当一个合格的成员,这是永远不会过时的,永远必要的。

行成年礼,就是向社会宣布,此后,其人就是成年人了,能行使社会赋予的权利,也必须承担社会责任和社会义务。同时,行成年礼,也是勉励其人,作为社会的一个正式成员,他必须遵守社会规范,承担对社会的责任,正确行使社会赋予的权利,努力为社会作贡献。成年礼的意义,就在于此。

第三节 结 婚 礼

广义的结婚礼指从提婚到结婚这一过程的仪礼。狭义结婚礼指结婚时的仪礼。

古婚礼有"六礼"之说,指婚礼不同阶段的仪式(见《仪礼·士婚礼》)。现作简单介绍:

1. 纳采

即提亲。男方请媒人到女方去,表示希望能娶女方姑娘的意愿,求得女方家长等的同意,这样,才能进入到第二个程序。媒人这样的角色,很早就有了。《诗经·齐风·南山》:"析薪如之何? 非斧不克;娶妻如之何? 非媒不得。"可见这角色之重要。顾名思义,"纳采"就是往对方送东西。媒人不能空手去,总要送点东西。"士"这一阶层,"纳采用雁"。为什么要用雁呢? 一是说它"有信",秋去春来;二是说它是"贞禽",一只死了,另一只就再也不找配偶了。后来,这样的礼俗扩展到绝大多数社会阶层。行此礼的人多了,雁自然不够,所以,一般就送鹅。这一步,古书上也常叫"委禽"。唐朝段成式《酉阳杂俎》云纳采用九物:合欢,嘉禾,阿胶,九子蒲,朱苇,杀石,绵絮,长命缕,干漆,这些东西的名字,都含有祝愿的意思。①

2. 问名

男方第二次派媒人到女方去,说是"问名",即问姑娘的名字,实际上是尽可能全面地了解姑娘的情况,如她多少岁数,属相是什么,长相如何,性情如何,是嫡出还是庶出,排行第几等等,最为重要的是,姑娘出生的年月日时

---

① 《古希腊人的家庭生活》(The Home Life of the Ancient Greeks,H. Blumner 著,Alice Zimmern 译,Cassell and Company, Ltd. London, New York, Toronto and Melbourne, 1910)第四章《婚姻和妇女》中说,在古希腊,婚姻由男女双方父母或监护人决定。其间的协调牵线等事务,由一个熟悉双方家庭情况的妇女安排。双方家庭,讲究门当户对。女子本人的意见,是没有必要征求的,她一般也不会提出什么反对意见,因为她不大可能有心上人,甚至没有所认识的合适的男子,对家长给她定的未婚夫,她只是也许在走路或节日活动上匆匆一瞥看到。男青年如果不喜欢家长为他定的未婚妻,也没有用,因为他在他家长的控制之下,除非他已经能独立谋生,但这样的情况,在上层社会中是很少的。这样的风俗习惯,其实也与我国古代差不多。

的天干地支,也就是"八字"。因此,这一阶段,也叫做"讨八字"。

3. 纳吉

男方通过媒人讨得了姑娘的八字,将这八字和这边议婚男青年的八字,一起交给算命先生推算,也叫"合婚"。如果结果是这对青年男女的八字不般配,那么,议婚就到此为止,不能继续下去了。如果结果是大吉大利,那么,程序可以继续走下去。男方叫媒人将这个吉利的消息告诉女方,这一段过程,就叫"纳吉"。当然,媒人还是要带礼物去的。

某姑娘的八字

4. 纳徵

这一步是正式订婚,婚约正式成立。"徵"者,"成"也。但"纳"了以后才算成,不纳不算成。"纳",无非是"纳"钱财,俗称"财礼",或云"彩礼"。男方纳了彩礼,双方订立婚约。① 在我国封建社会里(清朝及清朝以前),婚约一旦订立,就具有了法律效力。那时的法律,不仅保护婚姻,也保护婚约。任何一方悔婚,除了要受到社会谴责外,往往还要承担法律责任。官方或者社会,认定一个婚约是否有效,就看女方是不是接受了对方的彩礼,当事女子自己的感情与选择,是不在考虑范围之内的。这一程序,也叫"纳聘",男方所送给女方的,还有一些有吉利意味的东西。清朝福申《俚俗集》卷十一云:"《七修类稿》:种茶下子,不可移植,移则不复生也。故女子受聘,谓之吃茶。又《茶疏》:古人结婚,必以茶为礼,取其不移、植子之意也。今人犹命其礼曰下茶。禹门按:俗有一家女子不吃两家茶之语。"又云《通志》载后汉之俗,聘礼三十物,为元(玄)纁、羊、雁、清酒、白酒、粳米、稷米、蒲苇、卷柏、嘉禾、长命缕、胶漆、五色线、合欢铃、九子墨、金钱禄、得香草、凤凰、鸳鸯、含利兽、受福兽、鱼、鹿等,名称都有吉利的意思。又引顾起元《客座赘语》云,金陵人家行纳币礼,其笄盒中,用柏枝及彩线,络果作长串,或剪彩为鸳鸯,又或用胶漆丁香,粘合彩绒结束,或用万年青草、吉祥草,诩为吉庆

---

① 瓦德·佛乐《西塞罗时代罗马的社会生活》中说,当时罗马的婚约,只是个口头答应,而不是个正式的盟约,可以不违反法律而背盟(Social Life at Rome, in the Age of Cicero, W. Warde Fowler, 1908, P. 140)。这与我国现代的情况差不多。

之兆。于是，福申感叹："今俗相沿之仪物，固有自来也。"可见清代还有这样的风俗。

5. 请期

男女到了婚配的年龄，要结婚了。男方选了个好日子，请媒人送到女方去，请求女方同意，就叫"请期"，就是"请求女方同意结婚佳期"的意思。这一步，媒人还是要带钱物给女方的。有些地方，这一步俗称"送日子"或"送好日"。胡朴安《中华全国风俗志》下篇卷下《江苏南京采风记》云："男家欲迎娶，先将男女八字，送星家诹吉，必使无冲犯、无刑克之良辰，以红全柬上记新人沐浴宜何时，水倾何方，新人上轿何时，合卺何时，避忌何人。谓之'送日子'。"

江南农村普通花轿

6. 亲迎

新婚大喜日子，新郎亲自去迎娶新娘。①

亲迎这一步，是狭义的婚礼，也就是我们通常说的婚礼。《诗经》中有结婚"几十其仪"的说法，意思是说结婚的礼仪非常多。略举几项：

撒谷豆：高承《事物纪原》云："汉世京房之女，适翼奉子。奉择日迎之，房以其日不吉，以三煞在门故也。三煞者，谓青羊、乌鸡、青牛之神也。凡是三者在门，新人不得入，犯之损尊长及无子。奉以为不然。妇将至门，但以豆谷与草禳之，则三煞自避，新人可入也。由是以来，凡嫁娶皆宜制草于门

---

① 古罗马也有这样的风俗。瓦德·佛乐《西塞罗时代罗马的社会生活》(Social Life at Rome, in the Age of Cicero, W. Warde Fowler, 1908)第五章《婚姻和罗马妇女》中说，婚礼到来了，新娘穿上结婚的礼服，披上浅红色的婚纱，等着新郎来到她家迎娶。新郎来到。在一个已婚妇女的指导下，这对新人宣布同意联姻，将右手握在一起。在祭礼和婚宴之后，新郎就领着新娘回家。路上，三个父母双全的男孩陪同着新娘，一个手持火炬，另两个各拉着新娘的手。管乐在前面领路，果子对着男孩抛撒，人们唱着优美的诗篇。到了新郎家门口，新娘将动物油和植物油涂抹在门框上，将羊毛织成的带子分别系在两边的门框上。新郎背起或抱起新娘，过门槛，进入正厅。

亲迎

阈内,下车则撒谷豆。既至,蹙草于侧而入。今以为故事也。"此俗又见孟元老《东京梦华录》卷五《嫁娶篇》,吴自牧《梦粱录》卷二十《嫁娶篇》等,可见流传甚广。

传代:胡朴安《中华全国风俗志》引王棠《知新录》:"今人娶新妇入门,不令足履地,以袋相传,令新妇履布袋上,谓之传代。袋、代同音。白乐天题娶妇诗云古人以毡褥者,官贵者重其事也。今世则不用毡褥而用袋者,重其名也。"此礼开始时当是以用毡褥为是,旧时许多地方结婚用红毡铺新婚夫妇作站立行礼之处,就可以证明这一点。但是,古时候,结婚能用毡褥的有几家?贫家无法,就以农家应该都有几个的布袋代替。可惜布袋还不是充分

新床上的发禄袋　　　　　　如意发禄袋

喜幛

的多,不足以铺新娘下轿后到新郎家里这一段路,就只好不断将新娘已踏过的布袋收起来,再铺到前面去,等新娘走上去。这就不是"传袋"吗?"传袋"与"传代"谐音,很吉利,于是,到后来,即使使用得起毡褥的人家,也用"传袋"之礼了。

合卺、交杯酒:将一个匏瓜分成两个瓢,这瓢就叫卺。新郎新娘各拿一瓢饮酒,叫"合卺"。古人认为,匏瓜味道苦,因此,这个仪式,有夫妇同甘苦的意思在;匏又是古代八音之一,因此,这个仪式,又有祝愿夫妇琴瑟和谐的意思在(见明人田艺蘅《留青日札》卷二十三)。后来新郎新娘喝交杯酒,就是这个仪式演化来的。①

通心锦：新娘到门，司仪拿一条红色的锦，让新郎和新娘各持一端，新郎牵着新娘进门上堂行诸礼。这段锦，叫"通心锦"，也叫"合欢梁"。意思是，新婚夫妇此后心心相通，正是从此开始的，是这段锦将他们的心通了起来，这不是"通心锦"么？这段锦又是将他们联系起来的桥梁，他们的幸福生活从此开始，这不是"合欢梁"么？

撒帐：把果子等，如枣子、花生、彩色纸屑之类，撒在新房里或新床上，甚至新郎新娘的身上。此俗甚古，乃祝愿新郎新娘婚后生活甜蜜兴旺、早生贵子等的意思。现代在新房等地抛洒糖果，是其遗风。②

其实，广义的婚礼，在亲迎以后，还没有结束。还有"回门"、"庙见"、"满月"等的仪式。"回门"一般在结婚的第二天，新婚夫妇到新娘家中，拜见新娘的父母长辈。"庙见"一般在结婚的第三天，新娘到祖庙拜谒，意思是告诉祖宗，她已经成为这个家族的正式成员了，祖宗的灵魂，就会保护她。所谓祖庙，或称家庙，也就是祠堂，祖先灵魂的依附之处。有的人家离祠堂远，或是没有祠堂，或是祠堂运转不正常，就在家里造个两三米长、大约一米宽或更小的木制小房子，挂在家里的厅堂上，叫做"家堂"，祖先的灵位，就供奉在其中，逢年过节，就对家堂祭祀礼拜。新娘"庙见"，也就是新郎新娘一起对

---

① 古罗马婚礼中，有个叫"康发"(confarreatio)的仪式。一块用意大利一种古老的叫"发"(far)的谷类做成的圣糕，先用来祭祀丘比特，再由新婚夫妇分享。他们分享这圣糕的仪式，就叫"康发"。见瓦德·佛乐《西塞罗时代罗马的社会生活》。(Social Life at Rome, in the Age of Cicero, W. Warde Fowler, 1908, P. 136) 这与我国的"合卺"有异曲同工之妙。爱德华·西进《早期信仰及其社会影响》(Early Beliefs and Their Social Influence, by Edward Westenmarch, Macmillan and Ca, Limited ST. Martin's Street, London, 1932) 第132页更是说："有一个极为常见和流传得非常广泛的婚姻礼俗，不管在野蛮人和文明人中都有之，这就是新郎新娘一起吃东西。"或是吃同一块面包或糕点，或是吃同一个盘子中的食物。在瑞士，曾经有这样的说法，一个姑娘和一个小伙子，吃了同一份菜，他们会相爱。在德国，人们认为，一对夫妇用同一把勺子喝早汤，他们准有个平安的婚姻。"北美印第安人，新郎新娘在同一个碗里饮酒，或一起喝白兰地。在日本，他们交换酒杯喝酒达九次之多，并贯穿整个婚礼。在欧洲，新郎新娘一起喝酒的风俗，从意大利到挪威，从布列塔尼到俄国，都存在，苏格兰也有它的踪迹。在犹太教国家中，它是婚礼的一个组成部分。"

② 这样的风俗，欧洲古代也很普遍，只是所抛撒的东西不同罢了，他们抛撒米麦谷类和油炸果品等。见柳颇尔德·威格纳《礼仪·风俗·习惯》(Manners, Customs, and Observances, Their Origin and Signification, by Leopold Wagner, London, William Heinemann, 1894)。爱德华·西进《早期信仰及其社会影响》也详细介绍了世界许多地方类似的风俗。

着家堂祭祀礼拜一番。①

在我国旧时,结婚满一个月,新娘要回娘家住几天,回娘家时,要准备许多食品,如米糕、馒头等物,作为礼物。在回夫家的时候,娘家也要给她准备许多食品,如米糕、馒头等物,作为礼物,带回夫家,分送给公公婆婆等夫家亲友。到这时,婚礼才算完全结束了。

实际上,即使是在古代,人们也未必严格按六礼进行,而是通常删繁就简,合并成几步行之。例如,纳采、问名,可以合成一步,纳吉、纳成也可以合成一步。但请期和亲迎这两步,是不能合的。

仅从六礼的名称,我们就可以看出,在整个广义婚礼的进程中,男方对女方是何等的迁就了。这也许是对女方失去一个成员的补偿或婚后丈夫支配妻子的先期补偿吧。

古今广义的婚礼,大致可分为:(1)择偶;(2)订亲;(3)定婚期;(4)结婚。

相亲:在现代社会中,如果是自由恋爱的,择偶阶段就没有什么礼仪。经人介绍的,则有个"相亲"的过程。"相亲"的地点,可以安排在女方家里,也可以在男方家里,但也可以在其他地方。如果是在农村,则在男方家里的为多,因为女方除了看对象本身外,还需要看看对方家里的经济条件和生活状态等。"相亲"以后,就进入恋爱了。

订婚:订婚礼仪,各有不同。在城市,也许就没有这个阶段的礼仪,只是双方明确一下就行了,但在农村的许多地方,还是要有礼仪的,那就是男方家里摆若干桌酒席,宴请双方的亲友。男方亲友中的长辈,应该给那未来的新娘压岁钱,多少不一。如果女方要求彩礼,也一般是在这时商定并施行的。男方给女方订婚戒指的风俗,也很流行。如果这时不给戒指,结婚前夕,或结婚时,一般还是总要给的。②

---

① 古罗马婚礼中,也有与"庙见"相似的礼仪。瓦德·佛乐《西塞罗时代罗马的社会生活》第五章《婚姻和罗马妇女》中说,家庭的世俗部分接纳了新娘作为一个新的成员,但必须让家庭的神灵部分也同意接纳,婚礼才能算完成。因此,新娘必须礼拜新郎家庭的神灵,例如新郎的祖先,他们在坟墓中,或是在附于家里的一个礼拜地之处。(Social Life at Rome, in the Age of Cicero, W. Warde Fowler, 1908, P.136)

② 这在西方,这也是个古老的风俗。遗失或打破结婚戒指,在西方,预示着死亡、解除婚约或别的不幸的事发生。在苏格兰的东北部,人们认为,一个妇女,如果丢了她的结婚戒指,她就会失去她的男人。见爱德华·西进:《早期信仰及其社会影响》(Early Beliefs and Their Social Influence, by Edward Westermarch, Macmillan and Ca, Limited ST. Martin's Street, London, 1932)。

定婚期：俗称定"好日子"。在城市，不一定有什么仪式，但双方选定一个日期，这是绝对必要的。在农村许多地方，则至今还是男方请媒人将选定（其实是事先双方协商定了的）的佳期送到女方。也有些家庭，佳期是请术士选定的，或是提供一个大致的时间段，让术士确定若干个吉利的日子，双方就在这些日子中选一个。这个阶段，不论以前如何，女方仍可以向男方要求彩礼，作为同意佳期的条件。佳期一旦确定，没有重大的事情，就不能更改。到了佳期，就行结婚礼。当然，在此之前，双方就互相协调，预先做好准备工作。

现代社会的婚礼，各地有很大的差别，农村地区和城市也有很大的差别。一般来说，农村保留的古风多一点。现就江南农村的一般风俗而言。

女方婚宴：男女双方家里，都要摆酒席，宴请亲友。新郎在若干个亲友的陪同下，到新娘家里，迎接新娘。在新娘家的筵席上，新郎和他的陪同人员一席，新娘和将要陪伴她到男方去行婚礼的姑娘们一席。新娘的母亲或父亲领着新郎遍向新娘家的亲友敬酒，实际上是向新郎逐个介绍这些亲友，随着介绍，新郎逐个称呼这些亲友，致敬、敬酒。

女方压岁钱：新娘亲友中的长辈要给新郎压岁钱，但通常不直接给，而是让新娘的母亲或父亲转交。

嫁妆：下午，男方的人将新娘的嫁妆运往男方家中，放入新房。新床上第一次用的被子，由两个家庭幸福、父母双全、聪明俊美的男性少年抬进新房，由新郎长辈中有福气夫妇为新郎新娘铺床。

新郎领新娘等到新郎家中：新郎新娘，跟着嫁妆，或稍微迟些，从女方家里出发，前往男方家里。陪同新娘的，有新娘亲友中的未婚女子六到七人，他们与新娘正好坐一桌，容易安排，此外，还有新娘的兄弟及其陪同人员若干，也是一桌之数，只会少一两个，不会多。

男方晚宴：新娘及其陪同人员坐一席，新娘坐尊位；新娘的兄弟及其陪同人员坐一席，新娘兄弟中年龄最长者或事先指定者坐尊位。新郎的母亲或新郎方面其他的一位女性尊长，领着新娘，到男方亲友席上，向新娘一个个地介绍这些亲友，新娘一个个地称呼他们，向他们问好致敬，并给他们敬酒。男方亲友中的长辈，都要给新娘压岁钱，给的方式，与女方亲友给新郎压岁钱的方式相同，数量当然就不一定相当了，视财力与亲戚关系之远近等而定。

闹洞房：酒宴结束，新娘和她的陪同人员进新房。亲友乡人就开始"闹洞房",或云"闹新房",不外是与新娘或她的陪同人员开玩笑,翻新娘的嫁妆,在新床上打滚等等。此俗东汉就有之,见仲长统《昌言》。晋朝葛洪《抱朴子·外篇》卷二十五也有记载。此后历代有之,见龚炜《巢林笔谈·续编》卷下等。增加婚礼的喜庆热闹气氛,本是好的,但要注意文明,注意分寸,否则,就与增加婚礼喜庆热闹气氛之旨相违背了。

送新娘陪同人员回家:男方送女方陪同新娘来的人员,包括她的兄弟等,回女方家,新娘也要出来相送,因为她现在已经是男方的人了。一切打理完毕,新郎和新娘就入洞房。

放爆竹:这一天里,新郎、新娘、新舅舅(新娘的兄弟)、嫁妆的送迎,都要放爆竹。旧时放爆竹,是为了辟邪。① 当然,我国现代婚礼中放爆竹的风俗,早就已经没有了驱除邪恶精灵的意味,而是增进热闹的气氛罢了。

回门:次日,新郎和新娘回新娘的娘家,拜见新娘的父母等家人,叫做"回门",一般要带上一两桌酒菜。从这次开始,对于娘家说来,新娘是亲戚了!

以上就大体言之,至于细节,还有太多的讲究,这里就从略了。

至于城市中的婚礼,就比农村地区简单多了。

喜车:婚礼中用的汽车,也要装饰一番,如插上一些玫瑰、贴上几个用红纸剪的"喜"字,或者红纸黑字或红纸金字的祝贺词句等等。喜车不止一辆,有新郎和新娘专用的,也有其他人如双方父母、兄弟、亲友等用的。

婚宴:一般来说,双方联合在某饭店举行婚宴。宴会大厅经过精心布置,正面墙上有祝贺新婚的字样或对联。新郎新娘身着礼服,在饭店门口迎接双方亲友。席面的安排,或是新郎和他的陪同者一席、新娘和她的陪同者一席,也可新郎新娘和他们的陪同者合一席。新郎新娘双方的父母各一席或合一席,都可以。双方亲友,可以混合坐在一起,也可以分开坐。这些都没有问题。

有关仪式:新郎新娘在喜庆的背景下,足踏红地毯照相或录像,新郎给

---

① 国外婚礼,也有驱除邪恶、保护新人的风俗。爱德华·西进《早期信仰及其社会影响》(Early Beliefs and Their Social Influence, by Edward Westenmarch, Macmillan and Ca, Limited ST. Martin's Street, London, 1932)中说,新人脆弱,需要保护,新娘也是危险之源,因为也许有人或神要抢新娘。婚礼上放枪,旨在驱除邪恶的精灵与其他不好的影响,后来,包括大声的音乐在内的热闹,也被认为有这样的功能。在英国的达尔姆农村地区,武装的男子护送着新人去教堂,他们一路放枪。在有的地方,还一路在新人的头顶上方放枪!在摩洛哥,新郎要带剑、匕首、手枪等,目的也在驱除邪恶的精灵,人们认为,精灵怕这些用金属制造成的武器。

新娘戴上结婚戒指,两人喝交杯酒等等。席间,可能还有要新郎新娘表演节目等的要求,无非是增加热闹的气氛。重要的是,新郎和新娘要逐桌向逐个亲友敬酒,新郎方面的亲友,由新郎向新娘介绍,新娘就叫一声这位被介绍者的称呼,然后给他敬酒。新娘方面的亲友,由新娘向新郎介绍,新郎就叫一声这位被介绍者的称呼,然后给他敬酒。这样,新郎新娘就把对方的亲友认了一遍,算是加入了这个亲族,这个亲族也就接纳了他(她)。这些程序,也或有或无,或多或少。讲究点的,还有司仪,但不多。具体的程序,可以参考旧式婚礼、文明结婚的仪式和欧美婚礼的仪式,增损整合,根据实际情况实行,要在文明、喜庆、有意义。

压岁钱与喜糖:新娘亲友中的长辈,要给新郎压岁钱;新郎亲友中的长辈,也要给新娘压岁钱。钱也不是直接给的,是长辈们用红纸包了请各自一方的新人(新娘或新郎)的父母转交的。出席婚宴的人,都能拿到一包或两包喜糖,这也是不会少的。

闹洞房:婚宴结束,新郎新娘就往新房。亲友们有的回家,有的则也到新房,还要"闹新房",不乏闹到半夜方离去的。

婚礼繁缛,丰富多彩。然意义和主题大致在于:(1)向社会展示婚姻的进程,以便社会见证和监督。凡是在婚姻进程中和婚后的有关不道德的行为,社会会予以谴责,以维护社会公正。(2)亲族接纳新人为成员,并祝愿新人在这亲族中,与其他成员关系融洽,尊卑有序,大家相互敬爱。(3)祝贺新婚夫妇,主要是祝愿他们:感情深厚,白头偕老;生活幸福,家业兴旺;多子多孙,后代昌盛。(4)驱邪,即驱除对新郎新娘不利的邪恶鬼神。这一主题,在古代和旧式婚礼中有之,在文明结婚等新式婚礼中就几乎完全消失了。例如,婚礼上放爆竹,古代是为了驱邪,但现代婚礼中,放爆竹是增进热闹、喜庆的气氛。

第四节　祝寿礼

祝寿之礼,一般在六十、七十、八十等逢十之年举行,也有少数人在五十就举行的。有的地方在逢九之年行祝寿之礼,有的地方则在逢一之年举行,如六十一、七十一等。七十七岁为喜寿,八十八岁为米寿,是比较重要的两

八仙庆寿食品盒

暗八仙图案拼成的寿字

诸仙祝寿

次寿礼。关于具体的日期,或是在生日进行,或是在正月初刚满这一年岁时举行。1937年版辽宁《海城县志》云:"高年之人初度,每有祝寿之举,戚友馈赠酒、烛、桃、面,或寿联、寿幛等物。缙绅之家,间有以诗词、寿序为祝者。前一日,设有寿堂,供寿星。宾至寿堂行礼,主人或子侄答拜,设筵款宾,是曰'作寿'。仕宦缙绅之家为亲作寿,有高搭彩棚,堂会三日,宾客如云,较婚嫁诸事尤为重大云。"有的地方,为年龄较大的人祝生日,就叫祝寿,每年行之,并不限于特定的年岁。如1937年版吉林省《海龙县志》云:"本县人民年岁稍长者,每逢诞辰,其子孙必张筵设席,为亲祝寿,又曰'祝嘏',或又曰'称觞'。亲朋亦多持寿桃、寿面、寿烛、寿香等祝礼,亲来致贺(时谓寿桃百子,寿面千丝,寿烛双辉,寿香万缕)。届时,悬寿帐于中堂,粘寿联于门首。礼毕,盛餐而散。亦有演剧以助余兴者。至大富贵亦寿考者,当更有一番盛况矣。按上举多为中上缙绅人家,每年祝嘏视为一种隆重大礼。其中下人家,如一乡富户,一姓硕彦,每届诞辰,仅由本家子孙简单举行叩头礼,并为寿者备醇醪美食,以娱亲心。"

寿堂的设置很有讲究。在厅堂中,正面墙正中,挂寿星图,或红底金色的大"寿"字,两旁挂寿联。这寿联有讲究,必须是重要的亲友送的,而又是寿星主角所喜欢的。当然,选哪副对联作为寿堂挂的主对联,还要考虑各方面的关系,不能因此而冷落甚至得罪任何客人。其他寿联、寿幛和寿序等,都挂在两旁,年辈高的或重要客人送的挂在前,年辈晚的或不重要的客人送的挂在后。

寿筵大致与一般的筵席差不多,但有其特色,这就是必有面条。俗将"寿筵"称为"寿面",就是因为如此。近年受西方的影响,寿筵除了吃面条外,还增加了蛋糕。蛋糕上有花朵和祝寿的词语。

礼物往来:客人所送包括寿联等在内的所有礼物,都应该明确登记。寿星主角还应该给参加寿礼的晚辈或未成年者压岁钱。

关于寿联和寿幛的写法,本书在第九章中介绍。

祝寿礼的主题,主要在于:(1)祝愿寿星主角健康长寿,生活幸福;(2)赞扬寿星主角,从其身体、作风一直到功业、作用,只要是值得赞扬的,都可以赞扬。当然,要注意选择。如果有赞扬、祝愿其后人等的主题,也要从以上两个角度表达,因为寿礼的主角是他或她。

第五节 丧 葬 礼

人死之后,人们对死者的悼念、殓殡、祭奠等一系列仪式,统称为丧葬礼,这是广义的丧葬礼。狭义的丧葬礼,是指死者出殡那一天的仪式。例如,我们通常说的参加某某人的丧礼,并不是说参加了从死者去世后一直到下葬的所有仪式,而是仅仅参加了出殡那天的仪式而已。

丧礼之俗甚多,古今各地又有许多不同。即尸体处理一项,就有土葬、火葬、水葬、天葬、复合葬等等。其实不外保存尸体和消除尸体。人们认为,灵魂是依附在尸体上的,因此,保存尸体,可以让灵魂有个归宿,同时也是对死者的尊重。消除尸体,是想让灵魂尽快地离开尸体,然后升天。当然,现代社会多实行火葬,那已是出于卫生等方面的考虑,而不是信仰方面的考虑。

汉族丧礼,主要有这样几个程序:

1. 停尸

人刚去世,给尸体脸上盖上一块纸。有的地方,还在他将要断气时,给他嘴里塞钱币、彩线等。现通常停放在床上或门板上而已。①

2. 招魂

死者家人在家里,面向外叫喊死者的称呼或名字,也有登于屋上叫者,也有在灶上叫者。这是表示希望死者还阳过来。

3. 报丧

死者家人亲自或派人前往亲友家,告诉他们死者死亡的消息,并告诉他们某日某时出殡,亦即举行狭义的丧礼。现代远方亲友,也用信函或电话报丧。向社会发讣告,这也是报丧。讣告的写法,见第九章。

4. 报庙

死者家人去向当地土地庙报告死者去世的消息,求土地神照顾死者,甚至还有进一步的信仰活动。这个程序,现代社会中,除了某些地方外,已经几乎没有了。

5. 入殓

给死者理发、洗身后,再给他穿上下葬的衣服。有的地方,还往死者口中塞钱币、饭食、金银、玉器等。然后把尸体放到棺材中,尸体周围,可能还要放一些石灰之类的东西,这样可以延缓尸体的腐烂。棺材搁在长凳上,陈列在厅堂上。是夜,死者配偶和儿女等在这放着棺材的"孝堂"(灵堂)中,哭

---

① 《古希腊人的家庭生活》(The Home Life of the Ancient Greeks, H. Blumner 著, Alice Zimmern 译, Cassell and Company, Ltd. London, New York, Toronto and Melbourne, 1910)第七章《疾病与医治,死亡和埋葬》中说,在古希腊,人死后,要洗尸体,与他有接触的人,也要洗。死者穿白色服装,戴真花扎的花冠。死者口中放一钱币,作为无常鬼带他的灵魂过冥河(斯提克斯河)的费用。

泣、回忆,或讨论有关丧事的事,陪死者最后一夜。

6. 吊丧

灵堂中,挂家人所办或亲友送的挽幛、挽联、花圈等。墙壁不足,则悬空搁竹竿或设绳子或线,供挂挽联等用。棺材竖放着,尸体面向内,即头靠门口。棺材前为一张桌子,桌子上放死者的像,大小没有规定,有的大约四十厘米高,二十五厘米宽,称为"神影"。死者牌位(神主)一个,正中写"(称谓)某某灵位",由右上往下写死者生卒年月日时,左下落款"不孝子某某立"。如有几个儿子,都要写上。桌子上灵位和神影前,点上香烛。桌子前放一长形垫子,供人跪了磕头用。死者子女、席地跪在棺材两旁。开吊后,吊丧者进入灵堂,跪在垫子上向死者磕头。年辈比较高或其他比较尊贵的客人来磕头,死者的一个儿子(一般是长子),就要在侧面跪拜还礼。

赙仪等:灵堂的外面,放一张或几张桌子,上设礼簿,有专门的人掌管,登记亲友所送的钱物。如果是钱,称为"赙仪",意思是亲友出些钱帮助死者家属办丧事。如果亲友所送是花圈、香烛之类,也要登记上。

参加丧礼者佩带物:灵堂外,又设发放吊丧者佩带物处。根据亲友关系的远近,该处向来客发放白色束腰带、黑袖圈、黑纱等物,客人领了佩带后,才能去灵堂行礼。我国传统文化中关于亲族在丧礼中所着丧服的规定,比较复杂。丧服有五种:斩衰:用最粗的麻布做成,两旁和下摆不缉边。儿子和没有出嫁的女子为父母服丧,媳妇为公婆服丧,妻子为丈夫服丧,承重孙(父亲已去世,对新亡故的祖父母而言,称承重孙)为祖父母服丧,穿这种丧服,服丧期为三年。齐衰:用粗麻布做成,缉边。例如,已经出嫁了的女子为父母服丧,已没有父母的男子为妻子服丧,孙子女为祖父母服丧,父母为儿子和未出嫁的女儿服丧,兄弟姐妹为对方服丧(已经出嫁的女子,降服大功),叔伯及未出嫁的姑妈与侄子、未出嫁的侄女之间为对方服丧,曾孙子、女为曾祖父母服丧,玄孙子、女为高祖父母服丧,穿此丧服,但服丧时间不同。大功:用熟麻布做成,较齐衰为细,较小功为粗。后来多用粗白布做成。例如,父母为已经出嫁了的女儿服丧,孙媳妇为丈夫的祖父母丧服,侄儿媳妇与丈夫的叔伯父母之间为对方服丧,堂兄弟和未出嫁的堂姐妹之间为对方服丧,穿此丧服,服丧期为九个月。小功:用稍微细一些的麻布做成。后来多用稍微细一些的白布做成。例如,再从兄弟和未出嫁的再从姐妹之间为对方服丧,侄儿媳妇为丈夫的姑妈服丧,嫂嫂及弟妇与丈夫的兄弟姐妹之间为对方服丧,妯娌之间为对方服丧,外孙子女为外祖父母服丧,穿此丧服,服丧期为五个月。缌麻:用细麻布做成。后来,多用细白布做成。例如,曾孙儿媳妇与玄孙儿媳妇为丈夫的高祖父母、曾祖父母丧服等情形,穿此丧服,服丧期为三个月。与死者什么关系的人穿什么丧服,地方志和家谱中往往有非常详细的记载,但不尽相同。

当代,绝大多数农村地区的丧礼,死者儿女、媳,还穿白色孝服,头上还仍都戴白帽子,帽子上有个红点。但丧服分斩衰、齐衰的已经不多。较为近的亲戚,腰间束条白色的腰带,其余亲戚和所有的朋友,就只带黑袖圈于臂,或再别一朵小白花。死者儿女、媳妇,穿白色孝服,时间也很短,甚至只在丧礼期间几天而已,而白色的帽子,腰间的白色束腰带,则可能要戴得时间长一点,具体的时间,这也因人而异。死者的其他家属,例如孙儿女等,也许会佩带比较长时间的黑袖圈,但也许佩带没有几天就不佩带了。至于亲友,则在丧礼结束后,就可能把束腰、黑袖圈、甚至白色的鞋子这些东西都扔在回家的路上了,往往不带回家里。城市中的丧礼,即使是死者的儿女,也很少有穿丧服的,死者的家属,包括儿女,也只是佩带黑袖圈。亲友参加完丧礼,参加追悼会的人开完追悼会,就把黑袖圈还给殡仪馆了(殡仪馆出租黑袖圈)。死者家属,则还要佩带多日,具体的时间,也是因人而异。

我国自古以来,丧服的颜色是白色,但用黑袖圈等,明显又以黑为丧葬用色。①

7. 送葬

吊丧完毕,将棺材上盖钉牢,就出殡。死者较近的后辈,如侄子、外甥等,一人端着死者的神影(照片),一人端着神位,走在前面,棺材紧随其后,死者的儿女媳妇等号哭随后,儿子手中,各持一根哭丧棒,实际上是一根两尺多长的竹棒。后面是比较近的亲戚,再后跟普通的亲友和其他人。有的

---

① 柳颇尔德·威格纳《礼仪·风俗·习惯》(Manners, Customs, and Observances, Their Origin and Signification, by Leopold Wagner, London, William Heinemann,1894) 中说:黑色是欧洲通行的丧服颜色,它表示因失去死者后快乐之光完全消失而只剩下半夜天色般的庄严的忧郁。在莎士比亚时代,剧院中上演悲剧的时候,用的幕布是黑色的。白色是希望的象征。古罗马妇女在丧礼期间穿白色服装。早在1498年,查理八世的皇后,法国的安妮,穿黑色悼念她的丈夫,而与流行的风俗相反。英格兰、法国、西班牙的妇女,一般穿白色的丧服。苏格兰的玛丽女皇,因为穿白色丧服悼念她的丈夫,得到了"白色女皇"的外号。在许多地方,白色的帽子是未婚者在丧礼上戴的。黑白女子表示悲伤与希望,那是欧洲南方海岛某些居民丧礼的颜色。此外,丧服的颜色有黄色、棕色、落叶色、泥土色、天蓝色等,因地域而不同。基督教国家王子先前的丧服颜色是紫色,法国所有的国王的丧服颜色,也是紫色(第206条)。又,古埃及和古希腊人丧礼期间刮掉胡子和头发。古罗马人不蓄胡子,但男女都在丧礼中剃掉头发,男的戴假发,女的则戴帽子(第208条)。录以备考。

地方,棺材前后,还有用竹竿绑上白布做成的招魂幡等。丧葬用吹鼓手,在旧时和现在的农村地区,非常普遍①。如果墓地已经选择好,棺材就放在墓地,或浮厝,或马上埋葬,两种形式都有。如果墓地还没有选择好,棺材就临时放在某一个地方,等选择好了墓地再下葬。旧时,有的棺材,一放就是几年,甚至几十年,有墓地的原因,更多的是经济原因。

8. 丧宴

送葬回,死者家人和亲友,以及帮忙的人们,开始吃饭。其实,吃饭在开吊后就开始了。由于死者家属都非常哀痛,而且都在丧礼中充当重要角色,因此,吃饭之类,实际上是没有什么人在管理,到那个地方去的人,都可以在那里吃饭,几个人坐成一席,就可以开始吃。这就叫"丧无主"。旧时的丧饭,菜肴以豆腐为主,且以蔬菜为主,有的甚至没有荤菜,因此,也称"豆腐饭"。后来人们的生活日益优裕,丧宴往往就如同盛大宴会,鸡鸭鱼肉尽有,而必有豆腐一味以示意。

9. 设灵座台

送葬回后,死者的神影和神位,就放在桌(也叫"灵座台")上供奉,点上香烛,放上水果、点心等供品,一日三餐不缺。"五七"后方停止,有的地方,有的人家,供奉的日期还要长得多。

10. 择墓、埋葬、立碑

择墓,也许在死者还健康的时候就开始了,也许死者死后好多年还不能完成,这有很多因素。旧时人们迷信风水之说,总想让死者葬个风水宝地,保佑后人各方面都兴旺。古书中墓地风水灵验的故事很多。其实,所谓风水,大多是比附之说而已。古人不信风水的也很多。陆游《老学庵笔记》卷十云:"蔡太师父准,葬临平山,为驼形,术者谓驼负重则行,故作塔于驼峰,而其墓以钱塘江为水,越之秦望山为案,可谓雄矣,然富贵既极,一旦衰败,几于覆族,至今不能振。俗师之不可信如此。"

下葬之后,要立碑。如有碑文,一般要请名人撰写,请名人书碑。钱泳《履园丛话》卷三云:"墓之有碑,始自秦汉。碑上有穿,盖下葬具,并无字也。其后有以墓中人姓名官爵及功德行事刻石者。《西京杂记》载杜子夏葬长

---

① 我国古代,送葬时还唱挽歌,古籍中多所记载。此风俗国外亦有之。玛丽亚·李区编《美洲民间故事的彩虹》第 199 页《大黑伞》中记载美国黑人的葬歌云:"雨水再也不会淋湿你,再也不会;寒冷再也不会侵袭你,再也不会。我的主啊,我要回去了。"

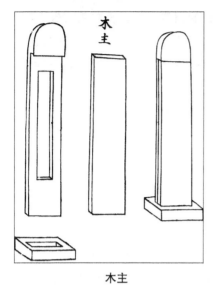

木主

安,临终作文,命刻不埋墓,此墓志之所由始也。至东汉渐多,有碑,有诔,有表,有铭,有颂,然惟重所葬之人,欲其不朽,刻之金石,使有令名也。故凡撰文书碑,姓名俱不著,所列者如门生故吏,皆刻诸碑阴,或别碑。汉碑中,如此例者不一而足。自此以后,谀墓之文日起,至隋唐间乃大盛,则不重所葬之人而重撰文之人矣。宋元以来,并不重撰文之人,而重书碑之人矣。如墓碑之文,曰君讳某,字某,其先为某之苗裔,并将其生平政事文章,略著于碑,然后以某年日月葬某,最后系之以铭文云云,此墓碑之定体也。"为祖与父亲作墓表、碑文等,或书写墓、碑文等,自己不书祖父或父亲的名字,而空在那里,请别人填入,叫做填讳。填讳的人,必须有一定的身份。也有人直接书写,这叫做临文不讳。全祖望的《先公墓石盖文》,姚鼐的《姚氏长岭阡表》,皆然。明都穆《南濠诗话》亦书父讳,盖不欲泥避讳之说,而令亲名不彰也。名讳之区别,在于生名死讳。现代墓碑,多不用碑文,只于正面中间大书"(称谓)某某之墓",由右上往下用较小的字竖写生卒年月。落款用较小的字写"不孝某某立",再加立碑年月。

11. 做七

有些地方,称为"做五七",实际上是在死者死亡后的第二十九日举行这一活动,意思是第五个七日中的第一天做此事,故称。这一活动的主要内容,是请和尚道士念经,超度亡灵,并且为死者准备一顿非常丰盛的饭菜,请死者享用。灯火辉煌,香烟缭绕,诵经声琅琅,死者就在这样的气氛中接受祭祀。纸钱和亲友所送的各种冥器,也是在这时焚化。

12. 居丧

古行三年之丧,也就是说,孝子要行居丧之礼三年。三年之丧的依据是,人生后三年,才免于让父母抱,因此,父母去世后,儿子和没有出嫁的女儿,要行三年之丧。官员只要得到父亲或母亲的死讯,就要回家奔丧,不能再干公务了。居丧期满,才能再做官。隐匿父母之丧不报告,那是很大的罪名,当局要加以责罚,社会,特别是知识界,要加以强烈的谴责。国家有特别重要的大事，一定要那人才能办理好，那人的父亲或母亲去世了，朝廷经过慎重讨论，才能让他留任，这叫"夺情"，历史上也是不多的。一般知识分子居丧，不能参加科举考试。不管如何，居丧期间，有许多规矩，例如，不能吃荤腥、不能喝酒、不能吃美食、不能听音乐、不能参加所有的娱乐活动、不能向人家祝贺喜庆之事，不能与配偶睡在一个房间，不能穿华贵的衣服，甚至不能笑等等。周密《齐东野语》卷十九云，凡居丧者，举茶不用托，因为茶托上总是有红色的。为什么居丧要如此地过苦行僧式的生活？儒家认为，为死去的父亲或母亲而悲哀，悲哀到不知道高兴、没有美感的程度，那么，参加娱乐活动、吃美食等，还有什么意义呢？于是，就有了这些规定。行居丧之礼，是出于因为失去父亲或母亲而产生的悲伤，出于对父母的孝。有此情，行此礼，当然是不错的。但是，对大多数人来说，开始一段时间，或是有此情，行此礼，但后来就不免行此礼而无此情了。无此情而行此礼，那有什么意义呢？

当代社会，行居丧之礼的地方和人，都已很少，且时间也不会太长。当然，百日之内严格行居丧之礼的人，也还是有的。在现代社会不要求人行居丧之礼的大环境中，这样的人，行居丧之礼，确实是行此礼而有此情的。当然，如果为严格遵守居丧之礼而伤了身体，误了工作，这也是不适当的。

现代社会中，农村也都实行火葬，因此，与传统丧礼相比，现代农村丧礼也有些不同。停尸、报丧与原来没有什么区别。接下来的事，因为不用棺材，当然不能称"入殓"了，但仪式与入殓同，如将尸体穿好衣服等，只是不入棺材，而是放在床上或门板上。然后，有两种选择：一是送火葬场火化，骨灰装入盒中，拿回家放在灵堂里，作为棺材对待，儿女跪于两旁、亲友吊唁如仪，出殡、送葬如仪，只是由死者儿子或其他亲近的人捧骨灰盒，前往墓地。一是把尸体停在灵堂，接受亲友吊唁，吊唁完毕，如出殡仪，送火葬场火化，然后将骨灰盒直接送墓地安葬。然后，死者的家属在墓地立一块碑。墓碑很简单，只是在正面写"(称谓)某某之墓"，左下落款"(称谓)某某立"，而由右上从上而下并排写死者的生卒年月。死者的称谓与立碑者的称谓，当然是应该对应的。这样，丧礼就完全结束了。前一种情形比较多。近年有的地方因为保护耕地，取消葬于墓地的风俗，建造名为"安息堂"的建筑，统一存放骨灰盒。这样，送葬当然不往墓地，而是往"安息堂"了。至于追悼会，大多数不开。如果开追悼会，也几乎都是死者生前服务的单位或机构负责召开的。时间可以是在死者已经被火化后，甚至是安葬后，以免单位的安排影响其家丧礼的举行。

现代城市中的丧礼，似乎要简单些。人死后，报丧、发讣告如仪。人如果死在医院，就放入太平间，然后直接送往殡仪馆。如果死在家里，将尸体穿好衣服等，放在床上或门板上，请殡仪馆派车来运，殡仪馆将尸体存放入冷库。开追悼会那天，灵堂就设在殡仪馆的某一个会议厅内，追悼会就在灵堂内举行。追悼会结束，紧接着的是遗体告别仪式。这仪式结束，尸体就交付火化。火化完毕，家人就将骨灰盒送往墓地埋葬，或者送到某地安放。墓碑当然都是要立的。亲友或团体如果送赙仪（送给死者家属的钱），送花圈之类，必须在追悼会之前。死者家属会在举行追悼会的这一天举行丧宴，招待出席追悼会的亲友和团体代表，以及对死者有过帮助的人等等。但是，实际上，一般只有出了赙仪的人，才会参加丧宴。

追悼会与遗体告别仪式。《清稗类钞·丧祭类》云："凡有丧家，择期设奠于家，或假寺庙庵观，或假公共处所，则宗族戚友咸往祭唁，且致赙仪。于讣文声叙之，曰某日领帖。帖，柬也。宾至时，必先投名柬也。俗谓之开丧，又谓之开吊。光宣间，有所谓追悼会者出焉。会必择广场，一切陈设，或较设奠为简，来宾或可不致赙仪。然亦有于定期设奠受人吊唁之外，别开追悼会者。无论男女，均可前往。其开会秩序如下：一摇铃开会；二奏哀乐；三献花果；四奏琴，唱追悼歌；五述行状；六读追悼文；七奏哀乐；八行三鞠躬礼；九奏琴，唱追悼歌；十演说；十一奏哀乐；十二家属答谢，行三鞠躬礼，即闭会。至在事职员则如下：主礼员一人，庶务员二人，男招待员八人，女招待员八人，献花果二人，述行状一人，读追悼文一人。礼简者如下：一摇铃开会；二报告开会宗旨；三宣读祭文；四宣读诔词；五，行三鞠躬礼；六述行状；七演说；八家属答谢来宾；九奏乐散会。"可见开追悼会之俗，在清代光绪、宣统年间就有了，程序还比较多。

现代的追悼会，要比清朝时的简单多了。会场横幅为"某某先生追悼会"或"沉痛悼念某某先生"。中间悬挂死者的像，两边是挽联。这挽联应该是对死者说来比较重要的人物或死者的知交所写，挽联的内容，应该是非常得体、贴切的。其他亲友和团体送的花篮、花圈，排放在会场中。他们送的挽联、挽幛等，也都挂在会场中。这些物品的摆放，也有讲究，重要人物送的，应该尽量摆在前面和显眼的地方。会场中没有凳子，凡是参加追悼会的人，都是站立着的。死者家属，以纵向排在会场左前侧，死者的配偶领头，如已无配偶，长子领头，总之，是死者家属中最尊者领头。

因为追悼会一般是死者服务的单位办的,因此,追悼会的主持者和叙述死者生平、致悼词的,一般是有职务的人。主持人宣布"某某先生追悼大会现在开始,奏哀乐,默哀三分钟"。哀乐起,与会者肃立默哀。三分钟后,哀乐止,主持人宣布:"默哀毕"。与会者抬头。主持人宣布:"下面由(职务)某某先生介绍某某(死者)先生生平。"介绍死者生平者,阶位与主持人相差不多。如死者生平简单,没有多少可以叙述的,这一个程序,可以省去。生平介绍,几乎都是叙述,不必加以评论。当然,即使是客观的叙述,也是具有选择性的。在追悼会上,"为死者讳",在一定程度上,也还是必要的。生平介绍完毕,主持人宣布,由(职务)某某先生致悼词。这位致悼词的人,其阶位应当高于主持人,代表着死者生前服务的单位,悼词中对死者的评介,就代表着那单位对死者的评价。悼词除了表达悼念外,主要是对死者各个时期、各个方面的表现和贡献作评价。如果前面没有介绍死者生平这一程序,悼词中,要比较多地介绍死者的生平,反之,就从简。悼词致毕,就由家属代表发言。家属代表发言,有这样几个内容是必要的:一是表达悲痛和悼念;二是向对死者有帮助的人,如医生、护理人员、探望人员等,还有参加追悼会的人,表示感谢。家属代表发言完毕,主持人宣布追悼会结束,遗体告别仪式开始。于是,人们排队向死者遗体告别。贵宾等重要人物走在前面。所谓遗体告别,就是最后看一眼遗体,向放在透明棺材中穿戴整齐、经过化妆的遗体行三鞠躬礼。为了节约时间,一般是三四个人一组,向遗体行鞠躬礼。当然,也可以视具体情况而定。人们向遗体告别后,就与站立在旁边的死者家属握手,表示慰问,说些"节哀"、"保重"一类的话。

丧礼意义和主题大致有:(1)哀悼死者,慰其亲属;(2)怀念死者生前功德,对他作出评价;(3)超度亡灵,使其安息;(4)祝后代兴旺,生活幸福。

第九章 民俗应用文

第一节 对联写法概要

一、平仄知识

对联两句，第一句末一字仄声，第二句末一字平声，这是各种对联一定要遵守的，也是最为基本的、决不能马虎的平仄规则。不合这一个规则的对联，有时也能看到，但不多。

什么叫平仄？古代汉语有四个声调：平、上、去、入。平声就是"平"，"上、去、入"三个声调属于"仄"，"仄"就是"不平"的意思。平声的发音，相当于现代汉语中的第一声阴平和第二声阳平。上声相当于现代汉语中的第三声，去声相当于现代汉语中的第四声。对懂得普通话的人来说，掌握平、上、去三声，没有什么困难。入声复杂一点，现代汉语中已经没有了入声，原来的入声字，都已经分到其他几声中去了。入声字进入其他几个声调，当然有一定的规律的，但这规律比较复杂，一时也不好掌握，因此，要想从现在汉语语音声调的角度来认识入声字，还是比较困难的。不过，从方言来认识，就比较容易了。入声字的发音特点，就是短而急促。一些方言中，还保留了入声字，特别是吴方言中，入声字保留得很好。只要用吴方言读起来短而急促的字，准是入声字。

写诗，写对联，为什么要讲究平仄规则？因为平仄规则体现了一种音韵美的规律，不按照平仄规则来写，就无法充分体现音韵美，或者说，就会破坏这音韵美的规则，读起来不美。这样，问题又来了：平仄按照平上去入的四声来分，按照平仄规则来写诗写对联，读诗读对联的时候，也要用平上去入的四声来读，才能读出平仄规则所体现的音韵美，如果用现代汉语来读，就无法读出平仄规则所体现的音韵美！因为有的字，是仄声，但在现代汉语中,则是平声了,如"菊"、"竹"、"独"、"昨"等字,就是如此! 平仄规则是对的,好的,它确实体现了音韵美,但是,写的时候按照的"平仄"标准是古代的,读的时候的"平仄"标准则是现代的,这应该具有的音韵美就不能体现出来了。于是,我们是否可以做这样的尝试:按照现代汉语的四声分平仄,阴平、阳平是平声,上声、去声是仄声,然后,再按照平仄规则来写诗、写对联。读诗、读对联时,当然用普通话。这样,古人辛辛苦苦发明的平仄规则,今人辛辛苦苦按照平仄规则写成的诗或对联,才显得有意义。

二、五字联和七字联的平仄句式

在对联中,五字联和七字联是最为常见的。写五字联和七字联,按照五七言律诗中对仗联的方法写,就可以了。看似复杂,其实,掌握了门道,是很简单的。

五言平仄有这样四种句式:

(1) 平起平收(第一个字是平声,最后一个字也是平声):平平仄仄平;

(2) 平起仄收(第一个字是平声,最后一个字是仄声):平平平仄仄;

(3) 仄起平收(第一个字是仄声,最后一个字是平声):仄仄仄平平;

(4) 仄起仄收(第一个字是仄声,最后一个字也是仄声):仄仄平平仄。

对联的第一句,也就是上句,叫做"出句",或者叫做"上联"。对联的第二句,也就是下句,叫做"对句",或者叫做"下联"。一副对联,就做这么两句。如果是五字联,这两句的平仄如何呢?

上联是要仄收的,也就是说,它的最后一个字必须是仄声。因此,在以上四个平仄句式中,只有第二个句式和第四个句式可以用来作上联。如果用第二个句式作上联,用哪个句式作下联呢? 很明显,第三个。为什么? 上下联必须相对,下联的句式,必须与上联相对。什么叫对? 从平仄上说,就是:两句的"起"不一样。上联是"平起"的,下联就必须用"仄起"的;上联是"仄起"的,下联就必须用"平起"的。"收"呢? 上文已经说过,不管什么对联,第一句,总是"仄收",第二句,总是"平收"。知道了这两点,就可以知道,五字联有两种平仄格式:

第一种:平平平仄仄;仄仄仄平平

第二种:仄仄平平仄;平平仄仄平

在平仄格式很难调整的情况下,也可以通融。通融当然是有限度的,有规矩:"一三不论,二四分明"。也就是说,一句中的第一个字和第三个字,不符合平仄规定,也是可以原谅的,马马虎虎通过。但是,还有两个补充规定:这种通融,一是不能导致犯"孤平"。什么叫"孤平"?一句之中,除了最后一个字外,只有一个平声字,这就叫犯了"孤平"的毛病。以上四个句式中,"平平仄仄平"在个句式,按照"一三不论"的说法,第一字可以用仄声,但是,如果用了仄声,成了"仄平仄仄平",除了最后一个字外,这句句子中,就只有第二个字是平声了,这就是犯了"孤平",不允许的,因此,这个句式中,第一个字不能不论。如果这第一字平声实在安排不过来,就索性第三字改用平声,成"仄平平仄平",这样就可以避免犯"孤平"了。二是不能出现"三平调"。结尾连续三个平声字,这就叫"三平调"。"三平调"在古体诗(古风)中是常见的,但在近体诗中,是忌的,不能用,对联中也不能用。在"仄仄仄平平"的句式中,第一个字可以不论,第三个字就不能不论,不能不用仄声,因为如果用了平声,就成了"仄仄平平平",最后三个字是平声,就成了"三平调"了。

第一种格式的对联如:

欲穷千里目;来看六朝山。(南京清凉山扫叶楼对联,汪蟠春撰)

第一句第一字应当是平声,但"欲"为仄声,乃属于可以"不论"的范围。第二句第一字应当为仄声,但"来"为平声,也属于可以"不论"的范围。[①]

天心资岳牧,世业重韦平。(苏州网师园看松读画轩西侧小书房对联,清陈鸿寿撰。)

此联完全符合平仄规则。"岳牧"大官。尧舜时有四岳十二州牧这些大官,辅佐天子治理天下。"韦"指西汉韦贤、韦玄父子,"平"指西汉平当、平晏父子,这两对父子,都相继当宰相。此联反映了古代读书人出将入相、治国平天下的理想。

露香红玉树,风绽紫蟠桃。(苏州拙政园绣绮亭对联,翁叔平撰)

上联、下联第一字的平仄都不对,但属于"不论"的范围。一般来说,属于这种第一种格式的五字联比较多。

第二种格式的对联如:

室雅何须大;花香不在多。(苏州怡园石舫对联,郑板桥书)

---

① 本书所引用对联,除了少量外,都选自裴国昌主编《中国楹联大辞典》,江苏科技出版社,1991年。

路入香山社,人维春水舟。(苏州虎丘塔影桥对联)

下联第三字当为仄声,而"春"为平声,属于"不论"范围。这种属于第二种格式的五字联,不如第一种格式的多。

七字联的四种平仄句式,非常简单,只要在五字联的四种平仄句式前,各加上二字,就成了:五言平仄句式是平起的,前加两个仄声字;是仄起的,前加两个平声字。这样一改,五言是平起的,七言就成了仄起;五言是仄起的,七言就成了平起。即是:

(1) 仄起平收(第一字是平声,最后一个字也是平声):仄仄——平平仄仄平;

(2) 仄起仄收(第一个字是平声,最后一个字是仄声):仄仄——平平仄仄;

(3) 平起平收(第一个字是仄声,最后一个字是平声):平平——仄仄仄平平;

(4) 平起仄收(第一字是仄声,最后一个字也是仄声):平平——仄仄平平仄。

根据与五字联同样的道理,我们可以推导出七字联的两种平仄句式:

第一种:仄仄平平平仄仄;平平仄仄仄平平

第二种:平平仄仄平平仄;仄仄平平仄仄平

七言句平仄通融的规矩是:"一三五不论,二四六分明"。补充规定与五言句的同:一是不能犯"孤平",二是不能有"三平调"出现。

第一种格式的对联如:

四壁荷花三面柳;半潭秋水一房山。(苏州拙政园荷风四面亭抱柱联)

下联第一字应为平声,而"半"字为仄声;第三字应为仄声,而"秋"字为平声。这两处,都是属于"不论"的范围。

一片春云凝紫气;几番秋雨忆黄花。(广州黄花岗七十二烈士墓对联)

洪水龙蛇循轨道,青春鹦鹉起楼台。(武汉晴川楼对联,张之洞撰)

第二种格式的对联如:

相逢柳色还青眼,坐听松声起碧涛。(苏州狮子林扇亭竹联,俞樾撰)

慈云普护三千界;法座高居第一峰。(苏州邓尉山慈云寺对联)

四字联的平仄句式,最为简单:平平仄仄;仄仄平平。如:

偕来甚好;到此莫愁。(南京莫愁湖郁金堂对联,田原撰。)

当然,也有并不严格的,有所通融。如:

石城对弈;钟阜开基。(南京莫愁湖胜棋楼对联,萧娴撰)

第一句第一字当用平声,而"石"为仄声。第二句第一字当用仄声,而"钟"为平声。

六字联平仄两两相对,一三五可以不论,二四六必须分明,通格式为:仄仄平平仄仄;平平仄仄平平。如:

柳絮池塘春暖,藕花风露宵凉。(苏州狮子林石舫对联,沈进颀撰)

海内文章第一;山中宰相无双。(苏州灵岩山王鏊坟对联,唐寅撰)

八字联,或分四四对四四,照四字联的写法而加以变化。如广州越秀山看山楼金武祥撰对联:"湖海豪情,元龙高卧;神仙遐想,黄鹤来游。"或分三五对三五,第三字的平仄必须相对,其余五字,按照五字联来做。

九字联,每偶字平仄相对,最后一字相对。或者,分"四四相对"和"五五相对",即前四字按照四字联平仄相对,后五字按照五字联平仄相对。或第三字平仄相对,其余六个字按照六字联来做。这些,还要考虑到停顿处的上下联平仄相对,一句之中四字结构和五字结构、三字结构和六字结构接续处平仄的参差协调和音步等。总之,要根据具体的情况安排好。

十字联和十字以上联,可以参照四字联、五字联、六字联和七字联等的平仄规则来做,如不讲究,联语中每断句处平仄相对,最后一字平仄相对(第一句结尾必须仄声,第二句结尾必须平声),也就可以了。苏州某街道出了上联:"三吴明清第一街,水陆两旺,驰誉五湖四海",征集下联。或对曰:"六合锦绣状元郡,文质兼荣,流风万代千秋。"对得不是很工整,但平仄没有什么毛病,意思也还可以。

三、音步知识

所谓音步,就是若干字连读的规则,也就是节拍。正如跳舞时舞步一定要合拍一样,诗和对联,也要符合音步。四言的音步是"2—2"。

五言的音步是"2—3",可以分成"2—1—2"或"2—2—1"。

六言一般的音步是"2—2—2"。当然,也有其他格式的。例如"睡鸭炉温旧梦,回鸾笺录新诗"(苏州拙政园倚玉轩侧门篆书对联,王文治撰)的音步就是"睡鸭炉——温旧梦,回鸾笺——录新诗",或"睡鸭炉——温——旧梦,回鸾笺——录——新诗"。

七言的音步是上4下3:"4—3",可以分为"2—2—2—1"或"2—2—1—2"。

以上所举,只是四言到七言音步的常格,当然会有例外,故意用变格,这就叫"拗句",也是完全可以的,如南京明孝陵于右任撰联:"与钟山终古,为民族争光"就是如此,其音步当为:"与——钟山——终古,为——民族——争光",不是上二下三了。又南京燕子矶石云轩故居石云轩撰联云:"待东边月,傲南面王。"其音步当为"待——东边月,傲——南面王。""待"与"傲","东边月"和"南面王",平仄、结构都相对。在"东边月"和"南面王"这个结构中看,"东"与"南"算是第一个字,平仄也可以"不论"。

八言以上的音步,组合就多了,到底如何组合,就要看具体的情况了。有一点要知道,三个字的音步,是最为活跃的。这是因为,汉语中最多的两类词,是单音节词和双音节词,他们能灵活地组合成可以进一步分拆的三字组合,或"1—2",或"2—1",如此音步,摇曳生姿。二字组合,就比较呆板。四字联、六字联为什么不多,与它们不包含三字组合,而只包含二字组合,有很大的关系。

一副对联中的上联与下联,音步必须一一相对,不管是四字联,还是百字联、千字联,都是如此,不能马虎。

四、结构知识

对联的结构,上下联必须相同,包括所对应的词性,甚至类别,都应该相同或基本相同,这就是中小学语文中就学的"对仗"修辞手法。一般的人,应该是熟知的,这里就从略了,只是举几个例子,读者不难领会。

持节记前游,喜当年水远山长,南海同瞻东海日;谭经怀往训,愿此地春弦夏诵,他乡常语故乡风。(旧金山中华会馆对联)

五岭南来,珠海最宜明月夜;层楼北望,白云犹是汉时秋。(悉尼某华人商店对联。按:此与广州越秀山镇海楼胡汉民撰对联相比,只是"晚眺"成了"北望",其余相同。)

商业日隆,看异地广开海市;故乡在望,愿侨民时念家园。(秘鲁侨商会

馆）

是耶非耶，不见玉颜空死处；念兹在兹，忽闻海上有仙山。（日本长崎杨贵妃庙对联）

惟楚有材，大厦于今要梁栋；因树为屋，故乡无此好湖山。（新加坡湖南会馆）

总之，在形式方面，对联必须遵守三大原则：平仄原则、音步原则和结构原则。这是最重要的，记住了这三条，可以以不变应万变。平仄原则可以马虎点，事实上，这方面马虎的对联是不少的，几乎多到让人怀疑对联到底讲不讲平仄的程度，但是，即使再马虎，上联结尾仄声，下联结尾平声，这一点，再也不能马虎。音步原则和结构原则，是不能马虎的，否则，就难以称得上对联了。

五、嵌字格对联诸形式

把由两个或更多的字组成的一个词或词组，嵌到一副对联中去，以加强主题的表达，这样的对联叫"嵌字格对联"。有许多形式和名目：

把要嵌的字放在两句中第一个字，叫做鹤顶格；放在两句中第二个字，叫做燕颔格；放在第三个字，叫鹿颈格；放在第四个字，叫蜂腰格；放在第五个字，叫鹤膝格；放在第六个字，叫凫颈格；放在七言联的第七个字，叫雁足格。放在上联第一字、下联最后一字，叫魁斗格；放在上联最后一字、下联第一字，叫蝉联格；放在上联第二字、下联倒数第二字，叫云泥格。将三字分别嵌入上下联，并排成三足鼎立之状，上联首尾各嵌一字，下联中间嵌一字，叫做鼎山格。将要嵌入的字随便嵌入上下联，叫碎锦格。

一般来说，这些对联，都是逞智斗巧的，有的甚至是文字游戏，但其中也有做得很好的。如王闿运挽袁世凯联：

民犹是也，国犹是也，何分南北？总而言之，统而言之，不是东西！

其中嵌了"民国总统"四字，以突出对当时民国和袁世凯的嘲讽。不过，总的来说，嵌字联中，好的不多。在我们看来，对联也还是要以精神、气象为主的。

六、对联与诗歌

"诗言志，歌缘情"，诗歌是以形象，最好是以美丽的形象来抒发诗人的感情。在诗歌中,许多形象,是与某种感情或意义联系在一起的,这些形象,已经被人们赋予了某种含义或感情,就叫意象。诗歌常以这些意象,来抒发感情。对联当然完全也可以像诗歌一样来做,完全没有问题。不过,对联的做法,要比做诗来得宽。诗歌中是不能纯粹地讲道理的,"做诗要用形象思维"。当然,形象思维与逻辑思维也不是冤家对头,也是可以相互包容的,但是,诗歌中表达属于逻辑思维的内容,必须与形象结合起来,与情韵结合起来,否则就不能算是好诗,甚至不能算是诗。不过,做对联纯粹用逻辑思维,不借助于形象表达,不与情韵相结合,也完全没有问题。这是做诗与做对联的一大不同。还有,诗歌中的对仗,当然讲究巧妙,但对联中的对仗,则更加讲究巧妙。

第二节　几种常用对联的写法

一、春联的写法

由于受到门的高度的限制,春联一般不会长,以五字联和七字联为多,也有八字联九字联的,但很少,十字联和十字以上联就更少了。四字联不多见,因为有简单化的嫌疑。

春联当然要遵守一般对联的规则。当然,春联应该有它自己的特点。

春联最大的特点,就是表现喜庆和表达祝愿。这喜庆和祝愿,主要通过时令景象来表达,包括自然景色和社会景象。在选取自然景色和社会景象时,当然要突出春节的特色,而且能够表现喜庆和祝愿的主题。这些春联比较好:

人心好暖;鸟语辞寒。

飞雪迎春到;心潮逐浪高。

千里江山千里景;一重门户一重春。

以下问题是撰写春联时常见的,要尽量注意避免:

1. 对景物的描写有失误之处。如:

一畦春韭绿;十里稻花香。

这明显不是春天的景象。我国尽管幅员广大,但即使是海南岛的春节,"春韭绿"或有之,"稻花香"则未必。可以改成"一池春波起,十里早梅香"。又:

玉雪飘空燕剪柳;万木争荣蝶恋花。

雪还在飞舞,燕子倒早就来了,未必有这样的景象,"万木争荣"和"蝶恋花",广州等地春节或许有这样的景象,但如果这样,肯定不会"玉雪飘空"了。如:

千条绿柳垂金线;万树寒梅吐玉葩。

"绿柳"说明柳已经绿,"金线"则又说柳还没有绿,还是金黄的,这不矛盾了吗?柳枝还没有绽叶的时候,是金色的,叫做"黄金柳"或"金柳",这里说"金线",也是这样的意思。因此,用了"绿柳",就不能用"金线"。这对联中的"绿柳",可以改为"嫩柳"。"千条"、"万树"也不大妥当,虽说都是"多"的意思,但毕竟差距太大,删除为好。如:

几处早莺争暖树;一枝红杏出墙来。

几行绿柳千门晓;一树红梅万户春。

这只能是南方的春节所用的对联。
2. 没有春节的特色。如:

千峰月色;五湖水光。

千仞峰峦皆秀;万里江河竞流。

以上两联平仄也不对。
3. 思想内容太陈旧。如:

万里江山,重见尧天舜日;九州草木,共沾时雨春风。

二、婚礼对联的写法

写对联祝贺人家的婚礼,主要可以从这几个方面着笔:赞扬双方家族门第高贵,人才济济;赞扬新郎新娘优秀;祝愿新郎新娘结婚后感情深厚,白头偕老;祝愿新郎新娘结婚后既富且贵,生活幸福;祝愿新郎新娘结婚后早生贵子,后代昌盛;祝愿新郎新娘结婚后双方家族更加和谐、繁荣、发达。这些主题,通常借助于典故、意象、景色等等来表现。

婚礼对联举例:

志同道合,花好月圆。

螽斯瑞叶,鸾凤和鸣。

琼花并蒂,玉树连枝。

百年歌好合,五世卜其昌。

春融花并蒂,日暖树交柯。

十里好花迎淑女,一庭芳草长宜男。

易曰乾坤定矣,诗云钟鼓乐之。

才子凌云,佳人咏雪;榴花映月,蒲叶摇风。(五月)。

云拥妆台,和风正暖;花临宝扇,丽日初长。

丹山凤振双飞翼,东阁梅开并蒂花。

天赐良缘长百世,凤结佳偶肇三多。

双莺鸣高树,对燕舞繁花。

双飞黄鹂鸣翠柳,并蒂红莲映碧波。

双星度桥,度来福禄寿禧;麒麟送子,送进富贵荣华。

旭日芝兰秀,春风琴瑟和。

香车迎淑女,美酒贺新郎。

喜气绕梁梁待春燕,祥光满屋屋迎新人。

续娶:

无奈花落去,有缘凤归来。

苑上梅花二度,房中琴韵重弹。

梅开二度花复艳,月缺重圆光更明。

复婚:

琴瑟重弹,前嫌尽释都成水;姻缘再续,来日方长总是春。

但愿和合百千万岁；为歌窈窕一二三章。

谐谑联：

绣阁团圆同望月，香闺静对好弹琴。

婚礼上对联常用的词语和典故举例：鸳鸯比翼，永结同心，福禄鸳鸯，玉树琼枝，百年好合，白头偕老，喜结连理，莲开并蒂，花好月圆，珠联璧合，鸾凤和鸣，龙凤呈祥，佳偶天成，天作之合，琴瑟和谐，淑女，宜男，梁孟，好逑，三星，五世，才子，佳人，榴花，琴瑟，金玉，龙凤，金屋，玉屏，跨凤，乘龙，比翼鸟，并蒂花，连理枝，五色云，七香车，同心结，良缘，佳偶，关雎，麒麟，齐姜，珊瑚，玉树，琼枝，熊梦，钟鼓，青鸾，丹椒，伉俪，螽斯，孔雀，芙蓉，牡丹，芍药，石榴，芝兰，宝钿，翡翠，玉燕，石麒麟，凌云，咏雪，咏絮，香车，锦幄，琥珀，莺声，麟趾等。

三、寿联的写法

亲戚、朋友、上司、同事等，正逢祝寿之年，不论是不是要举行庆祝仪式，不论你是不是去参加庆祝仪式，你都可以写副寿联去祝贺。写寿联，可以从这样几个方面来着笔：赞扬这寿星的功业、德行、名望、学问、文才、风度、情趣、成果、影响、后代、家庭、生活状态乃至身体等等，凡是值得赞扬的，就可以写进去（当然还有个选择的问题，选择在你看来最值得赞扬的赞扬之），还可以带有点总结的意味；祝愿寿星健康、长寿，生活幸福，各方面都更加好；叙述寿星与作对联者自己的交往，赞扬寿星与作者之间的友谊，强调寿星对自己之重要，自己对寿星的感情等等。这样那样的内容，可以通过典故、意象、景物等来表现。

现举一些寿联为例。如王叔兰祝贺梁章钜七十七寿：

二十举乡，三十登第，四十还朝，五十出守，六十开府，七十归田，须知此后逍遥，一代福人多暇日；简如格言，详如随笔，博如旁证，精如选学，巧如联语，富如诗集，略数生平著作，千秋大业擅名山。

梁章钜一生，有两个令人羡慕之处，一是官做得时间又长、官位又高，二是著作特别多。此联正是主要从这两方面来写的，又祝愿他此后过安闲幸福的晚年生活。再看阮元为刘墉母九十大寿所作寿联：

帝祝期颐，卿士祝期颐，合三朝之门下，亦共祝期颐，海内九旬真寿母；

夫为宰相,哲嗣为宰相,总百官之文孙,又将为宰相,江南八座太夫人。

上联从朝廷上下的角度,写此老夫人的荣耀,下联从家庭的角度,来写此老夫人的荣耀与幸福。这些,无疑是这老夫人一生最得意的事,最值得夸耀的事,当然也是一般的人无法企及的事。此外,此联还有祝愿老夫人的孙子升官的意思。这样的寿联,无疑会得到寿星及其一家的喜爱,更何况是出于阮元这样的大官僚、大学者、大名士之手呢!再看陈伯严祝贺康有为六十寿联:

广逍遥游,身行六十万里;证菩提果,手援四百兆人。

上联说康有为周游列国,下联说他寻求真理,救国救民。再看缪焕章祝贺李慈铭六十寿联:

著书十余万言,此后更增几许?上寿百有廿岁,至今才得半云。

上联祝愿他写更多的著作,下联祝愿他长寿。再看沈庆瑜祝贺康有为寿联:

三百篇之中,兴观群怨;十九年在外,险阻艰难。

上联说康有为的诗歌具有强烈的社会作用,都是有为而作;下联说康有为为了寻找救国救民的真理,在国外长期过着艰苦的生活。这对联中的用语,都是来于儒家经典,与康有为的身份合。"兴观群怨"是孔子论《诗经》的话,见《论语》。《三百篇》就是《诗经》。下联用《左传》中晋公子重耳流亡国外十九年,"艰难险阻,备尝之矣"的故事。再看梁章钜为袁枚所作的寿联:

藏山事业三千牍;住世神明五百年。

上联说的是袁枚文学方面的成就,下联是祝愿袁枚像神仙似地活上五百年,也就是祝愿他健康长寿的意思。称他为"神明",与他油滑如"通天神狐"(洪亮吉语:"袁大令诗如通天神狐,醉即露尾")的形象相合。再看王蘧常为钱仲联八十岁所撰寿联:

六十年昆弟之交亲同骨肉;八百卷文章寿世雄视古今。

上联写王先生与钱先生的友谊,下联写钱先生在文化方面的成就。

祝寿总要讨个吉利,因此,寿联中不能有不吉利的意思,也不能有不吉利的字,连到不吉利的嫌疑也不能有。如黄侃五十岁时,他的老师章太炎送了一副寿联,云:

韦编三绝今知命；黄绢初裁好著书。

这副对联的意思，无疑是很好的，上联是说黄侃读书用功，学问大，识见高，正准备著书立说，肯定能写出优秀的篇章来。但是，黄侃看了，很不高兴，觉得这副对联对他来说很不吉利。没有多久，黄侃就去世了。不少人说，章太炎写的这副对联不好。你能看出人们说这副对联中有什么不好吗？再看：

但得夕阳无限好；何须惆怅近黄昏。

虽然说是"何须惆怅近黄昏"，但在祝寿时，提起"惆怅近黄昏"这样的词句，总是一件"杀风景"的事。

写寿联还要注意一件很重要的事，那就是对寿星的赞扬，不能太过夸张，特别对于他已经取得的成就，赞扬不能太过头。如：

寿世文章，一代山斗韩吏部；等身著作，六经渊薮郑司农。

这样的评价，古今几乎没有人能当得起！连到韩愈和郑玄本人，也只能各当一半！

寿联举例：

松龄长岁月，鹤语记千秋。

自是牡丹真富贵，果然松柏老精神。

天上星辰应作伴，人间松柏不知年。

九旬鹤发同金母，七秩斑衣舞老莱。

千岁蟠桃开寿域，九重春色开霞觞。

青鸟飞来云五色，碧桃献上岁三千。

蟠桃子结三千岁，萱草花开八百春。

人近百年犹赤子，天留二老看玄孙。

斑衣人绕膝，白首案齐眉。

四、挽联的写法

家人、亲戚、朋友、上司、同事等去世，不论你是不是去参加丧葬仪式，你都可以写副挽联去表示哀悼。写挽联,可以从这样几个方面来着笔:赞扬死者的功业、德行、名望、学问、文才、风度、情趣、成果、影响、后代、家庭等等,凡是值得赞扬的,都可以写进去(当然还有个选择的问题,选择在你看来最值得赞扬的赞扬之)。还应该带有点总结的意味,因为棺将盖,论可定;祝愿死者死后灵魂幸福;祝愿死者后人生活幸福、家庭兴旺;联系死者生前与自己的交往,赞扬死者与自己之间的友谊,强调死者对自己之重要,自己对死者深厚的感情;为死者抒情:为其成就而高兴,为其挫折而悲伤,为其受到不公正待遇而鸣不平等等。注意,挽联最为重要的内容,是表达送挽联者对死者去世的哀痛。为什么叫"挽联"? 就是送挽联者想用此联去"挽"回死者,能没有哀痛之情吗?这样那样的内容,可以通过典故、意象、景物等来表现。与寿联一样,挽联中常用的神仙典故不少,但寿联中的神仙典故,是祝愿寿星长寿,挽联中的神仙典故,则是希望死者灵魂幸福,也是对死者的一种赞扬,对其家人等的一种安慰。

从以下所举挽联,我们可以看到如何来做挽联。如邓赓元挽左宗棠:

幕府疆圻,书生侯伯,孝廉宰辅,疏逖枢机,系中外安危者四十年,魂魄长依天左右;湖湘巾扇,闽浙戈船,沙漠轮蹄,中原羽檄,扬朝廷威德超五万里,声名遂震海东西。

上联的前四句,各由两个悬殊的词语构成,突出左宗棠一生的传奇色彩,后两句,一是说他生前于国家的重要,一是说他死后仍然对国家很重要。下联歌颂左宗棠从政后的功业,以及由此获得的名声。再看毛泽东挽他的母亲:

疾革尚呼儿,无限关怀,万端遗恨皆难补;长生新学佛,不能住世,一掬笑容何处寻?

春风南岸留晖远,秋雨韶山洒泪多。

母亲对儿子的关爱,儿子对母亲去世的哀痛,充满了字里行间,而语言又是那样的典雅,那样的得体,境界又是那样的高远。用佛经语言和典故,又与他母亲信佛相切。再看左仲甫挽黄景仁:

潦倒三十年,生尔何为? 合与沙虫同朽质;凄凉五千首,斯人不死,长留天地作秋声。

上联是同情,黄景仁,一个潦倒的书生,活了三十多岁就去世,按理说来,这样的人,容易被人们忘记。下联写死者在文学上的成就,他的文学成就使他足以不朽,赞扬之中,又有同情在。再看纪昀挽岳小瀛:

刚峰原不随流俗;孝肃何须有后人!

岳是清官,性格刚直,可惜他没有儿子,这在当时,是件非常痛苦的事,也是人生的一大遗憾。这挽联中,用海瑞(刚峰)和包拯(孝肃)来比喻死者,是对死者的高度评价,也是对死者的安慰。注意,寿联和挽联,用古代的贤哲来比喻寿星或死者,这种方法,是常用的。再看杨度挽孙中山:

英雄作事无他,只坚忍一心,能成世界能成我;自古成功有几?正疮痍满目,半哭苍生半哭公。

杨度学问很大,非常聪明,热衷政治,也是写挽联的高手。此联上联赞扬孙中山,而以哲理出之,便显得见识高超,又非常得体。这种写法,最是不容易。下联吊孙中山,而与忧国忧民结合起来,既进一步颂扬了孙中山,强化了孙中山的悲壮色彩,又体现了作者的胸怀,还突出了作者与孙中山在思想上的联系:同样是为国为民。再如周秦挽王迈:

魏晋高风成绝唱;乾嘉朴学待后人。

王迈先生生性通脱而好清谈,远世俗,有魏晋高人风度。下联写王先生的学问,而切合其教师的身份。

挽联举例:

烧鼎白云栖断壑;著书黄叶冷空山。(未做官的文化人)

气数不言仁者寿;性情犹见古之愚。(年纪不是很大,心地很好,秉性耿直)

兰亭少长悲陈迹;玉局风光叹化身。(曾经常在一起活动)

素车有客奔元伯;绝调无人继广陵。(有好朋友送葬,但无人继承其技术或艺术)

云深竹径樽犹在;雪压芝田梦不回。(悼念隐居者)

文章卓荦生无敌;风骨精灵殁有神。(悼念以文章、风骨著称者。但有评价过高之嫌疑。)

事业已归前辈录;典型留与后人看。(悼念有成就、为人也可以为人师

法者）

称觞尚忆登堂事,挂剑难为过墓情。（悼念有一定的交往者）

桃花流水杳然去;明月清风何处游?（没有做过官的人）

不作风波于世上;别有天地非人间。（生前默默无闻者）

未弥前思,顿作永别;追寻笑绪,皆为悲端。（适用面很广,只要有交往就可以）

原隰秋风魂不返;池塘春草梦难通。（挽兄弟）

结交指松柏;述作凌江山。（讲友谊,善著作者）

学业纯儒富;文章大雅存。（有学问,善文章者）

回首燕台真似梦,伤心吴苑不成春。("燕台"为当年相聚之地,"吴苑"为死者去世之地。可以根据具体情况换上切合的地名）

志在名山,不作公卿缘好学;文能寿世,非求仙佛自长生。（未做过官,善著作者）

白叟黄童同泪下;青山红树也消魂。（平常人也为他的死伤心）

报国真资舟楫任;承家确是栋梁材。（很有才能的人）

无愧相夫教子;定知成佛升天。（能相夫教子的妇女,品行也很好）

叹息膏肓难再起;流传诗画定千秋。("流传诗画"可根据具体情况改）

一代长才出甘陇;千秋遗爱满江都。（悼念好官员,"甘陇"为其出生地,"江都"为其做官之地。可根据具体情况改动）

挂剑又将悲宿草;盖棺谁信共清风。（悼念清官朋友）

一生行好事,千古留芳名。（忠厚长者）

一世精神为华表,满堂血泪飞云天。（其精神值得提倡者）

人间未遂青云志,天上先成白玉楼。（英年早逝者）

大雅云亡,空怀旧雨;哲人其萎,怅望清风。（悼念文化人）

大雅云亡,绿水青山谁作主;老成凋谢,落花啼鸟总伤神。（文化界德高望重的长者）

三更月冷鹃犹泣;万里云空鹤自飞。(没有做过官的人)

夕阳流水千古恨;春露秋霜百年愁。(很一般的通用挽联)

风凄暝色愁杨柳;月吊箫声哭杜鹃。(很一般的通用挽联)

白马素车愁入梦;青天碧海怅招魂。(很一般的通用挽联)

老泪无多哭知己;苍天何遽丧斯人。(很一般的通用挽联)

风号鹤鸣人何处;月落乌啼霜满天。(很一般的通用挽联)

德望年华归五老;文章事业足千秋。(文化界德高望重的长者)

雨洒天泪流;风号地哭声。(很一般的通用挽联)

青山永志芳德;绿水长吟风雅。(德才兼长的文化人)

契合拟金兰,情怀旧雨;飘零悲玉树,泪洒凄凉。(好朋友)

女星沉宝婺;仙驾还瑶池。(悼念妇女)

身归阆苑丹丘上;神在光风霁月中。(很一般的通用挽联)

挽祖父母：

寂寞乾坤,邈矣一公何处在;凄迷风雨,哀哉两字弗堪闻。

乌养未终,区区怕读陈情表;鸾骖顿杳,茕茕尤作痛心人。

祖母仙游千载去;诸孙泪洒几时干?

祖母云亡,白发含饴今已矣;稚孙不孝,黄花奠酒盍归乎!

懿德传诸乡里口;贤慈报在子孙身。

挽老师：

大雅竟云亡,空赋蒹葭溯秋水;斯文其果丧,长教桃李哭春风。

大道为公,徒存手泽;因材而教,顿失心传。

此老竟萧条,幸有高文垂宇宙;平生怀大志,广载桃李在人间。

面命只今无一语;心丧未可短三年。

丧礼常用的,特别是挽幛和挽联中常用的哀悼用语和典故举例：
白玉楼、杜鹃啼、跨鹤、骑鲸、夕阳、夕照、秋霜、千秋、风寒、月冷、素车白马,星陨,鹤归,月暗,白骨,忠魂,招魂,音容,德泽,化鹤,证果,龙华,蓬莱,黄泉,汗青,蝶梦,哀思,齿德,黄石,残月,寒云,星沉,月冷,空仰,挂剑,哀声,悲泪,英灵,浩气,飞霜,伴月,华表,北堂,宝婺,瑶池,兰摧,玉折,仙驾,彤管,女德,萱帏,徽音,懿德,绣帏,香冷,阆苑,丹丘,环佩,镜奁,青鸟,王母,玉箫,秦娥,鹃啼,绮阁,妆台,巾帼,慈竹等。

第三节 请柬的写法

不管是什么请柬,"请柬"二字,写在封面上。如不用封面,则应写上"请柬"二字,再写正文。以下举写请柬例,此二字略。

凡是请柬,都要把这些信息写明确,不能有缺漏,或是模糊:事由,活动,时间(必要时精确到分),地点(精确到厅、室),受邀请人,邀请者,必须注意的事项。用语要确切、得体、雅洁。

请柬一般用从上到下的竖写格式,此下举例,为排版方便,用横写。横写与竖写的转换,读者不难处理。

谨卜某日敬具杯茗奉迎
高轩侧聆
鸿诲伏惟
惠然早临曷胜荣感之至
右启
大德望某号某姓老大人 台下
眷晚生某姓名顿首

清代请柬

一、诞生礼请柬

喜得一男谨于5月8日(星期日,夏历四月初五)上午洁治汤饼敬请
刘永和先生阖家光临
　　　　　　孙阳春、吴容容　鞠躬
　　　　　　　　　　　　　　5月1日
(席设本寓,11点开席)

这是孩子的父母出面写的请柬,故云"喜得一男"。如果是小孩的祖父母出面,那就要说"喜得一孙"或"喜得女孙"了。"汤饼"是面条的古称。诞生礼宴会上或生日宴会上总是少不了面条,因此,诞生礼筵席和生日筵席,

都可以称为"汤饼筵",这也算是"借代"。"汤饼筵"也可以简称为"汤筵"。确切的地点和时间,可以在正文中体现,如果正文中没有体现,就应该在底下用括号注明。当然,已经在正文中体现了,也就没有必要再注明了。落款下用"鞠躬"、"敬请"等,比较常见,不必滥用非常客气的词语如"叩首"、"再拜"等,否则显得不自然。再说,这些词语,也早已被时代抛弃了。

邀请人前来参加满月礼:

```
  6月2日(星期六,夏历四月三十)为小儿弥月之辰谨假座龙凤楼金龙厅于是日下午5时治汤筵恭候
梁莹莹女士光临
                    吴大荣  孙晓春  敬请
                                              5月28日
```

又如:

```
  6月2日(星期六,夏历四月三十)为小儿弥月之辰谨假座龙凤楼金龙厅于是日下午5时治汤筵恭候
梁大春先生偕夫人光临
                    吴大荣  孙晓春  鞠躬
                                              5月28日
```

又如:

```
  6月2日(星期六,夏历四月三十)为小儿弥月之辰谨假座龙凤楼金龙厅于是日下午5时治汤筵恭候
杨龙友先生、李娟娟女士携爱子光临
                    吴大荣  孙晓春  敬请
                                              5月28日
```

二、婚礼请柬

传统婚礼文书很多,有《问名求婚帖》和相应的女方回答帖、男方《纳采帖》和女方的回复帖、男方所送《婚期帖》(《请期文》,俗称"送好日子"。)和女方的回复、男女双方各自或联合请客人参加婚礼的请帖等。现除了请帖外,其余已基本不用。请帖的写法,与一般请柬格式相同,只是用语不同。事由,如由家长出面,则写"为小儿某某授室","授室"也可以用"毕姻"、"完

姻"。女方家长则可写"为小女某某于归某氏"。或者,男女双方"授室"、"于归"等,可以都不用,只说"结婚"即可,但语句必须通顺。另外,如果不是由家长出面,而是由结婚者本人出面写请帖,就必须注意前后的一致性,以免闹笑话。两家合请,也要写明,并且措辞必须妥帖、通顺、全面,当然还要简练。总之,必须根据具体情况来写。

```
    于5月8日(星期六,夏历四月初五)为长男大松授室谨治喜筵敬请
刘永和先生阖家光临
                   孙大林    吴小蓉   鞠躬
                                              5月1日
(席设本寓,11点开席)
```

```
    为小女晓阳于归张氏谨于5月8日(星期六,夏历四月初五)上午10时假座金色
年华大酒楼洁治喜筵敬请
刘永年先生偕夫人光临
                   孙大海    吴小玉   鞠躬
                                              5月3日
```

```
    为次子玉林与何丹女士毕姻谨于5月8日(星期六,夏历四月初五)上午洁治喜
筵敬请
钱晶晶女士偕夫君光临
                   李 春    吴 舟   鞠躬
                                              4月2日
(席设龙门大酒店,11点开席)
```

```
    喜为小儿江涛小女秦玉毕姻谨于12月8日(星期六,夏历十一月初二)上午假座
远大前程大酒楼举行婚礼婚宴11时开席敬请
刘忠先生阖家光临
              男方家长  江 枫  黄 英  鞠躬
              女方家长  秦永华  谢 雪  鞠躬
                                              11月3日
```

"小儿江涛"、"小女秦玉"可以并排写。

> 本人与杨喜小姐于12月8日(星期六,夏历十一月初二)假座鼎甲大酒楼举行婚礼婚宴晚上6时开席敬请
> 贾舟楫先生阖家光临
>
> 　　　　　　　　　王大春　鞠躬
>
> 　　　　　　　　　　　　　　　　　　　　11月3日

> 为舍妹念萱与李远先生毕姻谨于12月8日(星期六,夏历十一月初二)假座山海大酒楼举行婚宴晚上6时开席敬请
> 陈娇娇女士光临
>
> 　　　　　　　　　钟　鼎　鞠躬
>
> 　　　　　　　　　　　　　　　　　　　　11月3日

> 我们于10月8日(星期日,夏历九月初三)举行婚礼是日假座凤凰宾馆谨设喜筵敬请
> 万鹏程先生阖家光临
>
> 　　　　　　　王三槐　周秀秀　鞠躬
>
> 　　　　　　　　　　　　　　　　　　　　9月3日
>
> (11点开席)

三、祝寿礼请柬

祝寿,一般是在进入整十岁数时举行,有的地方在逢九岁数时举行。举行祝寿仪式的具体日期,一般是在其人的生日,实际上是特殊岁数时的生日庆祝,也有的地方,在新年的某一天,特别是大年初一举行。邀请别人前来参加寿礼,请柬的写法,与邀请参加诞生礼差不多,只是用语有些变化。如:

> 8月8日(星期日,夏历六月廿九)上午8时为家父庆八旬大寿谨治桃觞敬请阖家光临
>
> 　　　　　　　　　周玉树　恭候
>
> 　　　　　　　　　　　　　　　　　　　　8月1日
>
> 　　右启
> 商大年先生
>
> 　　　　　　　　　　　　　　　　　　　　(席设本寓)

桃象征长寿,因此,寿筵也叫"桃觞","觞"是酒杯的意思,这里代指筵席。

或：

> 9月9日(星期日,夏历七月廿九)为家母九旬寿诞是日下午5时假座山乡楼古松厅谨备桃觞敬请
> 光临
>   石天佑 顿首
>   9月1日
>   右启
> 许红红女士

> 9月9日(星期日,夏历七月廿九)家母九旬寿诞是日下午五时假座山乡楼古松厅谨备桃觞敬请
> 许红红女士阖家光临
>   石天佑 顿首
>   9月1日

四、其他

其他的请柬,格式也是一样,就这么几种,只是用语不同而已。例如,邀请人家来参加公司开业典礼的请柬:

> 某某先生/女士:
>   本公司于公历8月8日(星期六,夏历七月初二)上午9时于富强路30号举行开业典礼,诚邀先生/女士前来观礼并参加宴会。
>   谨致
> 敬礼!
>   富强实业公司董事长 钱万钧 鞠躬
>   7月28日

> 本公司于公历8月8日(星期六,夏历七月初二)上午9时于富强路30号举行开业典礼并庆祝宴会,敬请
> 李竹韧先生光临
>   富强实业公司董事长 钱万钧 鞠躬
>   7月28日

> 本公司于公历8月8日(星期六,夏历七月初二)上午9时于富强路30号举行开业典礼并庆祝宴会,敬请
> 光临
>
> 　　　　　　　　　　　富强实业公司董事长　钱万钧　恭候
> 　　　　　　　　　　　　　　　　　　　　　　　　　　7月28日
> 　　右启
> 王友荃先生

第四节　其他民俗应用文

一、送礼帖

人家有什么喜庆之事,你前去送礼,所送不止一样,或还比较多。那家人家受礼很多,到时候,什么礼物是张三送的,什么礼物是李四送的,也就搞不清楚了。因此,受礼人家要登记,送礼的人,也要准备一张礼单,与礼物一起送上去。这张礼单,也可以叫送礼帖,主要是开列所送的礼物,但还要有个格式和套语,明白为什么送礼,同时也是进一步表达祝贺的意思。如祝贺人家诞生礼的送礼帖:

> 　　　　　　　　　　谨　具
> 　礼币五百　服装壹套　披风两件　绒线三斤
> 　　　申贺
> 姜志鸿陆飞雪伉俪弄璋之喜
> 　　　　　　　　　　　　　　　　　　王珊珊　顿首
> 　　　　　　　　　　　　　　　　　　　　　　5月8日

对方生男,用"弄璋之喜","玉燕锺祥","庆叶弄璋","彩褓迎祥","喜听英声","螽斯衍庆","熊梦征祥"等,生女则用"得女之喜","明珠入掌"等。祝贺满月礼或周岁礼,可以笼统地说"弥月(满月)之喜"或"晬盘(周岁)之喜",不必分男女。

其他的送礼帖，就可以举一反三了。如果祝贺对方搬家，就说"乔迁之喜"等，祝贺人家结婚，就说"喜结良缘"等，祝贺人家寿礼，就说"海屋添筹"等，总之，只要通顺、妥帖、得体，切合具体的情况就可以了。

二、寿幛

用一大整块绸，一般是一条丝绸被面，红色，中间粘贴或缀上四个金色大字，右上方往下竖写上款"某某先生（或别的称谓）六十（或七十等）大寿"，左下落款："后学（或别的称谓）某某敬贺"。这就是寿幛，举行庆祝仪式或宴会时，挂在厅堂里。上面的四个大字，最为重要，最有讲究。我们把它叫作"寿幛语"。"寿幛语"的内容，大致为祝愿寿星长寿、健康、幸福，概括性强，只能是四个字，不能多，也不能少。另外，寿联也可以写祝愿寿星长寿、健康、幸福的内容，因此，要避免二者的内容和表达重复。至少，同一个人送的寿联与寿幛，内容和表达不能重复。当然，最重要的是，寿幛用语必须与寿星的具体情况相符合，不能牛头不对马嘴，更不能完全相反。例如，人家九十岁了，早已经病病歪歪的，你送个寿幛，上写四个大字："矍铄是翁"，这不是讽刺人家么？

寿幛用语举隅：

男子	人中真瑞	大椿不老	介眉奉爵	以介眉寿	古柏长春
	如日之升	庆衍古稀	社结香山	寿比松龄	寿比南山
	星辉南极	庚星耀彩	南极星辉	春秋不老	海屋添筹
	莱衣献彩	莱衣承欢	采芝高龄	福乐长寿	福寿连绵
	福禄寿考	椿庭日永	椿树长荣	觞咏香山	蓬壶日永
	鹤算退龄	鹤算添筹	松鹤延年	安期献枣	春风霞觞
	玄鹤献舞	松筠苍翠	齿德兼优	矍铄是翁	
女子	中天婺焕	古稀慈寿	环佩春风	西池庆筵	金萱焕彩
	金萱永茂	松柏节操	果献蟠桃	宝婺星辉	婺曜长昭
	慈竹长春	慈萱退龄	萱草长荣	萱庭日丽	蟠桃献寿
双寿	乃福乃寿	大衍福寿	夫妻偕寿	天上双星	双星放彩
	伉俪寿禧	庚婺同明	盘献双桃	琴瑟百年	椿萱并茂
	椿萱长春	鹤算同添	日月齐辉		

三、挽幛

一大块黑布，或颜色比较暗淡的布，或一块黑色或暗色丝绸被面，折成适当大小。右上自上而下写上款："某某先生（称谓）千古"，左边偏中稍下自上而下落款："（称谓）某某敬挽"（根据关系的远近和上下、长幼等不同的情况，也可以写成"泣挽"、"敬挽"等，但必须得体）。于这布的中央竖写四个大字。这就叫挽幛，也叫祭幛。也有叫祭帐的，好像不通。那四个大字，是挽幛的正文，我们叫它"挽幛语"。上面讲过寿幛，就形式而言，挽幛和寿幛是一样的，只是内容和措辞是完全不同的。

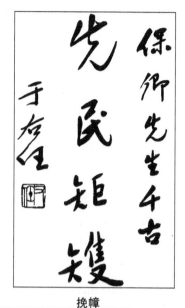

挽幛

宋庆龄送挽幛

挽幛的内容，大致和挽联差不多，要切合死者和送挽联和挽幛者的身份。同样要注意，所送挽联与挽幛，内容和角度不要重复，当然更不能矛盾。

挽幛常用语：

通用	音容宛在	松柏常青	福寿全归	福全德备	
挽男子	典型足式	驾返蓬莱	德隆望重	德望长昭	齿德兼优
	清白传家	长才未尽	南极星坠	大雅云亡	哲人其萎
	吾将安仰	地下修文	鹤归华表	典型安仰	骑鲸西归
	蓬岛归真	老成云亡	南极星沉	玉楼赴召	
挽女子	母仪千古	宝婺星沉	慈容永存	凤落长空	慈竹风凄
	彤史留芳	驾返瑶池	璇闺春冷	萱堂月冷	懿德永存

  瑶池赴宴 懿范长存 淑德长昭 德比侃母 婺星韬彩
  慈竹风寒 慈云西逝 琼楼月缺 懿德永存 妆台月冷
  湘水曲终 空仰徽音

挽好干部 鞠躬尽瘁 羊碑犹存 仁风安仰

挽岳父 泰山其颓 雾隐泰山 东岳陨坠 半子失恃

挽岳母 泰水枯竭 泰水断流 岳母何往 半子失恃 泰水冰寒
  风凄泰水

挽叔伯 竹林风寒 叔且安息 同室衔悲 犹子兴悲

挽兄弟姐妹 手足分离 骨肉解剖 雁行折翼 分痛有谁 棠棣花萎
  痛失女嬃 大雷音断 痛萎连枝

挽节妇 柏舟节操 冰清玉洁 雪白冰心 曹操孟德

挽老师或师辈 手泽空存 哲人其萎 神伤立雪 绛帐空悬 师表长存
  溯回往哲

挽同学、朋友 安得钟期 竟尔仙游 如伤手足 谁复知音 兰言空忆
  我失知音 空怀旧雨

挽僧道 果证西方 羽化登仙 丹灶云寒

四、讣告

  讣是报丧的意思,讣告,还是报丧,但还指报丧的文告。徐珂《清稗类钞·丧祭类》云:"讣文,一作讣闻,古本作赴,以丧告人也。详具死者之姓号、履历及生卒年月日时、卜葬或浮厝之地及出殡日期,凡宗族、戚友、同乡、同官、同事、同学必遍致之。其新式男讣文如下:某某侍奉无状,痛遭先考某某府君讳某某,恸于某年某月某日某时,以某病卒于正寝,距生于某年某月某日某时,享寿几十有几岁。某某亲视含殓,即日成服。定于某月某日下午几时至几时,在家设奠。哀此讣闻。孤子某某谨启。若在外病故,即于正寝上添某寓二字。晚近讣文,于孤子之下,以有服之直系、旁系亲属,仍照旧例一一载明者,且有以女、媳、孙女、曾孙女、曾孙媳、玄孙女、玄孙媳列于同辈男子之后者。各人名下,或泣血匍匐,或泣鞠躬,或抆泪鞠躬,或拭泪鞠躬,均酌其轻重而定之。"当代的讣告,在我国大部分地区,一般由死者生前所在的单位发布,少数由治丧委员会发布,当然,在有些地区,由死者家属发布也是常见的。

  讣告的内容,一般有这样几个方面:死者姓名,身份,死因,年龄。身份

一项,复杂与简单,大不相同。简单的,也许只有一个词,复杂的,也许要很多行字。其他诸项,则大致差不多。在我国大陆,普通的人去世后,一般是单位发讣告,这样的人,身份一项,是不复杂的。如:

讣　　告

本系退休教师甄玉淳同志,因病于本月 15 日逝世,终年 99 岁。特此讣告。

象渡大学中文系
10 月 16 日

除了讣告之外,还应该有一公告,告诉社会有关丧事的安排。这当然也是由单位出面的。

公　　告

甄玉淳先生的追悼会与遗体告别仪式,将于本月 18 日上午 9 时在本市南郊殡仪馆举行。欲参加者,可于 8 时正在春雨楼前乘大巴前往。

象渡大学中文系
10 月 16 日

重要些的人物去世后,具体的事,还是他所在的基层单位在做,但有些事,要级别比较高的领导干部去出面办理,或者用他们的名义去办理。因此,讣告也就不能用基层单位的名义发了,而是要有个"治丧委员会",名义上由它来统一协调治丧事宜,这据说也是对死者的一种待遇、一种规格。发讣告等,都要用"治丧委员会"的名义。如:

讣　　告

中北省某某委员会委员,名山市某某委员会常委,全国宇宙研究学会副会长,全国文科学术研究会常务理事,远古文化研究会理事,中北省哲学社会科学研究会常务副会长,儒释道研究会会长,名山市儒学研究会顾问,佛学研究会顾问,道教研究会顾问,国际著名学者,1988 年度某某奖、1998 年度某某奖、2000 年度某某奖获得者,象渡大学人文学院教授、博士生导师李孔佛先生,因病于 2005 年 3 月 16 日逝世,终年 99 岁。特此讣告。

李孔佛先生治丧委员会
3 月 16 日

讣告中这样的身份介绍,就比较长了。除了讣告外,治丧委员会至少还要发布这样几个公告:

公　　告

经研究,李孔佛先生治丧委员会组成如下:

主任委员:某某

副主任委员:某某　某某某

委员:某某某　某某　某某　某某某

秘书长:某某某

李孔佛先生治丧委员会
2005 年 3 月 16 日

公　告

李孔佛先生的生前友好、同事、学生等,欲送花圈、花篮、挽联、挽幛等者,请与本委员会办公室秘书处联系。电话:0086-9999-88887654;传真:0086-9999-88884567。电子信箱:xdrw@xdu.edu.cn,邮寄地址:名山市名山路 600 号象渡大学 999 信箱,邮政编码:998877。

李孔佛先生治丧委员会
2005 年 3 月 16 日

公　告

李孔佛先生的追悼会与遗体告别仪式,将于本月 22 日上午 9 时在本市南郊殡仪馆举行。欲参加者,可于 22 日 8 时正在春雨楼前乘大巴前往。

李孔佛先生治丧委员会
2005 年 3 月 17 日

此外,治丧委员会还可以发它认为必要的公告。当然,理性地讲,还是以简单、务实为好。

以死者家属名义发的讣告,可以参考上所举《清稗类钞·丧祭类》中的格式而加以修正,以符合现实的社会情形。与以单位名义所发、与以治丧委员会(实际上也是单位)所发讣告相比,家属所发,应该带有感情色彩,也应该包含更多的信息,因为不能像单位或治丧委员会发公告那样一次次地给人家发治丧的信息。要知道,以家属的名义所发讣告,是发给死者亲友和有关团体的。可以用如下的样式:

讣　告

家父李学广因病医治无效,于 2004 年 12 月 22 日(甲申年十一月十一)16 时 35 分仙逝,终年 99 岁。谨于 12 月 28 日(夏历十一月十七)上午 9 时于名山市西郊殡仪馆举行追悼会暨遗体告别仪式。中午于南郊饭店举行丧宴。次日 9 时,于北山公墓举行骨灰安放仪式。哀此讣闻。

不孝子　李春林　泣血匍匐
不孝女　李春梅　泣血匍匐
2004 年 12 月 22 日

如果不是由死者的儿子与女儿出面，而是由死者的配偶或别的什么亲属出面，那么，讣告中的称谓和落款，自然就应该有相应的变化，必须一致。

上引《清稗类钞·丧祭类》中说，"晚近讣文，于孤子之下，以有服之直系、旁系亲属，仍照旧例一一载明者，且有以女、媳、孙女、曾孙女、曾孙媳、玄孙女、玄孙媳列于同辈男子之后者。各人名下，或泣血匍匐，或泣鞠躬，或抆泪鞠躬，或拭泪鞠躬，均酌其轻重而定之"。这样的讣告，我国有些地区还流行，兄弟姐妹、堂兄弟姐妹、侄子侄女、外甥外甥女、外孙外孙女等等，统统列上。正因为如此，讣告可以当作被列上名字的人向他服务的单位或读书的学校请假参加丧礼的依据。

讣告应该加死者履历，一起发出。因为接受讣告的人，特别是关系比较远的亲友和团体，对死者不一定非常了解，因此，应该让他们了解死者。此外，对接受讣告的人来说，这履历有收藏和纪念的价值。履历应该是纯粹的客观叙述，不必评论和抒情，也不必署名，因此，不是从死者家属的角度写的，这要充分注意。如果以死者家属的名义来写，那当然可以评论和抒情，但不能以"某某先生履历"为题，而是要用"哀启"为题，开头用"哀启者"三字领起，然后叙述、抒情、评论都可以，但必须注意措辞贴切和角度准确，前后一致等等。但与履历相比较，哀启就似乎显得客观性差了些。所以，还是用履历为好。

1937年铅印本辽宁《海城县志》有关讣闻的记载很是详细，现录于下，读者可以参考：

（1）父死曰孤子，母死曰哀子，父母俱死，曰孤哀子。倘父死而继母在堂，若系前母之子主丧，亦曰孤哀子，惟名宜注明奉继慈命称哀；若系继母之子主丧，俱统称为孤哀子，亦有称孤前哀子者。乡俗偶有继母之子，其母卒称哀哀子者，不必效尤。庶出之子，亦母卒亦称孤哀子，若嫡母在堂，亦宜注明奉嫡慈命称哀。

（2）父葬年远在服阕后者，孝子临期仍服斩衰，五服之亲，各服其服。讣帖仍用锦纸，写治丧孤哀子某泣血稽颡。

（3）祖父母之丧，曰齐衰期服孙，若父早亡，长孙承重，曰承重孙。曾祖父母之丧，曰齐衰五月曾孙（按：即他穿齐衰丧服，时间为五月），若祖俱早亡，称承重曾孙。高祖父母之丧，曰齐衰三月玄孙（按：即他穿齐衰丧服，时间为三月）。

（4）庶母之丧，正室之子，曰杖期（按：即出殡时他有杖——哭丧棒——

并且服齐衰丧一年)嫡子,别妾之子,曰杖期众子;正室之孙,曰功服(穿大功丧服)嫡孙,别妾之孙,曰功服众孙。均宜列名于帖。至于曾孙无服,不列亦可。

(5)继出之子,名为降服,士大夫亦报丁忧,原宜列名于帖,惟其所生之子,及出继之孙,则从无列名者。

(6)妻死,曰杖期生,若父或母在堂,则曰齐期生。继配之丧,不论父母在否,只称期服生。妾死,曰袒免生。

(7)丧事行帖,惟孤哀子、承重孙及承重曾孙,姓名下方写"泣血稽颡",孙写"泣血稽首"。曾孙写"抆泪稽首"。侄与侄孙如之。兄弟及旁亲功、缌之服,写"拭泪顿首"。又主丧者长辈出名,则名下宜加"率"字;若子出名,则不加"率"字,于齐期孙之上,以已重服在身,不能率人也。又不用"拜"者,取不能成拜之义。倘死者无子孙,而以长辈或旁亲人等为之治丧,则讣帖无妨写"拜"字。

(8)讣文以简明为主。寿终在家在外,固宜分别,倘遇或外出,家中无人治丧,亦应声明于讣内。至于殡葬、成服等事,倘于时日紧迫,报讣帖内,亦宜声明,以便亲戚之行止。至子孙已故者,幽于远隔,内乡俗偶有仍列名于讣,以圈别之,未知其如何"泣血稽颡"也。世之大家,从未有此。

(9)讣帖称男人死,曰正寝;妇人死,曰内寝;妾死,曰内室;子孙死,曰寝右,以长辈在堂也。至称享寿者大错,从古只有享年之说,各大家文集可验。又有惟未满六十死者,亦是寿尽,不写疾终,此说甚当。

(10)讣文外另有哀启,用"哀启者"三字起,历叙平生,亦古人颂扬先前之遗义,但语须朴实,叙而非谀。科名、官级,以次历叙,自己之科名行止,因时夹叙。聚散离合之处,最宜详明,见追述感怀意思。后略叙病状,亦宜详明确实,见侍疾如何光景,或出仕在外不及侍疾,如何欷怀光景。兄弟多,而出处参差者,则分叙某名如何、某名如何。末云:抱恨终天,百身莫赎,何敢忝颜人世,惟念窀穸未安,不得不苟延残喘,勉襄大事。苦块昏迷,语无伦次,伏乞矜鉴。拜名称棘人某姓名"泣血稽颡"。讣状大柬用栗色纸,哀启小柬用白纸,夹入讣状内。又,讣状凡抬头字样,皆用朱书。哀启系用洁白纸,不用朱。

很明显,其中有很多内容,已经远远过时了,但对我们写类似的文字,还是有帮助的。

第五节　赘语：书信写作

学生在小学阶段就学写信了，这里再讲如何写信，好像是多余的了，因此，称为"赘语"。但愿对读者说来，这些真的是"赘语"！

书信的别称甚多，常见的有：书，尺牍，函，简（柬），札，尺素，双鱼，双鲤，鱼雁，翰等。所以，对方的书信，可以尊称为"大札"、"大函"、"华翰"等。在信的这些别称中，反倒"信"是后起的。梁绍壬《两般秋雨庵随笔》卷二云："今人寄书，通谓之信，其实'信'非书也。古谓寄书之使曰'信'。陶《隐居》云：'明旦信还，仍过取。'又《虞永兴帖》：'事已信人口具。'又古乐府云：'有信数寄书，无信心相忆。莫作瓶坠井，一去无消息。'皆可证也。高江村《天禄识余》辨之甚详。"

一、信封的格式

（1）收信人的地址、姓名，都必须写准确、清楚。（2）信封是写给邮递员看的，因此，收信人称谓应该注意。"某某某舅父收"、"某某某姨妈收"等写法，是不对的，因为收信人只是写信人的舅舅或姨妈，而不是邮递员的舅舅或姨妈。（3）"收"、"启"应与寄信人下"寄"、"缄"对应。"某某收"，下面应该用"某某寄"；"某某启"，下面应该用"某某缄"。写收信人的姓时，繁体字、简体字字形和字义的联系和区别，必须充分注意。"范"与"範"，本来是两个字，"范"是姓，而"範"不是，作为姓的"范"，"范仲淹"的"范"，不能写成"範"，否则就会闹笑话。同类的问题，还有"沈"与"瀋"、"姜"与"薑"等。名字中也有类似的问题。例如，名字中常用的"松"字，应该是"松树"的意思，如果把人家的名字写成繁体字时，把"松"写成了"鬆"，就完全错了，尽管"鬆"的简体字也是"松"，但意思是不一样的。事实上，这类笑话，往往有之，所以，有必要专门提一下。

二、抬头

顶格书写，单独成行，用冒号领起下文。抬头可写姓名加称谓（或职务、职衔、身份），如"陈墨总经理"、"李云峰老师"、"黄刚同学"、"张丹霞女士"、

"钱万钧先生"等,这样比较正式,写信者与对方的关系比较疏远,非常客气,不能称亲密,尊敬、严肃有余,但似乎有就事论事的味道;姓氏加称谓(或职务、职衔、身份),如"刘叔叔"、"张县长"、"李老师","胡同学"、"于记者"等;名字加称谓,如:"晓风阿姨"、"大龙兄"、"靖哥哥"、"晓丹妹妹"、"云峰同学"等;单独用人名(同辈分好友,或长者对后辈),如:"晓风"、"粲月"、"秋生"等;字加称谓,如:"文如先生"等;单独用称谓,如:"爸爸"、"妈妈"、"阿姨"、"叔叔"等,但一般应该是很亲近的人。这些写法,都是可以的。抬头前面,都可以加修饰语,如"亲爱的妈妈"、"尊敬的刘校长"、"尊敬的陈墨总经理"、"亲爱的晓风"等。

三、提称语

抬头称谓之后可以用提称语,如"刘校长台鉴"等,但如果用提称语,前面就不能加修饰语了,例如,不能用"尊敬的刘校长台鉴"这样的话。这是因为,提称语是旧式书信中用的,抬头的修饰语是新式书信中用的,混在一起,不伦不类,况且,有时是不通的。这一点,必须注意。提称语主要有:

(1) 对尊长:用于父母、祖父母,有"膝下"、"膝前"等。用于亲友中的长辈,有"尊鉴"、"慈鉴"、"懿鉴"(多用于女性长者)、"赐鉴"等。"赐鉴"虽为通用,并也可以用于平辈,但不能用于父母、祖父母、外祖父母等极为亲近的人,因为如果用了,就意味着拉远了与他们的距离,他们会伤心的。"钧鉴"通常用于上级有官职者。用于老师的,有"帐下"(古称教师施教为"设帐授徒"。)、"吾师"、"道席"(传道的讲席)等。用于女性尊长的,有"慈鉴"等。

(2) 对平辈,通用的提称语,有"惠鉴"、"雅鉴"、"台鉴"、"英鉴"、"伟鉴"、"台席"(后三者多用于有学问者)、"足下"等。其中"台鉴"和"足下"最为常用。要注意的是,"台鉴"、"台席"的"台",大有讲究。天上有星,名"三台星",古代常用三台星比喻朝廷的三公之位,因此,"台"就成了对人尊称的词,如"台端"、"台甫""兄台"等,都是这样来的,"台鉴"、"台席"的"台",也是如此。所以,"台"不能写成"臺",二字在现代汉语简体字中,都作"台",但意义是不同的,用"臺"的地方,可以写作"台",但用"台"的地方,就不一定能写作"臺"了。此外,还可以用"如晤"、"青览"等。"青览"之语,出于三国魏阮籍的故事。阮籍见到他所喜欢的人,就翻青眼,对他所不喜欢的人,就翻白眼。汉语中"青睐"、"青眼有加"等词,就是这样来的。用于配偶或相爱的男女之间的提称语,有"爱鉴"等。

（3）用于对晚辈或下级的提称语，有"知悉"、"阅悉"、"收览"等。凡是用于平辈的提称语，也可以用于晚辈或下级，这样有表示谦虚、客气的意思，使收信人觉得写信人平易近人。当然，长辈给晚辈写信，他们之间的关系是至亲，甚至是家人，就不能用一般用于平辈的提称语了，因为用不到谦虚和客气。试想，父亲给儿子写信、祖父给孙子写信，有必要这样谦虚和客气么？用于收信人为多人的提称语，有"同览"等。

四、祝词

常用的表示祝颂的动词有：即颂、此颂、谨颂、此祝等，紧接正文的末尾书写，祝语独占一行，顶格。如果信笺下方余地充分，则"即颂"、"谨颂"等另起一行，独占一行，但不要顶格，前要空四格书写，祝语再起一行，顶格书写不变。祝辞应该注意动词与宾语的搭配，如"谨致"下用"敬礼"是对的，但用"健康"就不对了。"颂"、"请"、"问"后，应该跟"安"等才对。"敬祝"、"此祝"等"祝"下面，既可以用"身体健康"、"万事如意"等，也可以用"春安"之类。总之，动词与宾语的搭配要适当。动词前，一般要加修饰语，如"恭颂"、"谨颂"、"敬祝"、"此祝"等。祝语有讲究。通用的有：春(夏、秋、冬)安(或春祉、暑安、秋祺、冬绥)、台安、大安(非常客气)等。用于对(外)祖父母、父母等至亲长辈的，有"金安"、"福安"等。用于女性长辈的，有"慈安"、"懿安"、"淑安"等。用于文化人的，有"著安"、"文安"、"撰安"、"道安"、"文祉"等。用于老师的，有"教安"等。用于旅人的，有"旅安"、"客安"等。用于商人的，有"筹安"("筹"为古代的计算工具算筹，商人常用以计算钱物。)、"筹祉"、"财安"等。用于编辑的，有"编安"等。用于军人的，有"戎安"、"勋祉"等。用于收信人夫妇或情侣的，有"双安"、"俪安"、"俪祉"等。问病书信，常用"痊安"等。写给居丧者的书信，常用"礼安"等。

五、写信人署名

称谓加姓名，如："学生 于大虎"。或称谓加名，如："侄儿 晓明"。称谓与名之间，略空半格，或称谓写得小一些，或称谓后加冒号，都是可以的。或仅仅写名，如"晓明"，只是对方必须是很熟悉的人，表示很亲密。仅仅写姓名，如"胡晓明"，这表明对方不是太熟悉的人，没有什么感情色彩，有点就事论事的意味。仅仅写称谓，这有个条件，就是这一称谓，对对方来说，表示唯一的个体，如"爸爸"、"妈妈"、"祖父"、"祖母"、"外祖父"、"外祖母"等。有的称谓虽然不是指一个人，但加上排行，就能表明是某人了，就也可以这样署名，如"大舅舅"、"二姑妈"、"三女儿"等。署名之前，可以加修饰语，如"爱你的"等，但必须恰当，不能滥用。总之，署名必须与信的抬头相对应。

六、启禀词

可以用，也可以不用。启禀词与署名之间，略空半格或一格，但也可以不空。常用启禀词为：对尊长：叩上、拜上、叩禀、敬禀、敬上、顿首、再拜。对平辈：上、敬上、谨启、鞠启、顿首、草上等。对晚辈：字、示。要根据启禀词的意思来运用，就不会用错了。有些用于长辈的，也可以用于平辈，如"敬上"等是也，可以表示谦虚、客气和恭敬；但有的就不可以，如"叩上、拜上、叩禀"之类，就不合适，太谦虚、太客气、太恭敬了，会使对方感到不安的。用于对平辈的启禀词，用在对晚辈，也是这样。总之，谦虚、客气、恭敬，要看对象和场合，还要有个"度"，"不及"和"过"，都是不适宜的。

七、日期

日期写在署名下一行的右下方，可以用公历，也可以用夏历，但一般不必要写明"公历"还是"夏历"，只是写的方法要注意，反映出是公历还是夏历。具体写法是这样的：公历的写法：如"1月5日"、"3月15日"、"4月28日"，也可以不用阿拉伯数字写，而是写成："一月五日"、"三月十五日"等。当然，用"1.5"、"3.15"、"4.28"也可以，但"01/05"、"03/15"、"04/18"或"05/01"、"15/03"、"18/04"这一类写法，在有的情况下，就容易引起误解。如"05/01"，是5月1日，还是1月5日？前者是美国写法，后者是英国写法。夏历的写法："正月初五"、"三月十五"、"四月廿八"。这样，读信的人，就知道你用的是公历还是夏历了。当然，还要注意的是，写日期中的数目字时，不能汉字与阿拉伯数字混合用，如"三月15日"之类，就显得不伦不类。

八、书面语言中常用的自称己方的称谓与对对方的称谓

自称己方 家父、家君、家严、家尊、家大人、家母、家慈；先父、先严、先君、先尊、先大人、先考、先母、先堂；愚父子；家兄、舍弟、家姐、舍妹；内人、拙荆、山荆、山妻；拙夫、小儿、犬子、小女；愚夫妇。

称对方 令尊、尊公、尊翁、令堂、令萱；令先君、令先堂；贤乔梓、令兄、令弟、令姐、令妹；尊夫人、尊夫；令郎、令爱；贤伉俪、贤梁孟。

附录

常见中国民俗术语英译参考表
（按照汉语拼音排列）

B

八卦：the Eight Diagrams
八仙：the Eight Immortals
八字娘娘：Fate Maker Goddess
拜年：Spring Festival Visiting, New Year Call, New Year Visiting
帮会：Secret Confraternity, Secret Society, Tong
爆竹：Firecracker
避讳：Avoided a Word or Phrase as Taboo
博戏：Games

C

彩礼：Betrothal Gifts, Bride-price
谶语：Prophesy
财神：Chinese Plutus, Mammon, the God of Wealth
嫦娥：Goddess in the Moon
缠足：Foot-binding
潮神：the God of Tide
称谓：Appellation
城隍：the Town God, the City God
成年礼：Manhood Ceremony
虫王节：King Insect Festival
重阳：the Double Ninth Festival

除夕：New Year's Eve

春联：Spring Festival Couplet, Spring Festival Scrolls

祠堂：Ancestral Hall, Ancestral Temple

祠宇：Memorial Temple

D

诞生礼：Birth Rites

(狭义的)诞生礼：Birth Party

灯谜：Riddle, the Lantern Riddle

地支：the Earthly Branch

地藏：Ksitigarbha, Bodhisattva Ksitigarbha

锭光佛：Bright Buddha

订婚礼：Betrothal

冬至：the Winter Solstice Festival, the Shortest Day Festival

对联：Couplet

端午：the Dragon Bout Festival, the Double Fifth Festival

F

风水：Geomantic Omen, Geomantic Configuration

佛：Buddha

符：Magic Drawing

符箓：Taoist Magic Drawing

赙仪：Money to a Bereaved Family, Money to Funeral

讣告：Obituary, Obituary Notice

G

庚帖：a Card with the Birth Time of a Boy or a Girl Sent as a Proposal for Betrothal

观世音：Bodhisattva Guanyin

归宗：Return to One's Patrilineal Clan

H

寒食：the Cold Food Festival

河伯：God of the Yellow River

和合：Twin Gods, Brother Gods

后土：Great Earth Goddess, Great Earth God

花朝：Birthday of the Flowers

婚礼对联：Wedding Couplet

婚宴：Wedding Banquet

J

稷神：Grain God

祭祀：Worship, Offer Sacrifices to Gods, Ancestors, Ghosts and so on

家讳：Family Taboo

家谱：Family Tree, Pedigree, Genealogy

嫁妆：Dowry, Marriage Portion

（广义的）结婚礼：Marriage Rites

（狭义的）结婚礼：Wedding Ceremony

竞渡：Boat Race

节妇：a Devoted Widow

结义：Get to be Sworn Brothers or Sisters

九宫：a Kind of Matrix; Magic Square

鞠躬：Bow, Bow Down, Make a Bow

K

口采：Propitious Words

魁星：Examination God

L

雷神：Thunder God, Chinese Thor

灵座台：a Table with a Spirit Tablet

路头：Road God, a God of Wealth
罗汉：Arhat
龙舟：Dragon Boat

M

门神：Gate Gods, Door Gods
弥勒：Maitreya
牟尼：Muni
母系：Maternal

N

农历：the Farm Calendar
年画：Spring Festival Picture, New Year Picture
牛郎：the Herd-boy

P

旁系亲属：Parallel-related Relatives
（婚）聘礼：Betrothal Gifts, Bride-price
菩萨：Bodhisattva
菩提树：Bodhidruma, Bodhivrksa, Pippala
普贤：Samantabhadra, Bodhisattva Samantabhadra

Q

乞巧：Begging for Cleverness, Begging for Needlework Skills
七夕：the Girl's Festival
乔答摩：Gautama
清明：the Pure Brightness Festival
亲族：the Relative Circle
寒食：the Cold Food Festival
秋千：Swing

R

燃灯佛:Dipamkara, Bright Buddha

乳名:Infant Name, Child's Pet Name

入赘:Marry into and Live with Wife's Family

S

丧葬礼:Funeral, Obsequies

山岳之神:Mountain Gods

上巳节:Spring Outing Festival, Spring Picnic Festival

社稷:the Altar to the Gods of Land and Grain

社神:Land God, Village God

社庙:the Temple for Village God

社树:a Tree as a Shrine for Village God

十二生肖:12 Symbolic Animals Associated with a 12-year Cycle

释迦:Sakya

释迦牟尼:Sakyamuni

世系:Family Line

守岁:Stay up Late or All Night on New Year's Eve, Waiting for New Year

寿联:Birthday Couplet

寿幛:Birthday Banner

嗣子:Heir-son From Paternal Relatives

算命术:Telling Fortune by One's Birth-date

T

汤饼筵:Birth Party, Birthday Party, Birthday Banquet

桃觞:Birthday Banquet for an Old Man or Old Lady

天帝:the Lord of Heaven

天后:Sea Goddess Lin

天干:the Heavenly Stem

天王:Heavenly King

土地神：Village God, Village Goddess

土地庙：a Temple or Shrine for Village God or Goddess

土谷祠：a Temple or Shrine for Village God or Goddess

W

挽联：Elegiac Couplet, Funeral Couplet

挽幛：Funeral Banner

文昌：Culture God, Examination God

文殊师利：Manjusri, Bodhisattva Manjusri

巫术：Sorcery, Witchcraft, Witchery

五行：the Five Elements, Namely Metal, Wood, Water, Fire and Earth

X

悉达多：Siddhartha

喜糖：Wedding Sweets, Wedding Candies

喜幛：Wedding Banner

夏历：the Traditional Chinese Calendar

相术：Telling Fortune by One's Body

星回节：the Torch Festival

宣卷：the Popular Literature to Propagate Buddhism

血亲：Consanguinity

血缘关系：Kin

Y

压岁钱：Money Given to Junior Generation as a Present, Red Envelope

阎王：Yamaraja, Buddhist Hades, King of Hell

药王：Medicine King

姻亲：Relative Relationship by Marriage

姻缘关系：Relation of Marriage

阴历：the Lunar Calendar

语讳：Forbidden Words

盂兰盆节：the Dead Spirit Festival

元日：Spring Festival

元宵节：the Lantern Festival

游艺：Games

Z

灶神：Kitchen God

占卜：Divining

兆：Omen

织女：the Weaving-girl

直系亲属：Perpendicular-related Relatives

纸钱：Resemble Money Made of Paper and Burned to the Dead, Spirit or God, Goddess

中秋：the Mid-autumn Festival, the Autumn Moon Festival

中元节：the Dead Spirit Festival

咒语：Incantation

赘婿：Son-in-Law Who Lives in the Home of His Wife's Parents

祝寿礼：Birthday Party for an Old Man or Lady

字辈：Generation Character

宗法：the Patrilineal Clan System

宗祠：The Ancestral Hall, The Ancestral Temple

宗祧：Family Line

宗族：The Patrilineal Clan

粽子：A Pyramid-shaped Dumpling Made of Rice Wrapped in Reed Leaves